C. H. BECK
STUDIUM

W0247261

Jürgen Heideking/Vera Nünning

Einführung in die amerikanische Geschichte

Verlag C. H. Beck München

Mit 4 Karten und 1 Abbildung

Die Deutsche Bibliothek – CIP-Einheitsaufnahme

Heideking, Jürgen : Einführung in die amerikanische
Geschichte / Jürgen Heideking / Vera Nünning. –
München : Beck, 1998
(C. H. Beck Studium)
ISBN 3 406 44199 8

ISBN 3 406 44199 8

Umschlagentwurf: Bruno Schachtner, Dachau
© C. H. Beck'sche Verlagsbuchhandlung (Oscar Beck), München 1998
Gesamtherstellung: C. H. Beck'sche Buchdruckerei, Nördlingen
Gedruckt auf säurefreiem, alterungsbeständigem Papier
(hergestellt aus chlorfrei gebleichtem Zellstoff)
Printed in Germany

Inhalt

Anhang

Vorwort

Angesichts einer rasch wachsenden Zahl von Veröffentlichungen zur amerikanischen Geschichte (worunter wir im folgenden die Geschichte der englischen Kolonie in Nordamerika und der USA seit der Unabhängigkeit 1776 verstehen) wird es immer schwieriger, den Überblick über die gesamte Forschung in ihren Einzelbereichen und Subdisziplinen zu behalten. Es wäre sicher vermessen, wenn ein einzelner, oder auch zwei Autoren gemeinsam, behaupten wollten, sie seien dieser Aufgabe gewachsen und befänden sich in jeder Hinsicht auf der Höhe des Forschungsstandes und der Theoriediskussion. Dennoch haben wir diesen Versuch einer „Einführung in die amerikanische Geschichte" unternommen, zum einen, weil Herr Dr. Detlef Felken vom Verlag C. H. Beck uns den nötigen Mut dazu gemacht hat, zum anderen, weil wir selbst größere Klarheit über die Entwicklung und den gegenwärtigen Stand unseres Faches erlangen wollten, und schließlich, weil wir hoffen, unsere in den letzten Jahren an der Universität zu Köln in Forschung und Lehre gewonnenen Einsichten so am besten an eine neue Generation von Studierenden weitergeben zu können. Wir haben dabei in hohem Maße von den jüngsten Debatten und Reflexionen der amerikanischen Historikerinnen und Historiker profitiert, wie sie beispielhaft in dem von Eric Foner herausgegebenen und 1997 in zweiter Auflage erschienenen Sammelband *The New American History* dokumentiert sind. Nicht minder hilfreich und anregend war der ständige Meinungsaustausch mit unseren deutschen Kolleginnen und Kollegen im Rahmen der Deutschen Gesellschaft für Amerikastudien, ein Dialog, der inzwischen auch auf europäischer Ebene in der European Association of American Studies weitergeführt wird. Ganz konkrete und unerläßliche Unterstützung in Form von Informationssammlung, Literaturrecherche und Auswahl des Kartenmaterials haben wir durch unsere studentischen Hilfskräfte Andreas Grießhaber, Holger Römers und Susanne Schneider, sowie durch die Bibliothekarin der Anglo-Amerikanischen Abteilung, Frau Katharina Kloock, erhalten. Das Kapitel über die wachsende Bedeutung des Internet für das Studium der amerikanischen Geschichte (und des Faches Geschichte ganz allgemein) hat Herr Ralf Engels verfaßt, der auf diesem faszinierenden Gebiet regelmäßig Einführungstutorien veranstaltet und fast eigenhändig die Website der Anglo-Amerikanischen Abteilung betreut. Präzise fachliche Kommentare und Anregungen zum gesamten Manuskript oder zu einzelnen Kapiteln bzw. Themenkomplexen gaben uns unsere Kölner Kollegin Dr. Heike Bungert, Dr. Marc Frey, der im Nodamerikaprogramm der Universität Bonn unterrichtet, Dr. Christof Mauch, der stellvertretende Direktor des Deutschen Historischen Instituts in Washington, D. C., sowie Prof. Dr. Ansgar Nünning, der an der Universität Giessen Anglistik lehrt. Beim Erstellen des Manuskripts und beim abschließenden Korrekturlesen halfen uns Katharina Kloock und insbesondere die Sekretärin der Anglo-Amerikanischen Abteilung, Frau Sigrid Schneider. Wir danken sämtlichen hier genannten Mitarbeitern, Kollegen, Freunden und Bekannten recht herzlich und betonen ausdrücklich, daß die Verantwortung für noch verbleibende Fehler und Unzulänglichkeiten ganz allein bei uns beiden liegt.

Köln, im Juli 1998
Jürgen Heideking
Vera Nünning

Einleitung: Die Faszination der amerikanischen Geschichte

An der Schwelle zum 21. Jahrhundert ist die Faszination, die von den Vereinigten Staaten von Amerika ausgeht, ungebrochen und scheint sogar noch zuzunehmen. War den USA vor nicht allzu langer Zeit der Niedergang prophezeit worden, so dominiert heute das Erstaunen über die Vitalität der amerikanischen Gesellschaft und die unangefochtene Vorrangstellung der Vereinigten Staaten in der Weltpolitik. Das Konzept der *Manifest Destiny*, die »offenbare Bestimmung« der Amerikaner, der Menschheit den Weg in eine bessere Zukunft zu weisen, erlebt seit dem Scheitern des Kommunismus eine Wiedergeburt. Während alle großen ideologischen Heilslehren dieses Jahrhunderts untergegangen sind, scheint die Kraft der *American creed*, einer im Kern liberalen, demokratisch-individualistischen Weltanschauung ungebrochen. Selbstbewußter Patriotismus und quasi-religiöse Verfassungsverehrung in Form der *civil religion* bestimmen in einem Maße das öffentliche Leben, wie man es sich nach dem »Vietnam-Trauma« der 1970er Jahre nicht mehr hatte vorstellen können.

Die Faszination der USA ist aber keineswegs ein rein politisches Phänomen: Sie gilt nicht nur der wirtschaftlichen und militärischen Stärke der »einzigen verbliebenen Supermacht«, sondern gerade bei der europäischen Jugend noch viel ausgeprägter den kulturellen Erscheinungsformen des *American way of life*. Mit ihrer Musik und ihren Filmen, mit den Werbekampagnen ihrer multinationalen Konzerne, mit dem weltumspannenden Kommunikationsnetz ihrer Medien ziehen die USA immer mehr Menschen in den Bann der amerikanischen *popular culture*, kreieren Modetrends und beeinflussen Verhaltensweisen, Wertebewußtsein und Normen. Gleichzeitig sind die USA ein bevorzugtes Ziel des Massentourismus geworden: Allein aus Deutschland kamen 1996 fast zwei Millionen Besucher, die sich ein eigenes Bild von der »Neuen Welt« machen wollten. Besondere Anziehungskraft übt der amerikanische Westen aus, die ehemalige *Frontier*, deren Weite als Symbol für individuelle Freiheit und Mobilität gilt. Nach wie vor attraktiv sind auch die großen Metropolen New York, Chicago, San Francisco und Los Angeles, wo der *American Dream* oder *American Promise* von Unabhängigkeit, Reichtum und Schönheit und seine Kehrseite – Elend, Gewalt,

Rassenhaß – am schroffsten aufeinanderprallen. Hier scheint die Zukunft einer multiethnischen und multireligiösen, multikulturellen Weltgesellschaft mit all ihren Verheißungen und Gefahren schon zum Greifen nahe zu sein.

Die Eindrücke, die Amerika-Reisende mit nach Hause brachten, waren stets widersprüchlich und zwiespältig, und daran wird sich vorläufig wenig ändern. Wer die USA wirklich kennenlernen und verstehen will, der darf nicht an den Erscheinungen der Oberfläche Halt machen. Eine wirkliche Tiefendimension vermittelt nur die Beschäftigung mit der amerikanischen Geschichte, aus der all die schillernden Begriffe und Schlagworte wie *American Dream, American Promise, Manifest Destiny, American creed, American way of life, Frontier* und *multiculturalism* hervorgewachsen sind. Die USA haben immer noch das Image eines »jungen Landes«, aber der Vorwurf der »Geschichtslosigkeit« trifft längst nicht mehr zu. Bezieht man die Kolonialepoche mit ein, dann können die Amerikaner auf vier Jahrhunderte gemeinsamer Historie zurückschauen. Das gilt auch für die Afro-Amerikaner und Indianer, deren Vorfahren unter Sklaverei und Rassismus leiden mußten und dennoch wichtige Beiträge zu einer amerikanischen Kultur geleistet haben. Der Stolz auf die *Declaration of Independence* von 1776 und die *Constitution* von 1787, die älteste noch geltende demokratische Verfassung der Welt, ist durchaus berechtigt. Diese Kontinuität der freiheitlich-demokratischen, föderativen Selbstregierung stellt gerade für uns Deutsche eine geistige Herausforderung dar, weil sie sich so markant von den vielen Brüchen und Umschwüngen der eigenen neueren Geschichte unterscheidet. Als außenstehender Beobachter fällt es manchmal sogar leichter, das »typisch Amerikanische« zu erkennen und kritisch zu beurteilen. Aber auch aus aktuellem Anlaß erscheint es geboten, die Geschichte der USA gründlich, d. h. unter Benutzung der englischsprachigen Quellen und Forschungsliteratur, zu studieren: Weil die Vereinigten Staaten seit dem Zweiten Weltkrieg nicht mehr nur in der »westlichen Hemisphäre«, sondern auch in Europa und Asien den Ton angeben, ist ein Verständnis der weltwirtschaftlichen und weltpolitischen Zusammenhänge ohne die Einbeziehung des Faktors USA praktisch unmöglich geworden. Amerikanische Außenpolitik wird aber stets ganz erheblich von der öffentlichen Meinung in den USA mitbestimmt, kann also nur unter Rückgriff auf die innenpolitischen Verhältnisse – die Haltung des Kongresses, die Einflußnahme der Interessengruppen und die Überzeugungen und Mentalitäten der Bevölkerung – angemessen erklärt werden. Diese Verknüpfung von Innen- und Außenpolitik birgt die Gefahr von Mißverständnissen und Konflikten zwischen der Führungsmacht USA und den Europäern, die im Zuge der »Globalisierung« mehr weltpolitische Verantwortung übernehmen müssen. Um solche Auseinandersetzungen zu vermeiden oder abzumildern, muß auf beiden Seiten des Atlantiks das Bewußtsein für die Gemeinsamkeiten und Unterschiede in Geschichte und Kultur wachgehalten werden. Nur durch eine vertiefte Beschäftigung mit Geschichte und Verfassungsentwicklung der USA erschließt sich dem Außenstehenden der spezifische Charakter der amerikanischen politischen Kultur und der amerikanischen Denkweisen. Darüber hinaus liefert das Studium der amerikanischen Geschichte kritische Vergleichsmaßstäbe, um die eigene nationale Geschichte auf der Folie einer fremden historischen Erfahrung besser verstehen zu lernen; und sie hilft uns, die Antriebskräfte, Motive und Bedingungen für das Handeln der Weltmacht USA zu ergründen, die ein Teil unseres eigenen Schicksals geworden ist.

Diese Einführung soll dazu beitragen, daß möglichst viele Studierende von den an deutschen Universitäten gebotenen Möglichkeiten Gebrauch machen werden. Zwar findet die nordamerikanische Geschichte im akademischen Leben immer noch nicht die Beachtung, die der Wichtigkeit der Vereinigten Staaten angemessen wäre, doch als Fach ist sie inzwischen an mehreren Orten in Ost und West – genannt seien v. a. Berlin, Köln, Hamburg, Heidelberg, Tübingen, Halle und Jena – mit Professuren und Instituten fest verankert. Lag der Schwerpunkt von Forschung und Lehre früher hauptsächlich auf der Geschichte der Einwanderung und der deutsch-amerikanischen Beziehungen, so ist man heute bemüht, alle Themenbereiche zu behandeln und ein synthetisches Bild der Entwicklung von Politik, Gesellschaft und Kultur der USA zu vermitteln. Die Historikerinnen und Historiker in der *Deutschen Gesellschaft für Amerikastudien* (DGfA) bilden eine eigene Gruppe und halten – unterstützt durch das 1987 gegründete *Deutsche Historische Institut* in Washington, D. C. – Kontakt zu ihren Kollegen in den USA. Stipendienprogramme des DAAD und anderer Organisationen ermöglichen den Studierenden Aufenthalte an amerikanischen Universitäten. Amerikanische Geschichte kann man auch im europäischen Ausland studieren, am besten in Großbritannien, das als ehemaliges »Mutterland« der dreizehn Kolonien auch akademisch immer noch eine *special relationship* mit den USA unterhält. Auf europäischer Ebene ist schließlich die *European Association for American Studies* (EAAS) aktiv, die – wie die DGfA – regelmäßig Konferenzen zu interdisziplinären Themen veranstaltet. Dieser lebendige, vielfältige Forschungs- und Studienbetrieb trägt hoffentlich dazu bei, daß das häufig als Gefahr beschworene »Auseinanderdriften« von Europa und Amerika nicht stattfinden wird.

1.1. Zeitliche und räumliche Grenzen der amerikanischen Geschichte

Die Fragen nach dem geographischen Raum und der Periodisierung der amerikanischen Geschichte sind heute nicht mehr so leicht zu beantworten wie noch vor einer Generation. Das wird besonders an der Geschichte der Kolonialzeit deutlich, die herkömmlicherweise die Zeit von der Gründung Jamestowns 1607 bis zur Unabhängigkeitserklärung 1776 umfaßte, und die sich ganz auf die dreizehn englischen Festlandskolonien von New Hampshire bis Georgia konzentrierte. Darüber hinaus fand allenfalls die englische Außenpolitik Aufmerksamkeit, insofern sie im Konflikt mit Spanien, Frankreich und den Niederlanden für den Schutz und die Vergrößerung des Kolonialgebiets sorgte. Als jedoch im Gefolge der Bürgerrechtsbewegung das Interesse am Schicksal der Afro-Amerikaner und Indianer wuchs, lösten sich die Historiker von der Fixierung auf die weiße Besiedlung und untersuchten das »koloniale Experiment« als ein komplexes Mit- und Gegeneinander von Europäern, indianischen Ureinwohnern und schwarzen »Zwangsimmigranten« aus Afrika. Von hier ausgehend begannen sie, die Geschichte der Indianer im gesamten nordamerikanischen Raum zu erforschen und den Weg der Sklaven über den Atlantik nach Afrika zurückzuverfolgen. Auf beiden Gebieten kam es zu einer interdisziplinären Zusammenarbeit mit Archäologen, Ethnologen und Anthropologen, wobei der Untersuchungszeitraum auf die »präkolumbianischen« Jahrhunderte ausgedehnt wurde. Geographisch meint *colonial history* inzwischen ganz Nordamerika einschließlich der Siedlungen der Engländer und Franzosen im heutigen Kanada und Louisiana, der Spanier in Florida, Texas, Colorado, Neumexiko und Kalifornien, sowie einschließlich der zahlreichen Indianerstämme von Alaska bis zum Golf von Mexiko. Darüber hinaus rekonstruierten die Kolonialhistoriker das atlantische Wirtschaftssystem, das im 17. und 18. Jahrhundert England, Frankreich, Südeuropa, die westafrikanische Küste, die karibischen Inseln und die nordamerikanischen Festlandskolonien miteinander verband. Auf diese Weise konnten sie zeigen, wie kapitalistische Marktstrukturen von Europa aus andere Teile der Erde erfaßten, und wie die koloniale »Peripherie« zur Industrialisierung des europäischen »Zentrums« beitrug.

Auch die räumliche Eingrenzung der nachfolgenden Nationalgeschichte der USA ist komplizierter geworden. In geographischer Hinsicht folgen die Historiker nicht mehr nur der Westexpansion der Vereinigten Staaten, sondern beziehen bei der Betrachtung des frühen

19. Jahrhunderts auch diejenigen Gebiete mit ein, die wie Texas, Kalifornien, Oregon, Alaska und Hawaii erst später an die USA fielen. Außerdem lenken sie ihren Blick zunehmend über die Grenzen nach Mexiko und Kanada, um die diplomatischen und wirtschaftlichen Beziehungen zu studieren, Unterschiede und Gemeinsamkeiten der Entwicklung herauszuarbeiten, die Kontakte der Menschen in den Grenzregionen aufzuhellen und Umweltprobleme wie die Behandlung der Wasserressourcen im pazifischen Westen zu analysieren. Mit der Erforschung des Imperialismus erweitert sich das Panorama auf die Karibik und Zentralamerika sowie auf die pazifische Inselwelt und die von Spanien erworbenen Philippinen. Nach dem Zweiten Weltkrieg schließlich geht die amerikanische Geschichte in eine internationale Geschichte über, nicht allein deshalb, weil die USA nun eine globale Außenpolitik und weltumspannenden Handel betreiben, sondern vor allem, weil sie durch ihre wirtschaftliche und militärische Präsenz jenseits der eigenen Grenzen auch zu einer europäischen und asiatischen Macht geworden sind.

Die Periodisierung der amerikanischen Nationalgeschichte ist im Laufe der Zeit immer wieder verändert worden, und bis heute herrscht keine völlige Übereinstimmung darüber, aus wie vielen Epochen sie besteht und an welchen Stellen die entscheidenden Zäsuren vorgenommen werden müssen. Ältere Bezeichnungen wie *Era of Good Feeling, Antebellum, Gilded Age* und *Progressive Era* sind aus der Mode gekommen, weil sie entweder nicht zutreffen (vom »Wohlbefinden« der frühen 1820er Jahre bleibt bei näherem Hinsehen wenig übrig) oder unzweckmäßig erscheinen (die Kennzeichnung »vor dem Bürgerkrieg« sagt wenig über die Zeit aus), bzw. weil sie – wie in den beiden letzten Fällen – nur einen Teilaspekt der Wirklichkeit widerspiegeln oder zu offensichtlich ideologisch gefärbt sind. Niemand bestreitet mehr, daß Geschichtsepochen im wesentlichen wissenschaftliche Konstrukte sind, mit deren Hilfe rückschauende Beobachter die Kontinuität des historischen Prozesses zerschneiden, um ihn besser in den Griff zu bekommen. Das geschieht zwar nicht willkürlich, aber unter jeweils spezifischen, sich wandelnden Gesichtspunkten, was eine »endgültige«, in jeder Hinsicht »richtige« Lösung ausschließt.

Diese Einsicht ändert allerdings nichts daran, daß die Geschichte der USA wichtige Ereignisse und Daten aufweist, an denen niemand vorbeikommt. Sie bilden auch häufig die Eckpunkte, mit denen Epochen voneinander abgegrenzt werden. Als Beispiele seien genannt die Verfassunggebung 1787/88; der Friede von Gent 1814; der Missouri-Kompromiß 1820; der Anschluß von Texas 1845 und der Krieg gegen Spanien 1846–48; die Präsidentschaftswahl Lincolns 1860 und der Bürgerkrieg 1861–65; das Ende der Rekonstruktion des Südens 1877; die Wahl des Republikaners William McKinley 1896 und der spanisch-amerikanische Krieg 1898; der Eintritt der USA in den Ersten Weltkrieg 1917; der Beginn der Großen Depression 1929; der japanische Überfall auf Pearl Harbor 1941; der Atombombenabwurf auf Hiroshima und Nagasaki im August 1945; das Supreme Court-Urteil »Brown v. Board of Education« gegen die Rassentrennung in Schulen 1954; das dramatische Jahr 1968 mit der Tet-Offensive in Vietnam, der Ermordung von Martin Luther King und Robert Kennedy und der Wahl des Republikaners Richard Nixon; der erzwungene Rücktritt Nixons infolge des Watergate-Skandals 1974; die endgültige amerikanische Niederlage im Vietnamkrieg 1975; und schließlich das Ende des Kalten Krieges 1989/90 und der Golfkrieg 1991.

Es ist kein Zufall, daß sich auf dieser Liste hauptsächlich Ereignisse der politischen Geschichte wie Präsidentschaftswahlen und Kriege finden, denn sie dienen häufig zur ersten Orientierung. Für eine Periodisierung reichen sie aber nicht aus, weil Epochen möglichst einen politischen, wirtschaftlichen, sozialen und kulturellen Gesamtzusammenhang bilden sollen. In den Teildisziplinen setzt man jedoch unterschiedliche Schwerpunkte und urteilt nach spezifischen Kriterien: So interessieren sich die Wirtschaftshistoriker eher für längerfristige Entwicklungen wie die Industrialisierung und die Abfolge von Konjunkturzyklen oder für die allmähliche Verdrängung einer vorherrschenden ökonomischen Theorie durch eine andere, z. B. des *laissez faire*-Liberalismus durch den Keynesianismus und des letzteren durch den Neoliberalismus und Monetarismus; Sozialhistoriker achten dagegen auf Entstehung und Aktivitäten von *social movements* wie der Gewerkschafts-, Frauen-, Bürgerrechts- und Umweltbewegung oder auf Prozesse der Urbanisierung und Suburbanisierung; Kulturwissenschaftler schließlich haben es vor allem mit Phänomenen der *longue durée* wie religiösen Einstellungen, Weltbildern, Ideologien und Mentalitäten, Kunst- und Architekturstilen zu tun.

Im Grunde bietet sich für jeden Bereich eine eigene Periodisierung an, wie dies auch inzwischen von auf Autonomie bedachten Verfechtern der *women's history* bzw. *gender history* und der *African American history* praktiziert wird. Gesamtdarstellungen setzen dagegen notwendigerweise die Einheit der amerikanischen Geschichte voraus, und ihre Autoren bemühen sich, die Zahl der tiefen Einschnitte zu reduzieren. Sie organisieren die Materialfülle in wenige Großepochen, die sich deutlich voneinander abheben; innerhalb dieser Abschnitte gehen sie jedoch nicht chronologisch vor, sondern behandeln nacheinander einzelne Sachbereiche, die ihre eigene zeitliche Struktur und Logik besitzen. Ein gutes Beispiel bietet das für amerikanische Studenten bestimmte Handbuch *America's History*, das

von James A. Henretta herausgegeben wurde. Die beiden Bände
sind in sechs Hauptteile untergliedert: I. The Creation of American
Society, 1450–1775; II. The New Republic, 1775–1820; III. Early
Industrialization and the Sectional Crisis, 1820–1877; IV. A Matur-
ing Industrial Society, 1877–1914; V. The Modern State and Socie-
ty, 1914–1945; VI. America and the World, 1945 to the Present.
Bei den Unterkapiteln ergeben sich dagegen zeitliche Überschnei-
dungen entsprechend der jeweiligen Perspektive, so etwa im letzten
Hauptteil: 1) Cold War America, 1945–1960; 2) Affluence and Its
Contradictions, 1945–1965; 3) Kennedy, Johnson, and the Liberal
Consensus, 1960–1968; 4) The Struggles for Equality and Diversity,
1954–1975; 5) A More Conservative Era, 1968–1980; 6) Towards a
New World Order, 1980 to the Present. Ein ähnliches Organisati-
onsprinzip hat Jürgen Heideking für seinen UTB-Band *Geschichte
der USA* (1996) gewählt, der in neun Hauptkapitel mit den Eck-
daten 1763, 1814, 1854, 1896, 1920, 1945, 1968 und 1992 geglie-
dert ist. Innerhalb dieser Epochenabschnitte werden sozial- und
kulturgeschichtliche Themen unter Verzicht auf eine starre Chro-
nologie mit Politik, Wirtschaft und Verfassung verzahnt. Wie bei
allen anderen vergleichbaren Projekten auch, könnte man jede der
oben genannten chronologischen Zäsuren kritisch unter die Lupe
nehmen und fragen, warum bestimmte Daten und Fakten hervorgehoben und andere zurückgestellt werden. Für den Autor besteht
die schwierigste Aufgabe aber darin, die Entwicklungen in den
einzelnen Teilbereichen oder Sektoren nicht nur aneinanderzurei-
hen oder parallel zu schildern, sondern die Zusammenhänge zwischen ihnen in einer für den Leser nachvollziehbaren Weise aufzuzeigen. Zu beachten bleibt auch, daß nicht alle Epochen und
Teilbereiche gleich gründlich erforscht worden sind. Rein quantitativ dominiert weiterhin die Literatur zur amerikanischen Revolution und zum Bürgerkrieg, gefolgt von Untersuchungen zum Zweiten Weltkrieg und den Anfängen des Kalten Krieges. Auf anderen
Gebieten wie der Kolonialgeschichte oder der Geschichte des frühen 19. Jahrhunderts herrscht dagegen noch ein beträchtlicher
»Nachholbedarf.«

1.2. Die amerikanische Historiographie und die Gesamtdeutungen (*Grand Narratives*) der amerikanischen Geschichte

Die religiöse Vision der Puritaner

Wie jede nationale Geschichte ist auch die amerikanische in einem
kontinuierlichen Prozeß der Interpretation und Revision geschrie-

ben, umgeschrieben und weitergeschrieben worden. Die amerikanische Geschichtsschreibung begann unmittelbar mit der Gründung Neuenglands durch die Puritaner im 17. Jahrhundert und blieb lange Zeit eine religiöse Deutung des eigenen Schicksals im Licht der biblischen Heilsgeschichte. Puritanische Geistliche und politische Führer wie William Bradford und John Winthrop rechtfertigten den Exodus aus dem Europa der Glaubenskriege und betätigten sich als Chronisten beim »Aufbruch in die Wildnis« (*Errand into the Wilderness*) und bei der Errichtung der *City Upon a Hill*, eines vorbildlichen christlichen Gemeinwesens nach den Grundsätzen des Neuen Testaments. In allen Ereignissen sahen sie das Walten Gottes, der die Kolonisten – wie einst das Volk Israel – auserwählt hatte, um seinen Heilsplan zu erfüllen. Aus dieser Perspektive war die Geschichte Neuenglands die Offenbarung der göttlichen Vorsehung, der *Divine Providence*, die dafür sorgte, daß die Botschaft des Christentums im »Neuen Kanaan« weiterlebte. Erfolge wurden als Zeichen der Gnade gedeutet, Mißerfolge und Katastrophen erschienen als Strafen für das Abweichen vom rechten Weg. Das Ziel der Geschichte, dem sich die Puritaner in Kriegs- und Krisenzeiten stets sehr nahe glaubten, war die in der Bibel verheißene Wiederkehr Christi, das tausendjährige Friedensreich (*Millennium*) und das jüngste Gericht.

Die frühe Nationalgeschichtsschreibung

Als der weltliche Einfluß des Puritanismus im Laufe des 18. Jahrhunderts zugunsten aufklärerischer Ideen zurückging, wurde die Geschichtsschreibung zum Betätigungsfeld von klassisch gebildeten Angehörigen der kolonialen Oberschicht. Sie ersetzten die christliche Weltsicht durch eine säkulare Deutung, die auf Vernunft und Fortschritt baute. Erhalten blieb dabei das teleologische Verständnis von Geschichte, die Überzeugung von einer zielgerichteten, nun allerdings nicht zyklischen, sondern aufsteigenden Entwicklung der Menschheit. Der erfolgreiche Verlauf der amerikanischen Revolution und die Gründung der Vereinigten Staaten schienen diese Annahmen zu bestätigen, und der Kampf gegen England weckte den Patriotismus der Historiker. Damit begann um die Wende zum 19. Jahrhundert die nationale Geschichtsschreibung der USA, deren Repräsentanten – neben Männern wie David Ramsay und Jeremy Belknap auch eine Frau, Mercy Otis Warren, – die Kolonialzeit als notwendiges Durchgangsstadium auf dem Weg zur Unabhängigkeit ansahen. In erster Linie war ihnen an der Stärkung des amerikanischen Nationalbewußtseins und am festen Zusammenhalt der Union gelegen. Die Historiker der frühen nationalen Periode wie John Marshall, der langjährige Vorsitzende des Obersten Gerichtshofs der

USA, rühmten die Verfassung von 1787/88 und verherrlichten die großen Führungspersönlichkeiten der Revolution, allen voran den ersten Präsidenten der USA, George Washington. Wer die nationalen Heroen kritisierte und sich damit implizit der Vorsehung und dem Fortschritt entgegenstellte, geriet schnell in den Verdacht, eigennützige Absichten zu verfolgen oder sogar Böses im Schilde zu führen.

Romantisierung und Idealisierung der nationalen Geschichte

Unter dem Einfluß der Romantik verstanden die Historiker, die sich im 19. Jahrhundert weiterhin aus der obersten Gesellschaftsschicht rekrutierten, ihr Schaffen einerseits als literarische Kunst, andererseits als Beitrag zur Erziehung der Nation. Ihr herausragender Repräsentant wurde der Diplomat George Bancroft, der zwischen 1834 und 1874 sein zehnbändiges Hauptwerk *History of the United States* verfaßte. Für Bancroft illustrierte die amerikanische Geschichte (die er mit der Geschichte der USA gleichsetzte) den kontinuierlichen Aufstieg der Menschheit zu immer mehr politischer Freiheit und materiellem Wohlstand. Dieser Aufstieg folgte dem göttlichen Heilsplan, aber seine eigentlichen Triebkräfte waren die Freiheitsliebe und der Patriotismus des amerikanischen Volkes. Den Amerikanern kam die Aufgabe zu, im Sinne des *Manifest Destiny* die freiheitlichen Ideen und demokratischen Institutionen über den gesamten amerikanischen Kontinent zu verbreiten. Damit hatte Bancroft eine neue *grand narrative*, die sog. Whig-Interpretation der amerikanischen Geschichte geschaffen.[1] Diesem optimistischen Deutungsmuster, das durch den Sieg des Nordens im Bürgerkrieg und die Sklavenbefreiung noch gefestigt wurde, schlossen sich im wesentlichen alle Historiker an, auch wenn sie zu einer konservativeren Weltsicht neigten oder den Positionen der Südstaatler näherstanden.

Die Professionalisierung der Geschichtsschreibung

Im letzten Drittel des 19. Jahrhunderts wurde die Geschichtsschreibung zu einem bürgerlichen Beruf, ausgeübt an den Colleges und Universitäten, die nun auch im Westen – zuerst in Chicago und Madison, Wisconsin – den Lehrbetrieb aufnahmen. Die Gründung der *American Historical Association* (1884) und deren Zeitschrift *American Historical Review* (1895) bildeten wichtige Marksteine dieser Professionalisierung. Deutsche Modelle, speziell das universitäre

---

[1] Vgl. Dorothy Ross, »Grand Narrative in American Historical Writing«, in: *American Historical Review* 100 (1995), S. 651–677.

Forschungsseminar, und deutsche Gastprofessoren wie Hermann
von Holst in Chicago spielten hierbei eine wichtige Rolle. Angestoßen durch den technischen Fortschritt und die Darwinsche Evo-
lutionslehre, wurde die Forderung nach »Geschichte als Wissenschaft« laut, mit deren Hilfe die Entwicklungsgesetze des
menschlichen Zusammenlebens ergründet werden sollten. Aus der
ersten Gelehrtengeneration, die bis zur Jahrhundertwende den Ton
angab, ragt Frederick Jackson Turner heraus. Bekannt wurde er
durch den Vortrag *The Significance of the Frontier in American History*,
den er 1893 vor der *American Historical Association* in Chicago hielt.
Darin behauptete er, daß sich die amerikanische Geschichte seit der
Besiedlung im 17. Jahrhundert als ein evolutionärer sozialer Prozeß
in deutlich unterscheidbaren Stadien vollzog, und daß die Erfahrung
der Siedlungsgrenze, der *Frontier*, an der Zivilisation und Wildnis
zusammenstießen, den egalitären, demokratisch-individualistischen
»Nationalcharakter« der USA geformt hatte. In der Praxis betrieb
Turner – etwa durch die systematische Auswertung von Steuerlisten
und Volkszählungsakten – als erster Historiker eine empirische Sozi-
alforschung. Ins öffentliche Bewußtsein prägte sich aber vor allem
seine *Frontier*-These ein, die trotz aller kritischen Einwände bis in
unsere Tage fortwirkt.

Geschichtsschreibung und Sozialreform

Mit seinem Glauben an den gesellschaftlichen Nutzen der Geschichtswissenschaft schlug Turner die Brücke zu den *Progressive
Historians*, die dem ersten Drittel des 20. Jahrhunderts ihren Stempel
aufdrückten. Sie fühlten sich den zahlreichen, meist bürgerlich-
intellektuellen Reformern zugehörig, die gegen die Konzentration
der wirtschaftlichen Macht und die sozialen Mißstände im Zuge der
Industrialisierung Front machten. Als Historiker glaubten sie zum
demokratischen Umbau der Gesellschaft beitragen zu können, indem sie den Zusammenhängen zwischen Ökonomie und Politik in
der Vergangenheit kritisch nachspürten. Die amerikanische Geschichte erschien in ihren Werken als Resultat wirtschaftlicher
Konflikte und als ein kontinuierliches Ringen zwischen den reichen
und mächtigen Wenigen und der Masse des Volkes. Besonders einflußreich wurde Charles A. Beards Untersuchung *An Economic Interpretation of the Constitution*, die im Jahr 1913 erschien. Beard versuchte nachzuweisen, daß die Verfassung von 1787/88 auf die
Initiative einer schmalen Elite von Grundbesitzern und Kaufleuten
zurückging, die ihre materiellen Interessen am besten durch eine
starke Zentralgewalt gewahrt glaubten. Aus Beards Perspektive
nahm die Verfassunggebung, die bis dahin als eines der größten Er-

eignisse der nationalen Geschichte galt, den Charakter einer konservativen Gegenrevolution an, die den demokratischen Elan der Urabhängigkeitsbewegung gebrochen hatte. Ähnliches Aufsehen erregte Vernon L. Parringtons dreibändiges Werk *Main Currents in American Thought* (1927–30), das die Dynamik der amerikanischen Geschichte auf den Grundkonflikt zwischen einer »Jeffersonscher« und einer »Hamiltonschen« Weltsicht zurückführte. Thomas Jefferson stand dabei für eine egalitäre Demokratie im Dienste der Farmer, Arbeiter und Kleinproduzenten, Alexander Hamilton demgegenüber für die Herrschaft der Elite, die ihre Interessen und Privilegien gegen das Volk abschirmte. Dieses Schema wandte Parrington gleichermaßen auf die politische Entwicklung wie auf die literarischen und kulturellen Strömungen der USA an. Gegen Ende der 1930er Jahre begann der Stern der *Progressive Historians* allerdings zu sinken, weil die meisten von ihnen eine isolationistische Außenpolitik befürworteten, die angesichts der Lage in Europa und Asien immer unhaltbarer wurde.

Kalter Krieg und Konsensus-Schule

Der Weltkrieg und der wenig später einsetzende Kalte Krieg bewirkten einen tiefgreifenden Wandel des geistigen Klimas in den USA. Das Gebot der Stunde lautete nationale Geschlossenheit und Wiederbelebung patriotischer Werte. Die historische Zunft geriet in den Sog einer konservativen Strömung, die das Konfliktparadigma durch eine konsensorientierte Betrachtungsweise ersetzte. Vertreter dieser *Consensus School* glaubten nachweisen zu können, daß sich in Amerika bereits während der Kolonialzeit eine demokratische »Mittelklassengesellschaft« herausgebildet hatte, deren kennzeichnendes Merkmal die Übereinstimmung in wesentlichen Prinzipien und Werten war. Verglichen mit Europa, erschienen die Politik und Geschichte der USA in Daniel Boorstins Werk *The Genius of American Politics* (1953) als Muster an Kontinuität, Stabilität und Homogenität Louis Hartz vertrat in *The Liberal Tradition in America* (1955) die Auffassung, daß es in der Neuen Welt nie wirklich divergierende Ideologien gegeben hatte, sondern nur eine einzige, alles durchdringende liberale Tradition. Die Ursache sah Hartz darin, daß den Amerikanern eine »feudale Vergangenheit« erspart geblieben sei, weshalb das liberale Ideengut John Lockes unangefochten herrschen konnte.

Bezeichnend für die konservativ-nationale Grundstimmung war das wiedererwachte Interesse an der Entstehungsphase der Union und an den Verfassungsvätern, denen ausführliche Biographien und monumentale Quellensammlungen gewidmet wurden. Eine solche auf nationale Einheit bedachte Geschichtsschreibung lief Gefahr, den Konsens zum Kult zu erheben und jede Form von sozialem Protest als »unamerikanisch« abzutun. Wichtige Repräsentanten der Konsensus-Schule wie Richard Hofstadter (*The American Political Tradition and the Men Who Made It*, 1956) urteilten aber differenzierter und hatten auch viel an den Zuständen im Nachkriegsamerika auszusetzen, insbesondere an der entstehenden Massenkonsumgesellschaft. Sie warnten davor, daß der wachsende Wohlstand gerade diejenigen Werte, Überzeugungen und Traditionen aushöhle, die den Aufstieg der USA ermöglicht hätten.

Der Dissent der »New Left« und die neue Sozialgeschichtsschreibung

Das dramatische Geschehen der sechziger Jahre wirkte wie ein Hohn auf die These von der harmonischen Mittelschichtsgesellschaft. John F. Kennedys jäh gebremster Aufbruch zu »neuen Grenzen«, die von Rassenunruhen begleitete Bürgerrechtsbewegung, eine wiedererstarkende Frauenbewegung, der erbitterte innenpolitische Streit um den Vietnamkrieg, wirtschaftliche Krisen und schließlich der Watergate-Skandal spalteten die Nation. Eine neue Generation von Historikern trug durch ihre scharfe Abrechnung mit der Konsensus-Schule maßgeblich zu diesen Turbulenzen bei. Den radikalen Flügel bildete die *New Left*, deren Vertreter eine grundsätzliche Kritik der amerikanischen Politik und Gesellschaft mit sozialem Aktivismus verbanden. Beeinflußt von marxistischen und neo-marxistischen Theorien, rückten die »Neuen Linken« den Konflikt ins Zentrum der Geschichtsbetrachtung. Die amerikanische Geschichte sollte, wie Staughton Lynd und Jesse Lemisch das für die Revolutionsepoche proklamierten, ganz bewußt aus der Perspektive der »kleinen Leute«, der Benachteiligten und Unterdrückten geschildert werden.[2] Zuvor als fortschrittlich gelobte Reformen wie Franklin D. Roosevelts *New Deal* wurden nun abgewertet, weil sie die herrschende Ordnung nicht wirklich verändert, sondern eher noch gefestigt hätten. Die Attacken der *New Left* richteten sich gleichermaßen gegen die kapitalistische Klassengesellschaft im Innern und den Imperialismus nach außen, den William A. Williams als *The Tragedy of American Diplomacy* (1959) bezeichnete. Die Außenpolitik der USA vom Ende des 19. Jahrhunderts bis zum Kalten Krieg erschien – etwa bei Gabriel Kolko (*The Roots of American Foreign Policy*, 1969) – als ein wirtschaftlich motiviertes, rastloses und aggressives Streben nach Expansion und Weltherrschaft.

---

[2] Jesse Lemisch, »The American Revolution Seen from the Bottom Up«, in: Barton J. Bernstein, ed., *Towards a New Past: Dissenting Essays in American History*, New York 1968.

In der Zunft nahmen die Historiker der *New Left* allerdings nie eine derart dominierende Stellung ein wie zuvor die *Progressives* oder die Vertreter der Kensensus-Schule. Ihre radikalen Urteile und Konzepte wichen für viele Amerikaner zu weit vom kulturellen *mainstream* ab. Die begrenzte Reichweite der linken Kritik hatte aber auch andere Gründe, die in den strukturellen Veränderungen und methodischen Neuansätzen der amerikanischen Geschichtswissenschaft lagen. Der Ausbau der Universitäten und die Expansion des Faches Geschichte führten zu einer breiteren Auffächerung in Teil- und Unterdisziplinen, zu wachsender Spezialisierung und zu Schwerpunktbildungen in vielen bislang vernachlässigten Bereichen. Der bevölkerungsmäßige und wirtschaftliche Aufstieg des Westens und Südwestens beseitigte auch allmählich das akademische Monopol, das der Nordosten und der Mittlere Westen lange Zeit in der Geschichtswissenschaft besessen hatten. Die Universitäten in Kalifornien, Texas, Florida und anderen aufstrebenden Staaten erschlossen der Forschung neue regionale Interessengebiete, und sie richteten ihr Augenmerk auch verstärkt auf die Beziehungen zwischen den USA und den Ländern Lateinamerikas und Asiens. Die vorwiegend weiße, nationale und europazentrierte Orientierung, die noch den meisten *New Left*-Historikern zu eigen gewesen war, machte nun einer Betrachtungsweise Platz, die einerseits den verschiedenen ethnischen Gruppen und Regionen der USA mehr Beachtung schenkte und andererseits – mit Blick nach außen – global wurde. In methodischer Hinsicht lief die Sozialgeschichte der politischen Geschichte den Rang ab und leitete eine regelrechte Explosion der Methoden, Gegenstandsbereiche und Forschungsthemen ein. In den 1970er Jahren löste sich nicht nur der »liberale Konsens« in der amerikanischen Gesellschaft auf, sondern auch die Einheit des Faches Geschichte. Damit trat die paradoxe Situation ein, daß der Nutzen des Geschichtsstudiums in dem Maße fragwürdig wurde, wie das in den Teildisziplinen von immer mehr Forschern akkumulierte Wissen zunahm. Auf der einen Seite war man dabei, die bunte Vielfalt und den Reichtum der Vergangenheit bis ins letzte Detail zu rekonstruieren, auf der anderen ging der innere Zusammenhang der amerikanischen Geschichte verloren und machte sich ein Gefühl der Orientierungslosigkeit breit.

Konservative Wende und neue Kulturwissenschaft

Die Geschichtsschreibung der beiden letzten Jahrzehnte ist von zwei gegenläufigen Tendenzen geprägt: Zum einen vollzog sich eine Rückbesinnung auf die traditionellen Werte von Familie, Religion und Gemeinschaft (*community*), die verbunden ist mit dem Wunsch nach historischer Synthese und einer narrativen, möglichst allgemeinverständlichen Darstellungsweise.[3] Zum anderen sind aus der Literaturwissenschaft und Philosophie postmodernistische Theorien übernommen worden, die das Streben nach »objektiver« Geschichtsschreibung als naiv und illusorisch erscheinen lassen. Skeptiker gehen davon aus, daß es »die amerikanische Geschichte« gar nicht mehr gibt, sondern allenfalls »amerikanische Geschichten«, die aus unterschiedlicher Perspektive und mit unterschiedlichen Motiven erzählt werden. Anstatt beispielsweise die Geschichte der Afro-Amerikaner als Teil einer umfassenden amerikanischen Nationalgeschichte zu betrachten, müsse man ihre Autonomie und ihren Eigenwert respektieren; mit den Maßstäben und Kriterien der »westlichen Zivilisation«, die das weiße Amerika verinnerlicht habe, sei sie ohnehin nicht adäquat zu beurteilen. Die Mehrzahl der Historiker will sich aber mit einer solchen Fragmentierung und Relativierung von Geschichte(n) nicht zufriedengeben. Einige betrachten die gegenwärtige Situation als Durchgangsphase zu einer neuen Synthese; andere empfehlen die Ausweitung des Blickfeldes durch verstärkte Zusammenarbeit mit Nachbardisziplinen, durch den systematischen Vergleich mit den Geschichten fremder Länder, und durch eine »transnationale Geschichte«, die das Beispiel der USA besser in die globalen Zusammenhänge einbettet; wieder andere sehen schließlich in der Öffnung hin zu einer umfassend verstandenen Kulturwissenschaft die Überwindung der derzeitigen Schwierigkeiten bereits vorgezeichnet. Diese unterschiedlichen Positionen prallen auch in hitzigen öffentlichen Debatten über Geschichtslehrpläne für die Schulen und über andere Formen der kollektiven Erinnerung wie historische Ausstellungen und Filme aufeinander.

Auf der Suche nach einer neuen Grand Narrative

Gewiß war die amerikanische Geschichtsschreibung reicher und vielfältiger, als es dieser notwendigerweise knappe und schematische Abriß zu vermitteln vermag. Jede Generation setzte sich aus ihrer eigenen historischen Perspektive vornehmlich mit denjenigen Themen und Problemen auseinander, die für die Gegenwart besonders relevant erschienen, und jede Generation leistete auf ihre Weise einen Beitrag zur nationalen Identitätsbildung und Sinnstiftung. Die Übergänge von einer Epoche zur nächsten erfolgten zumeist nicht abrupt, sondern fließend in einem Prozeß der fachlichen Kritik und öffentlichen Debatte. Stets gab es auch Einzelpersönlichkeiten unter

---

[3] Thomas Bender, »Wholes and Parts: The Need for Synthesis in American History«, in: *Journal of American History* 73 (1986), S. 120–136.

den Historikern, die »quer« zu den vorherrschenden Richtungen und Strömungen standen und sich nicht in eine historiographische »Schule« einordnen ließen. Trotz aller Umschwünge und Revisionen kann man die Historiographie als Teil des kollektiven Lernprozesses betrachten, den das amerikanische Volk im Lauf seiner Geschichte durchmachte. Auch wenn die Geschichte immer wieder »umgeschrieben« wurde, so entwickelte sich die Geschichtswissenschaft als Disziplin doch eher kontinuierlich hin zu einem Pluralismus der Methoden und zu einer Vielfalt der Ansätze. Überschaut man die Historiographie des 20. Jahrhunderts in ihrer Gesamtheit, dann wird deutlich, daß die amerikanische Zunft seit Turner und den *Progressive Historians* – mit steigender internationaler Beteiligung – außerordentlich kreative, innovative und richtungweisende Arbeit geleistet hat. Im Unterschied zu den Nachbardisziplinen wie Politologie und Soziologie, die ebenfalls dynamisch gewachsen sind, stellt die Geschichtswissenschaft immer wieder Bezüge zu den Ursprüngen in der Kolonialzeit und Revolutionsepoche her und zeigt langfristige Entwicklungslinien auf. Dadurch vermittelt sie tiefe Einblicke in die Entstehung und Entfaltung einer demokratischen *civil society*, die niemals frei von Gegensätzen, Widersprüchen und Konflikten war, deren Hauptmerkmale aber die permanente Selbsterneuerung und der friedliche, evolutionäre Wandel sind. Im folgenden sollen die wesentlichen Elemente und Entwicklungslinien skizziert werden, die beim Versuch, zu einer neuen Gesamtdeutung der amerikanischen Nationalgeschichte zu gelangen, Berücksichtigung finden müssen.

Vier Entwicklungsstränge der
amerikanischen Geschichte

2.1. Von den kolonialen Assemblies zum modernen
Bundesstaat: Die Ausformung eines demokratisch-föderalen
Verfassungssystems

In politisch-institutioneller Hinsicht entfaltete das britische Erbe
nachhaltige Wirkungen. Angelsächsisches Rechtsdenken und *common law*, englische Verfahrensweisen und Einrichtungen von der
Gliederung in Kreise (*Counties*) über die Geschworenengerichte
(*Trial by Jury*) bis zu den Parlamenten (*Assemblies*) prägten das Leben
der Amerikaner weit über die Kolonialzeit hinaus. Die Kolonialparlamente, die aus den Mitgliederversammlungen der Siedlungsgesellschaften hervorgingen, gebärdeten sich bald wie das große Vorbild
in Westminster und dehnten ihre Kompetenzen, vor allem das Besteuerungsrecht, immer weiter aus. Im Streit mit den königlichen
Gouverneuren beschworen die Abgeordneten die »English Constitution« und pochten auf ihre »rights of Englishmen«. Trotz dieser
Verankerung in englischen Traditionen wurden die Kolonien aber
nicht zu einem Abbild des Mutterlandes. Alle Pläne, feudale Besitzverhältnisse nach europäischem Muster zu etablieren, scheiterten an
der leichten Verfügbarkeit über Grund und Boden. Damit waren
die Voraussetzungen für eine ganz auf Leistung gegründete Gesellschaft geschaffen. Abweichend vom englischen *common law*, schloß
das amerikanische Eigentumsrecht den Besitz von Sklaven ein, die
verkauft und beliehen werden konnten. Eine weitere Besonderheit
war der hohe Rang, den geschriebene Verfassungen in Amerika erlangten. Es ist zwar umstritten, ob man den *Mayflower Compact* der
Pilgerväter von 1620 schon als Ursprung einer eigenständigen Verfassungstradition begreifen darf. Alle Kolonien verfügten aber über
Organisationsstatuten in Form der *Charters* sowie über Deklarationen, in denen die Rechte ihrer Bürger aufgeführt waren.

Nach dem Siebenjährigen Krieg (1756–1763), als die Londoner
Regierung die administrative Kontrolle über die Kolonien zu verstärken suchte, wurde den Amerikanern bewußt, daß sie sich vom
englischen Staatsmodell entfernt hatten und gemeinsame Interessen
besaßen. Die Überzeugung, wirtschaftlich auf eigenen Beinen ste-

hen zu können, und das Gefühl, von den »korrupten« Briten unterdrückt und nicht als vollwertige Bürger anerkannt zu werden, erleichterten ihren Entschluß, die Bindungen an das Mutterland endgültig aufzulösen. Beriefen sich die Siedler im Konflikt mit Parlament und Krone anfangs noch auf ihre »englischen Rechte«, so führten sie bald immer häufiger die »natürlichen Rechte« auf Leben, Freiheit und Eigentum ins Feld, um die britischen Herrschaftsansprüche abzuwehren. Obwohl das englische Erbe auch nach der Unabhängigkeitserklärung von 1776 in vieler Hinsicht weiterwirkte, bildete sich die Identität der amerikanischen Nation von da an in bewußter Abgrenzung von Großbritannien heraus.

Die kolonialen *Charters* und Rechteerklärungen wurden zur Grundlage für die Verfassungen, die sich die dreizehn Staaten zwischen 1776 und 1783 gaben. Hier fand das Prinzip der Volkssouveränität (*popular sovereignty*) erstmals praktische Anwendung, auch wenn das Wahlrecht noch auf weiße Männer beschränkt war und einige Staaten es durch Zensusbestimmungen zusätzlich einengten. Die Staatenverfassungen wiederum lieferten das wichtigste Anschauungsmaterial für die Delegierten des Konvents von Philadelphia, der 1787 die für untauglich befundene erste Unionsverfassung, die *Articles of Confederation*, durch die *Constitution of the United States* ersetzte. Sie trat im Sommer 1788 nach der Ratifizierung durch zehn Staaten in Kraft und wurde 1791 um einen Grundrechtskatalog, die ersten zehn *Amendments* oder *Bill of Rights*, erweitert. Die Bundesverfassung war das Ergebnis von Kompromissen zwischen den widerstrebenden Interessen von Nationalisten und Föderalisten, Norden und Süden sowie kleinen und großen Staaten. Daß in allen diesen Fragen ein Ausgleich gelang, trug der Verfassung Legitimität und Dauerhaftigkeit ein. Sie verkörperte fortan die höchste Form des Rechts, und sie durfte nur unter ganz bestimmten Voraussetzungen und nach strengen Regeln geändert werden. Die Grundrechte, allen voran die Meinungs-, Presse- und Religionsfreiheit, konnten von jedem Bürger vor Gericht eingeklagt werden. Nach amerikanischem Verständnis spiegelte sich im *constitutional law* das »natürliche Recht« (*natural law*) wider, das universal gültig und göttlichen Ursprungs war. Daraus resultierte ein öffentlicher Respekt vor der Verfassung, den europäische Beobachter als »Verfassungsheiligung« bezeichneten.[1]

Der Philadelphia-Konvent gründete das Regierungssystem auf die fundamentalen Prinzipien von Volkssouveränität, Repräsentation,

---

[1] Vom englischen Premierminister Gladstone stammt der vielzitierte Ausspruch, die amerikanische Verfassung sei »the most wonderful work ever struck off the brain and purpose of man«.

Föderalismus, Gewaltenteilung und Rechtsstaatlichkeit. Die Verfassungsväter schufen eine Republik, in der das Volk seinen Willen durch die Entsendung von Repräsentanten in Staatenparlamente, Kongreß und Wahlmännerkolleg zum Ausdruck bringen konnte. Eine neue Form des Föderalismus hielt die Balance zwischen zentralisiertem Nationalstaat und lockerer Konföderation. James Madison nannte diese Lösung in den *Federalist Papers* »halb national und halb föderal«.[2] Die Verfassung und die Gesetze der Union erhielten Vorrang, aber die Macht der Bundesregierung fand ihre Grenze an den Rechten der Staaten. Die drei Zweige der Bundesregierung – Präsident, Kongreß und Oberstes Gericht (*Supreme Court*) – sollten durch komplizierte *checks and balances* am Machtmißbrauch gehindert werden. Im wesentlichen galt das demokratische Mehrheitsprinzip, doch Gewaltenteilung, Grundrechtsschutz und Verfassungsrechtsprechung (*judicial review*) sollten den Schutz der Minderheit gegen eine potentiell »tyrannische« Mehrheit verbürgen.

Zu den in Philadelphia geschlossenen Kompromissen zählte allerdings auch die Beibehaltung der Sklaverei, ohne die der Süden die Verfassung nicht angenommen hätte. Vielen Amerikanern war klar, daß die *peculiar institution* dem in der Unabhängigkeitserklärung postulierten Grundsatz »all men are created equal« Hohn sprach. Diese Einsicht zeitigte aber vorerst nur in den nördlichen Staaten konkrete Folgen, weil das Plantagensystem des Südens auf Sklavenarbeit beruhte. Immerhin untersagte die *Northwest Ordinance* des Kongresses von 1787 die Einrichtung der Sklaverei im Ohio-Gebiet, und die Verfassung stellte das Ende der Sklaveneinfuhr in Aussicht. Trotz des 1808 vom Kongreß verhängten Einfuhrverbots bestand die Sklaverei aber fort und dehnte sich auf Grund des Baumwollbooms sogar noch weiter aus. Damit wuchs der Gegensatz zwischen »freien« Staaten und Sklavenstaaten, der 1860/61 in Sezession und Bürgerkrieg mündete.

Unabhängigkeitserklärung und Verfassung schufen die Fundamente, auf denen sich die nachfolgende Entwicklung der USA vollzog. Veränderungen wurden stets durch konkrete Schwierigkeiten oder Bedrohungen angestoßen und nach gründlichen öffentlichen Debatten durchgesetzt. Dazu bedurfte es nur selten formeller Verfassungsänderungen, denn die Flexibilität der *Constitution* ließ eine

---

[2] Die beste englische Edition der 1787/88 verfaßten »Publius«-Briefe stammt von Jacob E. Cooke, *The Federalist*, Middletown, Conn. 1961. Zwei neue deutsche Ausgaben dieses klassischen Werkes des amerikanischen politischen Denkens liegen vor von Barbara Zehnpfennig (Hrsg.), *Die Federalist Papers. Von Alexander Hamilton, James Madison und John Jay*, Darmstadt 1993; sowie Angela u. Willi Paul Adams (Hrsg.), *Hamilton/Madison/Jay: Die Federalist-Artikel*, Paderborn u. a. 1994.

Fortschreibung durch kontinuierliche Verfassungsinterpretation zu. Madison hatte schon in den *Federalist Papers* die prinzipielle Berechtigung gegensätzlicher Interessen anerkannt und ihre friedliche »Regulierung« zur Hauptaufgabe eines modernen Regierungssystems erklärt. Tatsächlich eröffneten Interessenpluralismus und Begrenzung der Regierungsmacht (*limited government*) Freiräume für individuelle und kollektive Betätigung, von denen die Amerikaner selbstbewußt Gebrauch machten. Schon früh bildeten sich Parteien, die mit Hilfe einer lebendigen Presse die öffentliche Meinung (*public opinion*) beeinflußten und formten. Wegen der Weite des Landes und der schwach entwickelten Bürokratie konnten Bundesregierung und Einzelstaaten nicht die strikte Kontrolle ausüben, an die sich die Menschen in Europa hatten gewöhnen müssen. Als Ersatz dienten neben den Parteien freiwillige, »voluntaristische« Zusammenschlüsse in Form religiöser Gemeinschaften, Assoziationen, Vereine, Clubs und Korporationen, die ihre jeweiligen Ziele und Reformprojekte in eigener Regie verfolgten. Hier liegen die Ursprünge der »Zivilgesellschaft« (*civil society*), die in den USA ihre reinste Ausprägung fand. Das freiheitliche Regierungssystem und die praktischen Bedingungen der Neuen Welt wirkten zusammen, um den Ruf des »land of liberty« zu festigen, den die USA im 19. Jahrhundert trotz der Sklaverei überall genossen. Staat und Gesellschaft bildeten eine Einheit, und wer als Politiker Erfolg haben wollte, mußte auf die Wünsche der Wähler Rücksicht nehmen.

In den ersten Jahrzehnten des 19. Jahrhunderts revidierten die Staaten ihre Wahlrechtsbestimmungen, so daß alle weißen Männer ohne Ansehen von Besitz und Steuerleistung wählen konnten. Parteien galten nun als unerläßliche Instrumente zur Willensbildung, und Wahlkämpfe wurden als ein charakteristisches, ja sogar unterhaltsames Element des *American way of life* anerkannt. Als Folge der Westexpansion, die durch den Kauf des Louisiana-Gebiets von Frankreich 1803, den Anschluß von Texas 1845 und den Sieg über Mexiko 1848 ermöglicht wurde, nahmen die Gegensätze in der Sklavereifrage zu. Die Südstaaten verteidigten die Sklaverei mit ihrer *states' rights*-Doktrin und wollten sie in den westlichen Territorien einführen. Eine solche Ausweitung der *peculiar institution* gedachten die meisten Nordstaatler aber unbedingt zu verhindern. Es erwies sich als unmöglich, diesen Konflikt im Rahmen der bestehenden politischen Ordnung friedlich zu lösen. In den 1850er Jahren zerfiel das Parteiensystem von Whigs und Demokraten, und der Wahlsieg einer neuen Partei, der Republikaner, provozierte 1860/61 die Sezession der Südstaaten. Erst nach dem Sieg des Nordens in dem blutigen Bürgerkrieg, der bis 1865 tobte, stand endgültig fest, daß die amerikanische Union permanent und unauflöslich ist. Präsident Lincolns Emanzipationserklärung von 1862 sowie die Ratifizierung des 13., 14. und 15. Amendments zwischen 1865 und 1870 hoben den Sklavereikompromiß von 1787 auf und bereiteten der Sklaverei in den USA ein Ende.

Auf dem Schlachtfeld von Gettysburg hatte Lincoln 1863 die Demokratie als »government of the people, by the people, and for the people« definiert und der amerikanischen Nation eine »Wiedergeburt der Freiheit« gelobt. Die erzwungene Wiedereingliederung (*Reconstruction*) der Sezessionsstaaten wurde aber von den weißen Südstaatlern als demütigend empfunden und löste heftige Reaktionen aus. Außerdem fiel der geschlagene Süden wirtschaftlich noch weiter hinter den Norden zurück. Eine Reihe schwacher Präsidenten und ein konservativer *Supreme Court* verhinderten, daß die Beschlüsse des Kongresses zur rechtlichen und politischen Gleichstellung der Schwarzen in den Südstaaten wirksam werden konnten.

Die Aufmerksamkeit des Kongresses und der Bundesregierungen konzentrierte sich nach dem Bürgerkrieg auf die Westgebiete. Die Indianerkriege, mit denen die Armee den letzten Widerstand der Ureinwohner brach, und der Eisenbahnbau banden den Raum zwischen Mississippi und Pazifik fester in das politisch-ökonomische System der USA ein. Von Westen her bedrohte in den 1890er Jahren eine agrarische Protestbewegung, der Populismus, die Stabilität des politischen Systems. Viele populistische Forderungen wurden nach der Jahrhundertwende vom *Progressive Movement* aufgegriffen, dessen meist bürgerliche Anhänger bundesstaatliche Reformen zur Überwindung der durch Industrialisierung, Verstädterung und Einwanderung geschaffenen Probleme propagierten. Der Sieg über Spanien im »splendid little war« von 1898 (so Außenminister John Hay) löste eine Welle nationaler Begeisterung aus, die den Aufstieg der USA zur Großmacht ankündigte. Theodore Roosevelt, der 1901 nach der Ermordung William McKinleys ins Weiße Haus einzog, verhalf dem Präsidentenamt zu neuem Ansehen: Indem er das Verlangen nach Reformen und nach Mitsprache in der Weltpolitik zu bündeln verstand, wuchs er in die Rolle eines populären nationalen Führers hinein. Als progressiver Reformer verstand sich auch Woodrow Wilson, mit dem 1912 erstmals seit dem Bürgerkrieg wieder ein Südstaatler zum Präsidenten gewählt wurde. Zu den Erfolgen der *Progressive Era* zählen die Anti-Trust-Gesetze zum Schutz des Wettbewerbs, die Schaffung bundesstaatlicher Aufsichtsorgane wie der *Federal Trade Commission* und des *Federal Reserve Board*, die Verbesserung von Verbraucher-, Gesundheits- und Naturschutz, sowie wichtige Verfassungszusätze, die eine bundesstaatliche Einkommensteuer ermöglichten und die Direktwahl der Senatoren einführten.

Der Schub in Richtung Zentralisierung wurde durch den Kriegseintritt gegen Deutschland 1917 noch erhöht, der eine gemeinsame
Kraftanstrengung von Regierung, Wirtschaft und Gewerkschaften
erforderte. Dies schien jedoch eine vorübergehende Episode zu
bleiben, weil die Republikaner nach ihrem Wahlsieg von 1920 wieder stärker auf die freien Kräfte des Marktes vertrauten. Erst die Erfahrungen der Großen Depression ab 1929 brachten das Potential an
nationalstaatlichem Zentralismus, das die amerikanische Verfassung
enthielt, voll zur Geltung. Unter dem Druck der beispiellosen Krise
gab der *Supreme Court* nach 1935 seinen Widerstand gegen die Regulierung des Wirtschaftslebens im Zeichen des *New Deal* auf. Präsident Franklin D. Roosevelt baute einen schlagkräftigen Regierungs-
apparat auf und nutzte das neue Medium Radio zur Beeinflussung
der öffentlichen Meinung. Erst jetzt entstand eine den europäischen
Staaten vergleichbare Bürokratie, deren Kontrolle und Fürsorge in
weiten Bereichen des Alltagslebens fühlbar wurden. Insgesamt drei-
mal wiedergewählt, stieg Roosevelt im Zweiten Weltkrieg zum un-
umstrittenen Führer der Nation auf, der die Richtlinien der Politik
und der Militärstrategie bestimmte.

Nach 1945 wurden die bundesstaatlichen Kompetenzen nicht
wieder zurückgestutzt, sondern vor dem Hintergrund der kommunistischen Bedrohung im Kalten Krieg sogar noch weiter ausgedehnt. Der Präsident rückte als Chef der Exekutive derart ins Zentrum, daß man von einer *Imperial Presidency* zu sprechen begann. Als
Präsident Lyndon B. Johnson in den 1960er Jahren das Projekt der
Great Society in Angriff nahm, schienen sich die USA dem Modell
des europäischen Sozial- oder Wohlfahrtsstaates anzunähern. Der liberale *Supreme Court* widmete sich in dieser Zeit vordringlich dem
Schutz und Ausbau der individuellen Grundrechte. Dabei traf er
zahlreiche Entscheidungen, die – wie die Aufhebung der Rassentrennung, das Verbot von Schulgebeten und die Freigabe des
Schwangerschaftsabbruchs in den ersten drei Monaten – tief in die
Befugnisse der Einzelstaaten eingriffen.

Dennoch wurden die USA nie zu einem Nationalstaat im deutschen oder gar französischen, zentralistischen Sinne. Bereits in den
1970er Jahren setzte eine Gegenbewegung ein, die sich auf die Ursprünge des »amerikanischen Experiments« berief und am deutlich-
sten in der Forderung Präsident Nixons nach einem *New Federalism*
zum Ausdruck kam. Hier kündigte sich ein Wandel an, der dann
durch das Zusammenwirken von politischen, wirtschaftlichen und
kulturellen Faktoren immer offensichtlicher wurde. Nach Vietnam
und Watergate setzte der Kongreß der übersteigerten *Imperial Presidency* Grenzen. In der ökonomischen Theorie vollzog sich die Ablösung des Keynesianismus durch den Monetarismus, und in der

Volkswirtschaft begann der Prozeß der Deregulierung und Privatisierung. Die »konservative Wende«, die Präsident Ronald Reagan in den 1980er Jahren propagierte, wurde durch die Wahlsiege des Demokraten Bill Clinton 1992 und 1996 gebremst. Selbst Clinton beeilte sich aber zu erklären, daß die Zeiten des *big government* vorüber seien und die Einzelstaaten eine aktivere Rolle spielen müßten.

Die langfristige Perspektive macht deutlich, daß sich in der amerikanischen Geschichte Phasen der Zentralisierung und der Dezentralisierung abgewechselt haben. Unter dem Druck von Krisen und Kriegen wuchsen der Bundesregierung neue Aufgaben und Befugnisse zu. Dennoch sind die Gegenkräfte der Zivilgesellschaft stark gelieben, und das generelle Machtmißtrauen hat die Entstehung eines bürokratischen »Leviathan« verhindert, der die Zivilgesellschaft hätte ersticken können. Immer wenn ernsthafte Funktionsstörungen im Regierungssystem oder schwere soziale Mängel auftraten, wurde der Ruf nach einer grundlegenden Um- und Neugestaltung laut. Tatsächlich begnügte man sich jedoch stets mit maßvollen Korrekturen und Änderungen. Die Mehrheit der Amerikaner vertraut nach wie vor darauf, daß eine weise Interpretation und behutsame Anpassung der *Constitution* ausreichen wird, um den föderativen Bundesstaat in der Balance zu halten.

2.2. Von der agrarischen Republik zur Massenkonsumgesellschaft: Die »permanente Marktrevolution« in Amerika

Die Entwicklung eines marktwirtschaftlichen Systems in Nordamerika darf nicht als rein ökonomisches Faktum betrachtet werden, denn sie hat das politische, soziale und kulturelle Leben der USA tiefgreifend beeinflußt.[3] Schon in der Kolonialzeit waren die Kaufmannseliten der Küstenstädte fest in das Netzwerk des atlantischen Handelssystems eingebunden, und zwischen Küste und Hinterland fand ein reger Warenaustausch statt. Gewiß gab es auch gegen Ende der Kolonialzeit noch Gebiete, in denen kaum mehr als das zum Leben unbedingt Notwendige produziert wurde. Die kleinen Gemeinden in Küstennähe und entlang der schiffbaren Flüsse waren aber keine in sich ruhenden Oasen, sondern ihre Farmer, Handwer-

---

[3] Die Begriffe »industrielle Revolution« und »Industrialisierung« werden derzeit durch das neue Paradigma der *market revolution* abgelöst, die auch den Übergang zu neuen Formen wie der Dienstleistungs- und Informationsgesellschaft einschließt. Siehe Paul Nolte, »Der Markt und seine Kultur – ein neues Paradigma der amerikanischen Geschichte?« in: *Historische Zeitschrift* 264 (1997), S. 329–360.

ker und Händler suchten energisch den Zugang zu lokalen und regionalen Märkten.[4] In dem Maße, wie der Atlantik- und Karibik-
handel zunahmen, weitete sich auch die Wirtschaftstätigkeit im
Landesinnern aus und band die Kolonien enger aneinander. Die
Kommerzialisierung der Landwirtschaft veränderte vorerst aber
noch nicht den agrarischen Charakter der Kolonien, der das Denken
und die Mentalität der Menschen weitgehend bestimmte. Der »klassische« Republikanismus der Revolutionszeit idealisierte den selb-
ständigen, unabhängigen Farmer und warnte vor dem korrumpie-
renden Einfluß von Luxus und Genußsucht. Thomas Jeffersons
Utopie eines agrarischen *American Empire* stellte eine Absage an die
Zustände in Europa dar, wo die Menschen in großen Städten eng
zusammengepfercht leben mußten. Diese ideologische Strömung
bildete ein Gegengewicht zum Liberalismus der Aufklärung, der das
Individuum auch in wirtschaftlicher Hinsicht von der herkömmlichen Fesseln befreien wollte.

Die wirtschaftliche Entwicklung seit der Unabhängigkeit kann
grob in vier Phasen eingeteilt werden. Im frühen 19. Jahrhundert
vollzog sich der Übergang vom agrarischen zum frühindustrieller
Kapitalismus sowie der Zusammenschluß regionaler zu überregionalen Märkten. Die in Landwirtschaft und Handel erwirtschafteten
Gewinne stimulierten die gewerbliche Produktion und – beginnend
mit Textil- und Schuhfabriken in Neuengland – den Aufbau von
Manufakturen. Die napoleonischen Kriege und der Krieg gegen
England 1812/14 förderten diesen Trend, weil sie vorübergehend
den Import von Fertigwaren aus Europa erschwerten. Hinzu kamen
technische Neuerungen und Durchbrüche, etwa in Form der *Cotton
Gin* (für »engine«), die das Ernten der Baumwolle erleichterte, und
des mechanischen Webstuhls. Der *Louisiana Purchase* von 1803 und
die Verdrängung der Indianer hinter den Mississippi, die unter Präsident Jackson in den 1830er Jahren erfolgte, öffneten riesige neue
Gebiete für Besiedlung, Ackerbau und Handel. Der Bau von Kanä-
len und Eisenbahnen, bei dem sich die Staatenregierungen massiv
engagierten, löste eine veritable »Transportrevolution« aus. Zum
Symbol dieser Zeit wurde der Erie Canal, den der Staat New York
bis 1825 vom Hudson River nach Buffalo am Lake Erie bauen ließ.
Er verband die Atlantikküste mit dem Gebiet der Großen Seen und

---

[4] Dieses Bild der äußerst regsamen, gewinnorientierten Kolonialgesellschaft hat
das Interesse an Max Webers berühmter »Protestantismusthese« wiederbelebt, die
einen ursächlichen Zusammenhang zwischen der calvinistischen Arbeitsethik der
Siedler und der Entstehung des modernen Kapitalismus behauptete. Siehe Max
Weber, *Die Protestantische Ethik und der Geist des Kapitalismus*, Bodenheim 1993
(Textausgabe auf Grundlage der ersten Fassung von 1904/05).

den Flußläufen des Ohio und Mississippi, auf denen nun auch Dampfschiffe verkehrten. Ein anderes, noch von George Washington geplantes Großprojekt, der Potomac-Ohio-Kanal, wurde bereits durch den Eisenbahnbau überholt. Während New York allen anderen Städten an der Ostküste wirtschaftlich den Rang ablief, stieg Chicago geradezu kometenhaft zum Verkehrs- und Handelszentrum des »Mittleren Westens« auf. Reiche Goldfunde in Kalifornien, das nach dem Krieg gegen Mexiko an die USA fiel, signalisierten ab 1849 die beginnende Einbindung der Pazifikregion in das amerikanische Wirtschaftssystem. Der Süden profitierte vom Baumwollboom, doch die Monokultur des *King Cotton* und die Sklaverei wirkten einer strukturellen Modernisierung der Wirtschaft entgegen.

Das politische Leben der frühen Republik war stark durch den Streit über ökonomische Fragen geprägt: In der »Nullifikationsdebatte« Anfang der 1830er Jahre ging es darum, ob einzelne Staaten Zollgesetze des Bundes auf ihrem Territorium außer Kraft setzen durften. Anschließend erreichte Präsident Jackson in einem erbitterten »Bankenkrieg« gegen den Kongreß die Auflösung der Nationalbank und die Dezentralisierung des staatlichen Finanzwesens. Das von der Whig-Opposition unter Henry Clay vertretene Alternativkonzept des *American System*, das eine stärkere bundesstaatliche Verantwortung für Wirtschafts- und Infrastrukturmaßnahmen vorsah, scheiterte am Selbständigkeitsstreben der Einzelstaaten. Ein stabiles Bollwerk gegen das Überhandnehmen zentrifugaler Kräfte bildete um diese Zeit lediglich der *Supreme Court*, an dessen Spitze mit *Chief Justice* John Marshall ein überzeugter *Federalist* stand. Ideologisch setzte sich der Republikanismus-Liberalismus-Gegensatz im Widerstreit zweier Lager fort: einerseits die egalitär-demokratischen Kleinproduzenten – Farmer, Handwerker, Gewerbetreibende –, die der Wunsch nach Unabhängigkeit und nach einem »gerechten Preis« für ihre Arbeit vereinte; andererseits die aufsteigende Gruppe der Unternehmer und Spekulanten, die hauptsächlich an Innovation und Gewinnmaximierung interessiert waren.

Die zweite Epoche umspannt die Zeit vom Bürgerkrieg bis zu den 1920er Jahren, in der – immer wieder durch Wirtschaftskrisen unterbrochen – die vorwiegend städtische Industriegesellschaft Gestalt annahm und ein nationaler Markt entstand. Zunächst wuchs das Gebiet zwischen den Metropolen New York und Chicago zur Großregion »Nordosten« zusammen, in der die Eisen- und Stahlindustrie als Motor der wirtschaftlichen Entwicklung fungierte. Chicago strahlte weit auf das Hinterland aus und wurde mit seinen Schlachthöfen, Getreidesilos und Rohstoffbörsen zum Magneten für den gesamten Mittleren Westen und Westen. Die New Yorker

Wall Street symbolisierte den übergreifenden kapitalistischen Markt, der Waren in Geldwerte, Börsenkurse und Austauschbeziehungen umwandelte. Durch den transkontinentalen Eisenbahnbau gelang die Integration des Westens mit seinen reichen Bodenschätzen in die nationalen Marktstrukturen. Zur Signatur des späten 19. Jahrhunderts wurden die großen Unternehmen – Trusts, Corporations, Holdings, Konzerne –, die ganze Wirtschaftszweige von der Rohstoffgewinnung über die Produktion bis zur Werbung und Vermarktung zu monopolisieren versuchten. Sie setzten technische Innovationen rasch in Produkte um und stampften neue Industrien aus dem Boden – die Elektroindustrie, die chemische Industrie und schließlich die Automobilindustrie als Spitzenbranche des beginnenden 20. Jahrhunderts. Das Reservoir an Arbeitskräften wuchs durch den Zustrom von Einwanderern, der in den Jahrzehnten vor dem Ersten Weltkrieg seinen Höhepunkt erreichte. Mit Akkord- und Fließbandsystem zwangen Unternehmer und Manager die Industriearbeiterschaft zu strikter Disziplin. Durch sinkende Preise kam die Produktivitätssteigerung aber allmählich auch den Arbeitern zugute und erlaubte ihnen früher als in Europa eine bescheidene Teilhabe am Konsum.

Dieser Prozeß verlief keineswegs reibungslos, sondern war von scharfen Konjunktureinbrüchen, heftigen Arbeitskämpfen und agrarischen Revolten begleitet. Gewerkschaften und Parteien entwikkelten aber keine Alternativmodelle zur kapitalistischen Wirtschaft, sondern beschränkten sich zumeist darauf, die Interessen ihrer Mitglieder pragmatisch und im Rahmen der bestehenden Ordnung zu vertreten. Im Zeichen der Industrialisierung wandelte sich jedoch das Verhältnis zwischen Staat und Wirtschaft: Hatten vor dem Bürgerkrieg die Einzelstaaten wichtige ökonomische Impulse gegeben, so übte danach zunächst die Bundesregierung eine stärkere Kontrolle aus. Allmählich setzte sich aber in Politik und Rechtsprechung die Philosophie des *laissez faire* durch, die auf die »natürlichen Gesetze« des Marktes vertraute. In der *Progressive Era* und während des Ersten Weltkriegs erzwangen innerer Reformdruck und äußere Bedrohung wieder staatliche Interventionen. Im allgemeinen hielten sich die Bundesregierung und die Staaten jedoch soweit wie möglich aus dem Wirtschaftsgeschehen heraus. Dieser liberalistische Kurs schien in den »goldenen Zwanzigern« Früchte zu tragen, als unter der Ägide der Republikanischen Partei immer neue Produktions- und Umsatzrekorde vermeldet wurden. Die USA präsentierten nach außen das leuchtende Bild einer Gesellschaft, die Freiheit und Wohlstand, Demokratie und Prosperität miteinander verband. Mit ihren Wolkenkratzern, Dollarmillionären und Autofabriken wurden die Vereinigten Staaten geradezu zum Sinnbild des Fortschritts und

der Moderne. Es gab zwar Stimmen, die vor hemmungslosem Ma-
terialismus und einer monotonen Massenkultur warnten, doch insgesamt überwog der Optimismus. Wie die religiösen Fundamentalisten, die an der Schöpfungsgeschichte der Bibel festhielten und das
Automobil als »Bordell auf Rädern« verteufelten, schienen diese
Skeptiker nur aussichtslose Rückzugsgefechte zu liefern. Durch die
Große Depression, die 1929 unvermittelt über die Bevölkerung her-
einbrach, erhielt die Hoffnung auf allgemeinen, ständig wachsenden
Wohlstand jedoch einen schweren Dämpfer. Mit ihr büßten auch
die Ideologie des *laissez faire*-Kapitalismus und der Glaube an das
»freie Spiel der Kräfte« in der Marktwirtschaft an Überzeugungskraft
ein.

Die vierte Phase von den 1930er bis in die 1970er Jahre war vom
starken Einwirken der Bundesregierung auf das nationale Wirtschaftsgeschehen sowie von der Transformation der Industriegesellschaft in eine Dienstleistungsgesellschaft gekennzeichnet. Die staatlichen Interventionen fanden ihre Rechtfertigung zunächst in der
Bekämpfung der Depression durch den *New Deal*, dann in der militärischen Herausforderung durch den Zweiten Weltkrieg und den
Kalten Krieg, und schließlich in der neuen Theorie des Keynesianismus, die bei vielen die Erwartung weckte, der Staat könne fortan
Konjunkturen »steuern« und Krisen vermeiden. Unter diesen Vor-
zeichen entstand eine spezifische Art des amerikanischen »Korporatismus«, dessen Hauptmerkmal die informelle Zusammenarbeit von
Regierungen, Unternehmern und Gewerkschaften zum Zwecke der
Produktionssteigerung und Wohlstandsmehrung war. Auf diese
Weise sollten die sozialen Konflikte entschärft werden, die der rasche wirtschaftliche und gesellschaftliche Wandel heraufbeschwor:
Waren 1920 noch etwa die Hälfte der Amerikaner in Landwirtschaft
und Industrie beschäftigt gewesen, so ging dieser Anteil bis 1960 auf
ein Drittel zurück, während der »tertiäre Bereich« der Dienstleistun-
gen auf über 60 Prozent anwuchs. Seit dem Weltkrieg herrschte
Vollbeschäftigung, und immer breitere Schichten der Bevölkerung
kamen in den Genuß einer höheren Bildung. New York verdrängte
London endgültig als internationales Finanzzentrum, und der Dollar
diente im »System von Bretton Woods« als unbestrittene Leitwäh-
rung der Welt. Beflügelt von diesem Erfolg, offerierten die Amerikaner das Modell ihres liberalen Korporatismus in Form des
Marshall-Plans auch den westeuropäischen Ländern, die der Do-
minanz des Dollar und der »multinationalen« US-Konzerne wenig
entgegenzusetzen hatten.

Auf dieser Grundlage entstand in den USA die erste Massenkonsumgesellschaft, die mit Werbung und Ratenkrediten selbst diejenigen zum Kauf verführte, die es sich eigentlich nicht leisten konnten.

Städtische Slums und abgelegene agrarische Gebiete blieben zwar Inseln der Armut im Konsumparadies. Ganz unbestritten setzten die Amerikaner aber neue Standards für praktisches Bauen, bequemes Wohnen und abwechslungsreiche Freizeitgestaltung. Radio, Film und Fernsehen trugen zur Kommerzialisierung der *popular culture* bei, deren Hervorbringungen von der Rockmusik über die Hollywood-Filme und Disney-Vergnügungsparks bis zur *Pop Art* weltweit großen Anklang fanden. Aus verschiedenen inneren und äußeren Gründen, zu denen vornehmlich das militärische Engagement in Vietnam gehörte, begannen die Wachstumskräfte der amerikanischen Wirtschaft in den 1970er Jahren jedoch zu erlahmen. Nach der Freigabe der Wechselkurse zu Beginn des Jahrzehnts verlor der »floatende« Dollar beträchtlich an Wert gegenüber den meisten anderen Währungen. Arabische Erdölembargos verursachten Energiekrisen, trieben die Inflation in die Höhe und ließen den Amerikanern auf schmerzhafte Weise ihre wachsende Abhängigkeit von Rohstoffeinfuhren bewußt werden. Die Konkurrenz von Japanern und Westeuropäern machte sich auch auf dem heimischen Markt immer stärker bemerkbar. Besonders hart getroffen wurde die Stahlindustrie, deren Niedergang den gesamten Nordosten in eine strukturelle Krise stürzte. Der relative Anteil der USA am Welthandel ging zurück, und die Handelsbilanz wurde negativ. Parallel zur ökonomischen Malaise der »Stagflation« wuchs das Unbehagen an einer Kultur, die das Individuum zum Maß aller Dinge machte und traditionelle Gemeinschaftswerte untergrub. Auf diesem Nährboden gedieh die Kritik, die zur »konservativen Wende« von 1980/81 führte.

In der Reagan-Ära, die mit erheblichen Steuersenkungen und einer drastischen Erhöhung der Verteidigungsausgaben begann, beschränkte sich die Bundesregierung im wesentlichen darauf, die Rahmenbedingungen der Wirtschaftsentwicklung zu verbessern. Die »monetaristische« Globalsteuerung überließ sie dem *Federal Reserve Board*, der Zinsen und Geldmengen kontrolliert. Statt Intervention lauteten die Zauberworte jetzt Deregulierung und Privatisierung öffentlicher Aufgaben. Der Trend zu einer astronomisch steigenden Staatsverschuldung, den Reagans Politik beschleunigte, wurde in den 1990er Jahren durch Sparmaßnahmen und höheres Wachstum gebremst und umgekehrt. Nach Einschätzung vieler Politiker hatten die bundesstaatlichen Wohlfahrtsprogramme seit dem *New Deal* die Armut nicht beseitigt, sondern die Probleme der Arbeitslosigkeit, des Drogenmißbrauchs und der Kriminalität in den Großstädten noch verschärft. Jetzt setzte man Hoffnung in eine Kombination von finanziellem Druck und Anreizen, mit denen die Eigenverantwortlichkeit der Sozialhilfeempfänger wieder gestärkt wird. Hierfür sollten nicht mehr in erster Linie Bundesregierung und Kongreß zuständig sein, sondern die Einzelstaaten und Kommunen.

In den beiden letzten Jahrzehnten war eine deutliche Belebung der kapitalistischen Wachstumsdynamik zu verzeichnen. Sie begann mit dem Siegeszug des *Personal Computer* und setzte sich mit der Installierung neuer, ständig verbesserter Kommunikationstechnologien fort. Die Amerikaner erlebten einen neuen Schub der »Marktrevolution«, der auf vielen Sektoren – Information, Unterhaltung, Banken und Versicherungen – enorme Konzentrationsbewegungen auslöst, der aber auch innovativen kleinen und mittleren Unternehmen den Aufstieg ermöglicht und die »Globalisierung« des kapitalistischen Wirtschaftssystems weiter vorantreibt. Seit dem Ende des Kommunismus fließen die Finanz- und Investitionsströme immer rascher und nahezu ungehindert um den Erdball, auf dem wenige Großregionen – Nordamerika, Westeuropa, Ostasien – das Gesetz des Handelns bestimmen.

Läßt man die gesamte Entwicklung Revue passieren, dann ergibt sich wieder eine Mischung aus Kontinuität und Wandel. Kontinuitätslinien reichen von der Kommerzialisierung der Landwirtschaft in der Kolonialzeit über den Zusammenschluß lokaler und regionaler Märkte zu einem nationalen amerikanischen Markt und von dort zur Globalisierung der letzten Jahrzehnte. Ohne scharfe Brüche löste zunächst die Industrie- die Agrargesellschaft und dann die Dienstleistungs- die Industriegesellschaft ab. Parallel dazu adaptierten oder entwickelten die Amerikaner Philosophien wie den Utilitarismus und den Pragmatismus, die zwischen dem Besitz- und Gewinnstreben des einzelnen (*private interest*) und dem Gemeinwohl (*common good*) zu vermitteln suchten. Im 20. Jahrhundert entstand eine »Kultur des Marktes«, die immer stärker in Richtung einer populären, kommerziellen Massen- und Konsumkultur tendierte. Sie durchdringt mittlerweile alle Lebensbereiche und zieht immer mehr Menschen außerhalb der USA in ihren Bann. Eine Konstante bilden auch politische und religiöse Gegenbewegungen wie der Populismus und der Fundamentalismus, die diesen Prozeß aber niemals wirklich umlenken konnten. Veränderungen lassen sich dagegen vor allem im Verhältnis von Politik und Wirtschaft beobachten. Hier wechselten sich Phasen der Lenkung und Kontrolle mit solchen der Zurückhaltung und des *laisser faire* ab. Statt eines einzigen Modells des amerikanischen Kapitalismus existieren also mehrere, die in bestimmten historischen Konstellationen ihre Funktion erfüllt haben. Derzeit geht der Einfluß des Staates auf die Wirtschaft insgesamt zurück, und es hat den Anschein, als erblicke die Mehrheit der Amerikaner darin keine Gefahr, sondern die Chance für eine weitgehend selbstbestimmte und eigenverantwortliche Gesellschaft.

2.3. Vom Außenposten Europas zur »Indispensable Power«: Der Aufstieg der USA zur Welt- und Supermacht

In ähnlicher Weise wie auf die Wirtschaftsentwicklung scheint der Begriff der »amerikanischen Erfolgsstory« auf die auswärtigen Beziehungen der Vereinigten Staaten zuzutreffen. Hervorgegangen aus dreizehn Kolonien an der Peripherie des europäischen Einflußbereichs, stießen sie im 19. und 20. Jahrhundert in atemberaubendem Tempo ins Zentrum des Geschehens vor und nehmen heute die Sonderstellung der »einzigen verbliebenen Supermacht« ein. Gerade dieser phänomenale Aufstieg hat aber auch die schwersten innenpolitischen Kontroversen provoziert und den Amerikanern den Vorwurf des Imperialismus, Neokolonialismus und Militarismus eingetragen. Seit dem Zweiten Weltkrieg und vielleicht mehr noch seit dem Ende des Kalten Krieges mischt sich die Bewunderung der amerikanischen Macht mit der Furcht, die Amerikaner wollten sich in arroganter Weise zu »Herren der Welt« aufwerfen.

Kapitalistische Wirtschaftsentwicklung und weltpolitischer Machtgewinn hängen eng miteinander zusammen, aber für die Außenpolitik bietet sich eine etwas andere Epocheneinteilung an: Auf die Konsolidierung des Bundesstaates folgte ab 1815 eine Phase der relativen äußeren Sicherheit, die zuweilen sogar als »free security« bezeichnet wird. In dieser Zeit verwirklichten die Amerikaner ihre *Manifest Destiny*, die der New Yorker Journalist John L. O'Sullivan 1845 als das Recht definierte, »to overspread and possess the whole of the continent which Providence has given us for the development of the great experiment of liberty and federated self-government.« Mit dem Sieg über Spanien 1898 traten die USA dann in das »Konzert der Mächte« ein, das sie in der Epoche der Weltkriege zu dirigieren begannen. Während des Kalten Krieges führten die USA die »freie Welt« in der Konfrontation mit der Sowjetunion und dem kommunistischen China, die sich auf alle Erdteile erstreckte. Seither suchen die Amerikaner zusammen mit ihren NATO-Verbündeten nach einer »neuen Weltordnung«, wobei Washington in den Fragen von Krieg und Frieden allerdings eine relativ freie Hand beansprucht.

Der Zusammenschluß der Kolonien zu einem Bundesstaat mit zentralen Regierungsorganen, einheitlichen Außenzöllen und einer gemeinsamen Währung, der zwischen 1787 und 1790 erfolgte, hatte nicht zuletzt sicherheitspolitische Gründe. Die Unabhängigkeit war mit französischer Hilfe erkämpft worden, europäische Flotten beherrschten den Atlantik und die Karibik, und auf dem Kontinent wurde das weitere Ausgreifen der Union von Briten und Kanadiern im Norden, Indianerstämmen im Westen und Spaniern im Süden gehemmt. Dennoch sah Alexander Hamilton zur Zeit der Verfassungsgebung bereits voraus, daß die USA bei künftigen europäischen Konflikten das »Zünglein an der Waage« bilden könnten. Mit George Washington und James Madison teilte er eine »kontinentale Vision«, in der sich die Vereinigten Staaten weit nach Westen erstreckten und unangreifbar werden würden. Die Konsolidierung des republikanischen Bundesstaates, der den konservativen Staatsmännern Europas ein Dorn im Auge war, gelang aber wegen innerer Schwächen und äußerer Bedrohungen nur mühsam. Washingtons Ratschlag in der Abschiedsbotschaft von 1796, sich aus den europäischen Händeln soweit wie möglich herauszuhalten, fand zunächst keine ungeteilte Zustimmung. Während die *Republicans* um Jefferson und Madison offen mit den französischen Revolutionären sympathisierten, näherten sich die *Federalists* unter Hamilton und John Adams dem gegenrevolutionären Großbritannien an. Nach Jeffersons Amtsantritt als Präsident 1801 nahmen die Spannungen mit England, dessen Flotte den amerikanischen Handel behinderte, drastisch zu. Wegen des republikanischen Argwohns gegen starke, permanente Streitkräfte und wegen der Sparsamkeit des Kongresses konnte das militärische Potential der USA jedoch nicht voll ausgeschöpft werden. Politische Fehlkalkulationen und mangelhafte Organisation hätten im Krieg gegen England 1812–14 beinahe zu einer demütigenden Niederlage geführt. Erst als diese Situation mit dem Kompromißfrieden von Gent glücklich überstanden war, geriet die Außenpolitik der USA in ruhigeres Fahrwasser.

Das weitere 19. Jahrhundert stand ganz im Zeichen der kontinentalen Expansion, die von den europäischen Mächten mißtrauisch verfolgt, aber nicht ernsthaft behindert wurde. Zunächst sorgte John Quincy Adams als Außenminister (1817–25) und Präsident (1825–29) für gesicherte Verhältnisse, indem er die Grenzen zu Spanien (einschließlich des Erwerbs von Florida 1819) und zu Kanada auf längere Zeit festschrieb. Adams war auch der eigentliche Autor der Monroe-Doktrin, mit der die USA 1823 ihre Absicht bekundeten, eine Wiederaufrichtung der europäischen Kolonialherrschaft in Lateinamerika zu verhindern. Militärisch wären sie aber zunächst gar nicht in der Lage gewesen, den Drohungen energische Taten folgen zu lassen. Erst Jahrzehnte später zeitigte die Monroe-Doktrin praktische Konsequenzen, als die USA ihre Einflußsphäre in Lateinamerika gegen europäische Konkurrenten abzuschirmen begannen.

In der Präsidentschaft Andrew Jacksons (1929–37) wurden die letzten Indianerstämme aus dem Gebiet östlich des Mississippi vertrieben, obwohl der *Supreme Court* ihnen 1832 den Status von

»domestic dependent nations« zuerkannte, die unter dem Schutz der
Bundesregierung standen. Andererseits zögerten Jackson und sein
Nachfolger Martin Van Buren, den Anschlußwünschen der weißen
Siedler in Texas nachzukommen, die 1836 ihre Unabhängigkeit von
Mexiko erkämpft hatten. Nach der Wahl des Demokraten James K.
Polk 1844 brach dieser schwelende Konflikt mit Mexiko aber offen
aus. Die Annexion von Texas durch den Kongreß 1845 führte im
Jahr darauf zum Krieg, in dessen Verlauf die USA Kalifornien und
den restlichen Südwesten eroberten. Der Friede von Guadalupe Hi-
dalgo 1848 sowie die Teilung des Oregon-Territoriums, auf die sich
Briten und Amerikaner bereits 1846 geeinigt hatten, brachten für
die USA den territorialen Durchbruch zum Pazifik.

Der Bürgerkrieg von 1861–65 war im Grunde eine indirekte Folge dieser raschen Expansion, weil die Frage nach dem Status der
Sklaverei in den neu hinzugewonnenen Gebieten die Spannungen
zwischen Norden und Süden unerträglich verschärfte. Während des
Bürgerkriegs hätten die europäischen Regierungen den Zerfall der
USA in zwei oder mehr Teile sicher nicht ungern gesehen. Sie blieben aber neutral, weil sie am Erfolg der Sezession zweifelten und
weil die Völker aus Abneigung gegen die Sklaverei mehrheitlich auf
der Seite des Nordens standen. Danach wurden die Energien der
Amerikaner zunächst von der Integration des Westens absorbiert,
der ab 1867 auch das Rußland abgekaufte Alaska einschloß. Zwischen Mississippi und Rocky Mountains ging die Armee in einer
Reihe von Kriegen und Scharmützeln mit erbarmungsloser Härte
gegen die letzten freien Indianerstämme vor. Bis 1890 war der
Widerstand der Ureinwohner gebrochen, und die Überlebenden
wurden in Reservate verbracht. Der Bericht zur Volkszählung von
1890, der das Ende der *Frontier* als zusammenhängender Siedlungsgrenze verkündete, signalisierte auch eine neue Phase der Expansion, in der die USA über ihre kontinentalen Grenzen hinaus-
griffen.

Seit dem Ende des Bürgerkriegs hatten industrielles Wachstum
und rascher Bevölkerungsanstieg die Grundlagen für eine kraftvolle
Außenpolitik geschaffen. In den 1880er Jahren begann der Bau einer
modernen Schlachtflotte, die man zum Schutz des expandierenden
Außenhandels benötigte. Nach Ansicht des Militärtheoretikers
Captain Alfred T. Mahan (*The Influence of Sea Power upon History*,
1890) stellten die Ozeane die Hauptverkehrsadern der Zukunft dar,
deren Kontrolle über Aufstieg oder Niedergang der großen Mächte
entscheiden würde. Der Eintritt der USA in die Weltpolitik wurde
durch Unruhen auf der Karibikinsel Kuba beschleunigt, deren Bewohner schon seit längerem gegen die spanische Kolonialherrschaft
rebellierten. Nach der Explosion des amerikanischen Schlachtschiffes

Maine im Hafen von Havanna am 15. Februar 1898 entschloß sich Präsident William McKinley zum Krieg gegen Spanien. Innerhalb weniger Monate erwarben die USA in der Karibik (Puerto Rico), im Pazifik (v. a. Hawaii und Guam) und auf den Philippinen ein *American Empire*, mit dem sie sich in den Kreis der Kolonialmächte einreihten. Dieses Ergebnis löste nationale Begeisterung aus, doch Kritiker sprachen von einem »imperialistischen Sündenfall« und erreichten immerhin, daß eine formale Annexion Kubas unterblieb. Von nun an verfolgten die US-Regierungen recht zielstrebig ihre wirtschaftlichen und strategischen Interessen in Lateinamerika und der Karibik. Der Bau des Panama-Kanals, den Präsident Theodore Roosevelt zum Kern seiner Außenpolitik machte, verknüpfte die beiden Einflußsphären im Pazifik und im Atlantik miteinander und machte die Karibik vollends zu einem *American Lake*. Der politische Gegensatz zu England, der in der Venezuela-Krise von 1895 noch einmal virulent geworden war, wich nach der Jahrhundertwende der Rivalität mit dem rasch aufsteigenden Deutschen Reich und mit Japan. In Asien versuchten die Amerikaner zwar, sich durch die Betonung des Prinzips der *Open Door*, das gleiche Handelsrechte garantieren sollte, von den »traditionellen« Kolonialmächten abzuheben. Sie teilten aber viele Vorurteile der Europäer, insbesondere das Gefühl der rassischen Überlegenheit und der zivilisatorischen »Mission« des weißen Mannes.

Als der Krieg in Europa ausbrach, blieben die USA neutral, und Präsident Woodrow Wilson war noch Ende 1916 ehrlich um die Vermittlung eines Kompromißfriedens bemüht. Erst die Wiederaufnahme des uneingeschränkten U-Bootkrieges und ein deutsches Bündnisangebot an Mexiko veranlaßten die Amerikaner im April 1917, an der Seite der Alliierten in den Krieg einzutreten. Die Enttäuschung über die mageren Resultate, die der »Kreuzzug für die Demokratie« zeitigte, verhinderte dann aber den Beitritt der USA zum Völkerbund. Statt politisch aktiv zu werden, leisteten die Amerikaner durch Kredite und Investitionen einen Beitrag zur Stabilisierung Europas. Als die Weltwirtschaftskrise diese Bemühungen zunichte machte und neue Konflikte am Horizont heraufzogen, schlug der Kongreß einen isolationistischen Kurs ein. Das erschwerte es Präsident Franklin D. Roosevelt ganz außerordentlich, seine Landsleute auf die Konfrontation mit den totalitären Mächten vorzubereiten. Der japanische Überfall auf Pearl Harbor im Dezember 1941, gefolgt von der deutschen Kriegserklärung, wirkte wie ein Schock und schuf die Bereitschaft zur militärischen Intervention. Danach erwies sich, genauso wie 1917/18, die Mobilisierung der nahezu unerschöpflichen amerikanischen Ressourcen als letztlich entscheidend für den Ausgang des Krieges. Wieder wurde der Einsatz in Europa und Asien mit der Verteidigung der Demokratie und der Menschenrechte begründet; diese ideologische Rechtfertigung schloß aber nicht aus, daß die USA auch handfeste Wirtschafts- und Sicherheitsinteressen verfolgten. Den grausamen Schlußakt des Krieges bildete der Atombombenabwurf auf Hiroshima und Nagasaki im August 1945, der zwar keineswegs mit dem nationalsozialistischen Holocaust vergleichbar ist, dessen moralische Dimension aber dennoch bis heute die Gemüter erregt. Er markierte das Ende einer fünfzigjährigen Epoche, in der die USA zur Weltmacht aufgestiegen waren, und zugleich den Beginn des neuen Zeitalters der »Supermächte«.

Der Zweite Weltkrieg schuf in Europa und Asien ein Machtvakuum, das fast zwangsläufig von den USA als dem wirtschaftlich und militärisch stärksten Land gefüllt wurde. Die Amerikaner strebten nicht bewußt nach Weltherrschaft, aber unter dem Eindruck der neuen Massenvernichtungswaffen definierten sie ihre eigene nationale Sicherheit immer weiträumiger und letztlich global. Angesichts der negativen Erfahrung der Zwischenkriegszeit befürworteten die Verantwortlichen in Washington nun ein dauerhaftes weltpolitisches Engagement im Rahmen der Vereinten Nationen und anderer internationaler Organisationen. Mit dem Marshall-Plan sollte Westeuropa wirtschaftlich wiederaufgebaut und politisch geeint werden. Seit dieser Entscheidung im Sommer 1947 steigerten sich die Differenzen mit der ehemals verbündeten Sowjetunion zu einem grundsätzlichen Konflikt, der von den Zeitgenossen umgehend als »Kalter Krieg« bezeichnet wurde. Amerikanische Diplomaten, Politiker und Militärs attestierten der Führung in Moskau und ab 1949 auch den chinesischen Kommunisten einen ideologisch motivierten Expansionsdrang, den der Westen »eindämmen« müsse. Dieses *containment* machte aus ihrer Sicht den Aufbau eines weltweiten Bündnissystems erforderlich. Mit dem Beitritt zur NATO verabschiedeten sich die USA 1949 vom Dogma der Bündnisfreiheit in Friedenszeiten. Der Ausbruch des Koreakriegs 1950 bestärkte die Auffassung von der aggressiven Natur des kommunistischen Systems und veranlaßte die USA zu gesteigerten militärischen Anstrengungen, die den Rüstungswettlauf der Supermächte voll in Gang setzten. Von da an wurden alle sowjetischen Aktionen einem großen ideologisch-strategischen Plan zugeordnet und entsprechend weltweit beantwortet.

Der Kalte Krieg durchlief »Frostperioden«, in denen eine nukleare Katastrophe drohte, und Entspannungsphasen, die Hoffnungen auf Abrüstung und Verständigung weckten. Im großen und ganzen blieben jedoch die Wahrnehmungsmuster und das Freund-Feind-Denken der Anfangszeit erhalten. Das zeigte sich besonders deutlich in Vietnam, wo die USA militärisch intervenierten, um einen ganz Asien erfassenden kommunistischen »Domino«-Effekt zu verhindern. Der Krieg spaltete das amerikanische Volk und beschädigte das Ansehen der USA in der Welt. Nach Ansicht der Kritiker predigten die Amerikaner Demokratie und Menschenrechte, während sie in Wirklichkeit reaktionäre Regime stützten, die den sozialen Fortschritt in der »Dritten Welt« behinderten. Die USA erschienen als imperialistische Macht, die immer mehr Länder in ihre Abhängigkeit bringen wollte.

Nach der bitteren Niederlage in Vietnam und dem Watergate-Skandal schienen die USA Mitte der 1970er Jahre tief verunsichert und außenpolitisch überfordert. Viele Beobachter sagten den Niedergang der Weltmacht voraus, doch wie sich bald herausstellte, traf diese Analyse eher auf den Hauptgegner Sowjetunion zu. Der Kalte Krieg endete 1990/91 mit der Auflösung des kommunistischen Blocks und der Wiedervereinigung Deutschlands, die aus amerikanischer Sicht ganz in der Konsequenz der seit 1946/47 betriebenen *containment*-Politik lag. Vor diesem Hintergrund schrumpfte das Vietnam-Debakel zu einer »verlorenen Schlacht« zusammen, die den endgültigen Sieg im Kalten Krieg nicht hatte verhindern können. Eine der »Lehren aus Vietnam« war die Abschaffung der Wehrpflicht und der Aufbau einer (auch für Frauen offenen) Berufsarmee, die als schlagkräftiges, flexibles Interventionsinstrument weltweit eingesetzt werden kann.

In den 1990er Jahren demonstrierten die USA mehrfach ihre überwältigende, vor allem auf technologischen Vorsprung gegründete militärische Stärke, so 1991 im Golfkrieg gegen den Irak und 1995 beim Eingreifen in die Bosnien-Krise. Politisch bemühten sich die Präsidenten Bush und Clinton um eine verbesserte »Sicherheitsarchitektur« für Europa und um die Entschärfung alter und neuer Krisenherde von der Karibik über Nordirland, den Nahen Osten und Afrika bis nach Taiwan und Korea. Hauptkennzeichen dieser »Post Cold War«-Epoche sind das Fehlen eines klaren Feindbildes (auch wenn mancherseits der fundamentalistische Islam und das erstarkende China als Zukunftsbedrohungen wahrgenommen werden) sowie die relative Ungebundenheit der USA: Im Grunde können die Amerikaner in jeder Situation darüber entscheiden, ob sie im Rahmen der UNO, gemeinsam mit ihren NATO-Verbündeten, in einer Ad hoc-Koalition oder allein handeln wollen. »Allmächtig« sind die USA dennoch nicht, weil ihre Fähigkeit, das Geschehen in einer immer komplexer werdenden Welt zu beeinflussen, begrenzt bleibt. Zutreffender erscheint die Denkfigur der »unentbehrlichen Macht« (*indispensable power*), denn es ist schwer vorstellbar, daß wichtige Zukunftsprobleme – von der Rüstungskontrolle über die regionale Friedenssicherung bis zum globalen Umweltschutz – ohne oder gar gegen die USA gelöst werden können.

2.4. Von der Sklaverei zum Multikulturalismus: Der prekäre Zusammenhalt einer multiethnischen Einwanderergesellschaft

Ebenso eng, wie die Dynamik des amerikanischen Kapitalismus mit dem Aufstieg der USA zur Weltmacht zusammenhängt, ist das demokratische System mit der Zusammensetzung und dem Selbstverständnis der amerikanischen Bevölkerung verbunden. In den 200 Jahren zwischen der ersten Volkszählung 1790 und dem bislang letzten Zensus 1990 wuchs die Bevölkerung der USA von 3,9 auf 248,7 Millionen Menschen an. Diese gewaltige Steigerung ist einer vergleichsweise hohen, erst in letzter Zeit abflachenden Geburtenrate sowie der Einwanderung zu verdanken, die bis heute ca. 60 Millionen Menschen aus aller Welt in die USA gebracht hat. Vielfalt und mangelnde Homogenität waren von Anfang an die hervorstechenden Merkmale. Schon die Kolonialbevölkerung bot ein buntes Bild: Briten aus England, Schottland, Wales und dem nördlichen Irland bildeten die Mehrheit; daneben fanden sich viele Deutsche (die in Pennsylvania ein Drittel der Bevölkerung stellten)[5] und fast ebenso viele Niederländer (vor allem im Staat New York), sowie nicht wenige Skandinavier und Franzosen. Im Jahr 1780 zählte man 575 000 Schwarze, von denen die meisten als Sklaven in den südlichen Staaten lebten. Indianer waren vor allem an der *Frontier* präsent, tauchten aber im Zensus zunächst nicht auf.

Das religiöse Leben wurde in Neuengland von verschiedenen puritanischen Kongregationen bestimmt, in den Mittelkolonien von Presbyterianern, Lutheranern, Reformierten, Quäkern und Pietisten, im Süden hingegen von Anglikanern, Katholiken (vor allem in Maryland) und Baptisten. Zudem etablierten sich in mehreren Küstenstädten Synagogen und jüdische Gemeinden. In den Gebieten, die später an die USA fielen, unterhielten spanische und französische Orden katholische Missionsstationen. Die Vorstellung des französischen Schriftstellers St John de Crèvecoeur, aus diesem Völker-, Rassen- und Glaubensgemisch werde »ein neuer Mensch, der Amerikaner« entstehen, entsprach eher Wunschdenken als Realität[6]

---

[5] Die immer wieder aufgestellte Behauptung, Deutsch wäre beinahe die offizielle Sprache der USA geworden, gehört allerdings ins Reich der Legende.
[6] Hector St. John de Crèvecoeur, *Letters from an American Farmer,* New York 1782.

Afrikanische oder indianische Anteile sollte dieser »neue Mensch« ohnehin nicht haben.

Die Sammelbezeichnung »Americans« wurde ursprünglich von den Engländern verwendet, um die Kolonisten von den Untertanen des *Empire* in anderen Weltgegenden zu unterscheiden. Erst im Verlauf der Revolution nahm eine amerikanische Identität durch die Verschmelzung verschiedener Elemente – puritanische Religiosität, »klassischer« Republikanismus, liberales Naturrechtsdenken, Utilitarismus der schottischen Aufklärung – allmählich Gestalt an. Die »heiligen Texte« der Unabhängigkeitserklärung und der Verfassung dienten als Symbole der nationalen Einheit, zu denen sich die Bevölkerung in den rituellen Formen der *civil religion* bekannte. Der Zusammenhalt blieb aber prekär, denn viele Bürger identifizierten sich in erster Linie mit ihrem jeweiligen Staat und hatten Vorbehalte gegen eine »nationale« Regierung. Die Präambel der Verfassung von 1787 proklamierte zwar eine amerikanische Nation (»We the people of the United States«), aber der Kampf um Annahme oder Ablehnung der *Constitution* eröffnete nur die lange Reihe von Grundsatzdebatten, in denen die Amerikaner über das Wesen dieser Nation stritten.

Im Gefolge der Revolution begann, ausgehend von Virginia und untermauert durch das erste Amendment von 1791, die strikte Trennung von Kirche und Staat. Das gestattete den Baptisten und Methodisten, ihren »evangelikalen« Protestantismus in einer großen Erweckungsbewegung (*Second Great Awakening*) in die Westgebiete zu tragen. Die Wiederbelebung des Christentums stand in engem Zusammenhang mit den Bemühungen um eine »moralische« Reform der Gesellschaft. Initiatoren bei der Verbesserung des Bildungs-, Fürsorge- und Gesundheitswesens waren häufig Frauen aus der Mittel- oder Oberschicht, die auf diese Weise einen wachsenden Einfluß auf das öffentliche Leben erlangten. Als sich die meisten weißen Kirchen im Streit um die Befürwortung oder Ablehnung der Sklaverei spalteten, gründeten die Schwarzen ihre eigenen, zumeist baptistischen Gemeinden. Aus der geistigen Unruhe der Zeit erwuchsen auch zahlreiche utopische Gemeinschaftsexperimente und neue Kirchen, am bekanntesten wohl die Mormonen (*Latter-Day Saints*), die von New York über den Mittleren Westen nach Utah auswichen, um ihren Glauben und Lebensstil praktizieren zu können.

Unter der Bundesverfassung rückten die Fragen der Staatsbürgerschaft und der politischen Rechte in den Vordergrund. Die Staatsangehörigkeit erwarb man mit der Geburt oder als Einwanderer auf Antrag nach einer fünfjährigen Wartefrist. Vorerst gab es aber keine »American citizenship«, sondern nur die Staatsangehörigkeit der ein-

zelnen Staaten.[7] Politische Rechte standen im traditionellen republikanischen Verständnis nur denjenigen Erwachsenen zu, die unab-
hängig waren und Land besaßen oder zumindest Steuern zahlten.
Das schloß Frauen aus, die ungeachtet ihrer Reformaktivitäten und
rhetorischen Hochschätzung als »republikanische Mütter« ebenso in
die Kategorie der »Abhängigen« fielen wie besitzlose Handwerker-
gesellen und Arbeiter. Diese restriktive Auslegung lockerte sich im
19. Jahrhundert, als die Staaten nach und nach allen weißen erwachsenen Männern und – im Norden – auch freien Schwarzen das
Wahlrecht gewährten. Die erste Welle der Masseneinwanderung,
mit der in den 1840er und 1850er Jahren mehrere Millionen Menschen vor allem aus Irland und Deutschland kamen, schuf zusätzliche Probleme. Die USA erlebten einen Ausbruch von Fremdenfeindlichkeit, der sogar zur Gründung einer antikathclischen »nati-
vistischen« Partei, der *American Party* führte. Die Gesellschaft der
frühen Republik wurde zwar demokratischer, aber die amerikanische Nation definierte sich als weiß, patriarchalisch, englischsprachig
und protestantisch.

Die Verfassungszusätze nach dem Bürgerkrieg etablierten eine allgemeine, die Staaten überwölbende amerikanische Staatsbürgerschaft und gewährten den ehemaligen Sklaven das Wahlrecht. Die
vier Millionen befreiten Schwarzen blieben aber ausgegrenzt, denn
die Südstaaten hielten sie in der Praxis von den Wahlurnen fern.
Mit der Gründung des *Ku Klux Klan* und ähnlicher Organisationen
die eine weiße Vorherrschaft (*White Supremacy*) bewahren wollten
nahm der Rassismus gewalttätige Formen an. In diesem Klima verfestigte sich das System der Rassentrennung (*segregation*), das der *Supreme Court* 1896 im Urteil *Plessy v. Ferguson* für verfassungskonform
erklärte. Seitdem wurde die schwarze Bevölkerung hin- und herge-
rissen zwischen dem Wunsch nach ökonomischer und politischer
Integration und der Hoffnung, eine eigene Identität zu finden oder
sogar nach Afrika zurückkehren zu können. Nicht besser erging es
den Überlebenden der Indianerkriege, die sich als unmündige
»Schutzbefohlene« der Bundesregierung in den Reservaten aufhiel-
ten. Als der Kongreß ihnen 1924 die amerikanische Staatsbürgerschaft zuerkannte, hatten sie einen Großteil des Reservatslandes
verloren und waren ihrer traditionellen Kultur weitgehend entfrem-
det.

Enttäuschung empfanden auch viele Frauen, die sich ebenso
energisch für den Kampf gegen die Sklaverei (*Abolition*) wie für die
Gleichberechtigung der Geschlechter eingesetzt hatten. Als die Bür-

[7] Linda K. Kerber, »The Meanings of Citizenship«, in: *Journal of American History*
84 (1997), S. 833–854.

gerkriegs-Amendments keinen Fortschritt für Frauen brachten, verwandelten sich viele ehemalige Abolitionistinnen in Suffragetten, die in Parteien und Verbänden für das Frauenwahlrecht kämpften. Erste Erfolge stellten sich in den neuen Staaten des Westens ein, die gezielt um Frauen warben. Es dauerte aber bis 1920, bevor das 19. Amendment das *Women's Suffrage* in der US-Verfassung verankerte.

Nur sehr locker in die Nation integriert waren die Millionen von Süd- und Osteuropäern, die in den Jahrzehnten vor dem Ersten Weltkrieg in die USA einwanderten. Nachdem Asiaten bereits seit den 1880er Jahren schrittweise von der Immigration ausgeschlossen worden waren, richtete sich die Ablehnung nun gegen katholische Italiener und Polen, orthodoxe Serben, Bulgaren, Griechen, Ukrainer und Russen und nicht zuletzt gegen die osteuropäischen Juden. Auf dem Nährboden des Sozialdarwinismus und anderer pseudo-wissenschaftlicher Lehren sprossen Rassentheorien, die von der biologischen Ungleichheit der Menschen ausgingen und die Überlegenheit einer »arischen« oder »angelsächsischen« Rasse postulierten. Über Fragen der Einwanderung, der sozialen Zustände im Industriestaat und der Beziehung zwischen Wissenschaft und Religion entbrannten auch in den amerikanischen Kirchen heftige Kontroversen. In diesem Kontext formierten sich die beiden großen Lager der »Modernisten«, die ein liberal-progressives Christentum (*social gospel*) verkündeten, und der konservativ-evangelikalen »Fundamentalisten«, die auf dem Wortlaut der biblischen Offenbarung beharrten.

Die amerikanischen Nativisten und Nationalisten, und selbst manche der progressiven Reformer hielten die »fremden« Elemente in der eigenen Bevölkerung für schwer oder gar nicht assimilierbar. Der »Schmelztiegel« (*melting pot*) wurde zwar zum Symbol Amerikas, und die katholische Kirche bildete seit Ende des 19. Jahrhunderts die größte Religionsgemeinschaft der USA, aber die Identität der Nation blieb weiß, angelsächsisch und protestantisch. In den 1920er Jahren richtete der Kongreß ein Quotensystem ein, das die »nationale Herkunft« (*national origin*) zur Grundlage der Einwanderung machte und Süd- und Osteuropäer kraß benachteiligte. Chinesen und Japaner, die noch hatten einreisen können, lebten an der Westküste isoliert in ethnischen Ghettos. Nach Pearl Harbor ließ die US-Regierung die Japaner, selbst die in Amerika geborenen Staatsbürger, für die Dauer des Krieges in Lager im Landesinnern deportieren, weil Zweifel an ihrer Loyalität bestanden.

Der Zweite Weltkrieg, der im Namen von Freiheit und Menschenrechten gegen totalitäre und rassistische Mächte geführt wurde, brachte vielen Amerikanern erstmals die inneren Widersprüche ihres

Demokratieverständnisses zu Bewußtsein. Seit 1933 hatten die USA trotz der strengen Einwanderungsbestimmungen mehr als 200 000 politisch und rassisch Verfolgte, vor allem Juden aus Deutschland aufgenommen. Es war aber der schwedische Soziologe Gunnar Myrdal, der 1944 eindringlich das »amerikanische Dilemma« beschrieb, die Kluft zwischen der aktuellen Lage der Afro-Amerikaner und den Freiheits- und Gleichheitsversprechen der Gründungsdokumente.[8] Einen ersten praktischen Reformanstoß gab der *Supreme Court* 1954 mit dem Urteil *Brown v. Board of Education of Topeka*, das die »separate but equal«-Doktrin des Plessy-Urteils von 1896 außer Kraft setzte und die Rassentrennung im Erziehungswesen für verfassungswidrig erklärte. Drei Jahre später mußte Präsident Eisenhower in Little Rock, Arkansas, Bundestruppen einsetzen, um schwarzen Studenten Zugang zur Staatsuniversität zu verschaffen. Tiefergreifende Veränderungen vollzogen sich erst in den 1960er Jahren, als die Bürgerrechtsbewegung unter Führung des charismatischen Dr. Martin Luther King die amerikanische Öffentlichkeit, die Bundesregierung und den Kongreß gegen das System der offenen Rassendiskriminierung im Süden mobilisierte. Unter dem Eindruck von blutigen Rassenunruhen in den Ghettos der Großstädte erkannte man auch, daß das Wahlrecht allein die Probleme von Armut, Drogenkonsum und Kriminalität nicht lösen konnte. Mit staatlichen Wohlfahrtsprogrammen und dem Mittel der *affirmative action* wollten Regierungen und Gerichte nun die Folgen jahrzehntelanger Unterdrückung und Diskriminierung durch eine vorübergehende Bevorzugung der betroffenen Gruppen wettmachen. Die damit verbundene Hoffnung, die Amerikaner würden zu einer harmonischen, »farbenblinden« nationalen Identität finden, gingen jedoch nicht in Erfüllung. Vielmehr kam es zur Radikalisierung des *Civil Rights Movement*, in dessen Gefolge viele ungelöste Fragen von Rasse, Klasse und Geschlecht erst wirklich brisant wurden. Das Streben der Afro-Amerikaner nach sozialer Gleichheit, Selbstbestimmung (*Black Power*) und eigener kultureller Identität spornte andere benachteiligte Gruppen – *Native Americans*, *Hispanics*, Homosexuelle (*gay and lesbian movement*) und nicht zuletzt eine neue Generation von Frauen – dazu an, ihre Forderungen aggressiver vorzutragen.

Auch in den 1970er Jahren kam die Gesellschaft nicht zur Ruhe, denn nun begann sich die 1965 grundlegend geänderte Einwanderungsgesetzgebung voll auszuwirken. An die Stelle des diskriminierenden Quoten-Systems trat eine generelle jährliche Obergrenze der Immigration, in deren Rahmen alle Erdteile und Nationen die glei-

---

[8] Gunnar Myrdal, *An American Dilemma. The Negro Problem and Modern Democracy*, New York-London 1944.

chen Zugangsrechte erhielten. Die – legalen wie illegalen – Einwandererströme kamen nun hauptsächlich aus den Krisenregionen Asiens und Lateinamerikas. Auf diese Weise wurde die Bevölkerung der USA innerhalb weniger Jahrzehnte ethnisch und religiös noch vielfältiger, als sie es je gewesen war. Der Anteil der (meist aus Mexiko stammenden) katholischen *Hispanics* und der islamischen, hinduistischen oder buddhistischen Asiaten wächst seither schneller als derjenige der Afro-Amerikaner; gemeinsam zeichnet sich für die Mitte des 21. Jahrhunderts eine Mehrheit der »Nicht-Weißen« ab, wie es sie in einigen Regionen und Metropolen des Südwestens und Kaliforniens derzeit bereits gibt.

In religiöser Hinsicht war aus dem protestantischen Amerika des 19. Jahrhunderts in den 1960er Jahren ein Land der drei Bekenntnisse – Protestantismus, Katholizismus, Judentum – geworden. Auch dies erwies sich aber nur als Zwischenstufe zu noch größerem Pluralismus: Um 1990 zählte man über 1500 Religionsgemeinschaften, darunter alle großen Weltreligionen. Indianische und afrikanische Naturreligionen gehören heute ebenso zum religiösen Leben der USA wie die fundamentalistischen oder pentekostalistischen »Televangelists«, die ihre konservative christliche Botschaft mit den modernsten Mitteln der Massenkommunikation verbreiten. Damit scheinen die USA auf dem besten Wege, ein Mikrokosmos der Weltbevölkerung und ihrer Religionen zu werden.

Die wachsende ethnisch-religiöse Differenzierung wird heute häufig unter dem Schlagwort der »multikulturellen Gesellschaft« zusammengefaßt. Leicht dramatisierend ist seit den 1980er Jahren von einem »Kulturkampf« die Rede, den diese Entwicklung heraufbeschworen hat. Auf der einen Seite stehen die Befürworter des »kulturellen Pluralismus«, die allen in den USA vertretenen ethnischen Gruppen und Glaubensrichtungen prinzipiell gleiche Rechte zugestehen wollen; auf der anderen Seite viele konservative, aber auch etliche liberale Zeitgenossen, die den Zerfall der USA voraussehen, wenn die Bevölkerung nicht den Grundwerten der »westlichen Zivilisation« verpflichtet bleibt.[9] Am »linken« Rand des Spektrums sorgen kulturelle Separatisten für Aufregung, die keine gemeinsame amerikanische Nation, sondern nur noch Gruppenidentitäten kennen; am »rechten« Rand agitieren nativistisch gesinnte Bürger für einen totalen Einwanderungsstop und für eine zwangsweise Amerikanisierung der Bevölkerung, etwa durch das Verbot, andere Sprachen als Englisch in staatlichen Einrichtungen zu ver-

---

[9] So der Titel des Buches von Arthur M. Schlesinger, Jr., *The Disuniting of America: Reflections on a Multicultural Society*, New York-London 1993. Andere Negativbegriffe sind »the browning of America«, »balkanization« oder »thirdworldization«.

wenden.[10] Die längerfristigen demographischen Trends lassen ein Festhalten an den Denk- und Verhaltensmustern des *White Anglo-Saxon Protestantism* und einer traditionell verstandenen *Western Civilization* aber als aussichtlos erscheinen.

Aus der Rückschau ist zu erkennen, daß »amerikanische Nation« und »amerikanische Identität« nie feste Größen waren, sondern ständig im Fluß blieben. Da sich die Gesellschaft weiterhin im Wandel befindet, wird der Kampf um Integration, der fast immer unter Berufung auf Unabhängigkeitserklärung und Verfassung geführt wurde, auch in Zukunft weitergehen. Die Nation muß an der fehlenden Homogenität keineswegs zerbrechen, denn die zahlreichen ethnischen und religiösen »Sonderkulturen« können im positiven Sinne als Gegengewichte zu einer alles einebnenden kapitalistischen Massenkonsumkultur wirken. Man darf wohl davon ausgehen, daß die gemeinsame Geschichte und die quasi-religiöse Verehrung der Gründungsdokumente auch in Zukunft genügend kollektive Identität stiften werden, um eine Auflösung der Zivilgesellschaft zu verhindern. Welche konkrete Gestalt diese Gesellschaft annehmen wird, gehört zu den spannenden Fragen des 21. Jahrhunderts, deren Beantwortung nicht nur für die Amerikaner selbst von großem Interesse sein wird.

[10] Siehe Paul Nolte, »Ein Kulturkampf um den Geschichtsunterricht: Die Debatte über die ›National History Standards‹ in den USA«, in: *Geschichte in Wissenschaft und Unterricht* 48 (1997), S. 512–532.

3.
Tendenzen der neueren amerikanischen Geschichtswissenschaft

In Kapitel 2 ist versucht worden, den Rahmen für eine Gesamtinterpretation der Geschichte der USA abzustecken. Der folgende Überblick über die Ansätze und Methoden in den Teilbereichen der amerikanischen Geschichtsschreibung vermittelt einen Eindruck vom Reichtum dessen, was man heute unter *American history* versteht, und von der Lebendigkeit, Vielfalt und Kreativität, mit der amerikanische Historiker immer wieder neue Fragen stellen und Antworten geben. Das Schwergewicht liegt auf den neuesten Entwicklungen, so daß zumindest in groben Zügen eine Bilanz des gegenwärtigen Kenntnis- und Diskussionsstandes gezogen wird. Die Unterteilung geschieht der besseren Übersichtlichkeit halber und soll nicht die Tendenz zur »Fragmentierung« unterstützen: Es geht vielmehr darum, Verbindungsmöglichkeiten zwischen den Teilbereichen aufzuzeigen und Anregungen zu geben, mehrere Gesichtspunkte zu einer größeren Gesamtperspektive zusammenzufügen.

Die Einsicht, daß es keine »vollkommene« Objektivität gibt und Forschungsergebnisse immer wieder geprüft werden müssen, führt nicht zur Beliebigkeit, zum Relativismus und zum Verzicht auf Qualitätskriterien. Der Forschungsprozeß, der sich an den Universitäten und in der Öffentlichkeit, insbesondere in den Fachzeitschriften vollzieht, und dem sich jeder Historiker stellen muß, wirkt in der Regel als ein »Filter«, der unprofessionelle Arbeiten und quellenmäßig nicht belegbare, rein subjektive Meinungen ausscheidet. Selbst wenn man der Auffassung zustimmt, daß Geschichtsschreibung keine Reproduktion der Wirklichkeit, sondern in letzter Instanz ein schöpferischer Akt ist, öffnet dies weder Tür und Tor für eine Vermischung von Dichtung und Wissenschaft, noch ebnet es die Qualität der verschiedenen Urteile und Interpretationen ein. Viele der älteren Werke haben Einsichten vermittelt, die weiterhin von grundlegender Bedeutung sind; aber dennoch ist historische Forschung nie abgeschlossen, sondern Geschichte muß von jeder Generation neu durchdacht und geschrieben werden.

Im Zuge der sozialen und kulturellen Wandlungen der 1960er Jahre hat sich die Geschichtsforschung in den Vereinigten Staaten so tiefgreifend verändert, daß oft von einer *new history* gesprochen wird.[1] Lange Zeit ging man davon aus, daß gute Geschichtsbücher das vergangene Geschehen wahrheitsgetreu wiedergeben. Als Protagonisten der Erzählungen traten meist nur »große« Männer auf, und Gliederung und narrative Struktur wurden vom zeitlichen Ablauf der historischen Ereignisse bestimmt. Diese Prämissen werden heute durchweg in Frage gestellt. Ein wichtiges Merkmal der »neuen« Geschichtsschreibung ist die Beschäftigung mit den Lebenserfahrungen »durchschnittlicher« Menschen. Dadurch kam es zu einer Differenzierung in viele Forschungsbereiche, die bis zur Mitte des 20. Jahrhunderts nur vereinzelt thematisiert worden waren. Außerdem wurden neue Methoden entwickelt und verfeinert, die auf einem gewandelten Wissenschaftsverständnis und Objektivitätsbegriff beruhen. Ein Überblick über die neuere amerikanische Geschichtsschreibung muß allerdings der Tatsache Rechnung tragen, daß viele Trends, die in den 1960er und 1970er Jahre dominierten, heute bereits wieder in den Hintergrund treten und durch andere Tendenzen ersetzt werden.

3.1. Gegenstände und Methoden der historischen Forschung

Obgleich dem Geschehen auf der nationalen und internationalen Ebene weiterhin viel Aufmerksamkeit gewidmet wird, stehen Politik und Kriege heute nicht mehr im Mittelpunkt der Forschung. Vielmehr geht man davon aus, daß alle menschlichen Aktivitäten eine Geschichte haben und sogar scheinbar biologisch determinierte Phänomene wie Körper, Geschlecht und Tod historischen Wandlungen unterworfen sind, die es zu ergründen gilt. So wurden Krankheit und Schmerzen sehr unterschiedlich empfunden, gedeutet und behandelt: Weiße Ärzte der Kolonialzeit verstanden Krankheit oft als Strafe Gottes und scheuten sich, Schmerzen zu lindern; Indianer gingen bei der Heilung von völlig anderen Annahmen aus als die europäische Medizin, und sie betrachteten Weiße aufgrund ihres Schmerzempfindens als »wehleidig«. Auch Vorstellungen von der Natur der Frau und von dem, was in verschiedenen Epochen als »weibliche Pflichten« galt, haben eine Geschichte, die noch dazu für schwarze und weiße Frauen unterschiedlich verlief.

---

[1] Eine knappe Übersicht über wesentliche Merkmale dieser »neuen« Historiographie gibt Peter Burke, »Overture: The New History, its Past and its Future«, *New Perspectives on Historical Writing*. Ed. Peter Burke. University Park, PA, [4]1995, S. 1–23. Die folgende Gegenüberstellung von »traditioneller« und »neuer« Geschichtsschreibung ist für die Zwecke einer Einführung vereinfacht; es geht darum, die wichtigsten Besonderheiten und Tendenzen sichtbar zu machen.

In den 1960er und 1970er Jahren interessierten sich die amerikanischen Historiker verstärkt für Strukturen, die nur sehr langsamen Veränderungen unterworfen sind. Inspiriert von der französischen *Annales*-Schule, brachten sie die Art des Wandels von wirtschaftlichen und sozialen Verhältnissen sowie von kollektiven Mentalitäten auf den Begriff der *longue durée*. Ins Blickfeld rückten Gruppen und Schichten der Bevölkerung, die früher nur am Rande Erwähnung fanden – Arbeiter, Soldaten, Frauen, Sklaven, Afro-Amerikaner und Indianer. Historiker, die mit marxistischen oder neomarxistischen Konzepten und Begriffen arbeiteten, wählten ganz bewußt die Perspektive »von unten«, *from the bottom up*. Nicht mehr den Taten und Ideen herausragender Individuen galt ihr Hauptinteresse, sondern den alltäglichen Erfahrungen und Bewußtseinszuständen einfacher Leute. Diese Betrachtungsweise beeinflußte die politische Geschichtsschreibung, die nun ebenfalls den Blick »von unten« zu integrieren suchte und etwa bei der Analyse von Parteien neben der Elite auch die Massenbasis studierte, wie sie in Wahlkämpfen und bei der Gestaltung öffentlicher Feste sichtbar wird.

Die Ausweitung der Gegenstände historischer Betrachtung ging einher mit der Erschließung neuer Quellen und der Verwendung neuer Techniken und Methoden. Bis weit ins 20. Jahrhundert hinein interpretierte man vor allem amtliche Akten und schriftliche Zeugnisse von bedeutenden Zeitgenossen; nun befragt man so unterschiedliche Überreste wie Bilder oder Photographien, Heiratsurkunden, Arbeitsverträge, Gerichtsakten, Steuerlisten, Inventare, Testamente oder Akten gemeinnütziger Institutionen auf ihren historischen Aussagewert. Von zentraler Bedeutung sind die Zensusberichte der alle zehn Jahre stattfindenden Volkszählungen, die im Laufe der Zeit immer differenzierter geworden sind.

Mit dem Aufkommen der elektronischen Datenverarbeitung hatte die sogenannte quantitative Auswertung von Quellen von den späten 1950er bis Ende der 1970er Jahre Hochkonjunktur, denn sie schien sich für die damals intensiv betriebene Erforschung der Sozialgeschichte besonders gut zu eignen. Zur Beliebtheit der *quantitative history* trug auch das Bemühen bei, »objektive« Erkenntnisse zu gewinnen, die naturwissenschaftlichen Maßstäben gerecht wurden. Schon 1957 wandte sich der Historiker Lee Benson gegen die frühere, »impressionistische« Deutung von Wahl- und Abstimmungsergebnissen und forderte quantitative Untersuchungen, die zu verläßlicheren Interpretationen führen sollten. Quantitative Methoden benutzten auch die Wirtschaftshistoriker, um den Prozeß des ökonomischen Wachstums oder die Ursachen von Konjunkturverläufen und Krisenerscheinungen zu ergründen. Die Analyse gesellschaftlicher Strukturen und sozialer Mobilität wurde durch die Entwicklung der Computertechnik erleichtert, die es ermöglichte, eine große Fülle von Daten zusammenzufassen und elektronisch auszuwerten. Zeitschriften wie das *Journal of Social History* (gegr. 1967) oder das *Journal of Interdisciplinary History* (gegr. 1970) boten ein Forum, in dem Historiker und Sozialwissenschaftler Methoden und Ergebnisse dieser quantitativen Forschung diskutieren konnten.

Unter quantitativer Methode faßt man drei recht unterschiedliche Arten der Analyse zusammen: Erstens relativ »einfache« Zählungen wie die Ermittlung der Zahl der Sklaven, die in die Neue Welt gebracht wurden; zweitens vergleichende Kalkulationen, z. B. die Verteilung von Einkommen und Reichtum in bestimmten Bevölkerungsgruppen, und drittens Messungen von kausalen Faktoren, wie etwa des Einflusses, den die Religionszugehörigkeit auf das Wahlverhalten oder die Höhe des Einkommens auf die Geburtenrate ausgeübt haben. Diese Korrelationen erfordern komplizierte statistische Berechnungen und haben deshalb Anlaß zu besonders heftigen Kontroversen geboten.

Die scharfe Kritik, die seit einiger Zeit an der quantitativen Methode geübt wird, rührt wohl auch daher, daß einige ihrer extremen Verfechter der bis dahin üblichen historischen Arbeitsweise jegliche Wissenschaftlichkeit absprachen. Sie glaubten sogar, daß man aus ihren Untersuchungsergebnissen allgemeingültige, »nomologische« Gesetze gewinnen könne, die Zukunftsprognosen ermöglichen würden. Daß sich dies als illusionär erwies, kreidete man den »Quantifizierern« ebenso an wie ihre von Zahlenkolonnen und Graphiken geprägte, dem Laien schwer zugängliche Darstellungsweise. Solche Einwände sprechen allerdings nicht grundsätzlich gegen eine mit bescheidenerem Anspruch betriebene quantifizierende Forschung. Obgleich selbst die Wirtschaftshistoriker inzwischen schwer oder gar nicht quantifizierbare Faktoren wie die Erwartungshaltung von Konsumenten und Produzenten wieder viel ernster nehmen, ist die quantitative Bearbeitung von Quellen in vielen Forschungsbereichen unverzichtbar geworden.

Im Gegensatz zu dieser an mathematisch-statistischer Vorgehensweisen orientierten Forschung verwendet die *psychohistory* Konzepte aus der Psychologie, um historische Vorgänge, insbesondere Entscheidungsprozesse einzelner Persönlichkeiten zu erklären. Dabei werden nicht nur die bewußten Intentionen von Politikern zur Deutung ihrer Entscheidungen herangezogen, sondern auch ihnen selbst nicht bewußte Ängste, Traumata oder Projektionen. Dieser Ansatz, der vor allem auf den Einsichten von Sigmund Freud basiert, ist in den USA durch die Arbeiten von Peter Gay bekannt geworden.

An Bedeutung gewonnen hat seit den frühen 1980er Jahren der Trend zur *microhistory*, d. h. die Bevorzugung relativ begrenzter

Untersuchungsgegenstände wie der Geschichte einer bestimmten Gewerkschaft in einer Stadt oder der Erfahrungen einer durchschnittlichen Arbeiterfamilie. Solche Lokal- und Fallstudien verfolgen die Absicht, durch sorgfältige Einzelanalysen Erkenntnisse über größere Zusammenhänge zu gewinnen und frühere Verallgemeinerungen zu revidieren. Dabei spielt auch die Hoffnung mit, einen »typischen« oder »repräsentativen« Fall darstellen zu können. Das Problem vieler solcher Studien besteht in der Quellenlage, denn selten haben die Protagonisten schriftliche Quellen hinterlassen, aus denen sich ihr Fühlen und Denken und ihr Erfahrungshorizont eindeutig erschließen lassen.

Diesen Mangel an schriftlichen Eigenaussagen von einfachen Leuten versuchen die Verfechter der *oral history* zumindest für das 20. Jahrhundert und die Zukunft wettzumachen. Die *oral history* schafft zusätzliche Quellen in Form von Interviews mit Zeitzeugen, die schriftlich protokolliert und meist auch auf Tonband und Video für spätere Historiker aufgenommen werden. Schon in den 1880er Jahren ließ Hubert Howe Bancroft Siedler, Bergleute und Viehzüchter im amerikanischen Westen befragen, um Material für seine Geschichte der Pazifikstaaten zu sammeln. Weitere wichtige Zeugnisse wurden im Rahmen von Arbeitsbeschaffungsmaßnahmen des *New Deal* in den 1930er Jahren zusammengetragen. Das *Federal Writers Project* baute ein Archiv mit Quellen zum Leben von Arbeitern und ehemaligen Sklaven auf und führte zu diesem Zweck auch persönliche Befragungen durch. Endgültig im amerikanischen Universitätsleben verankert wurde die *oral history* durch das 1948 begründete *Columbia University Oral History Office*.

Auch die *oral history* darf nicht unkritisch betrieben werden. So ist es nicht einfach, Zeitzeugen auszuwählen, die relevante Informationen liefern können. Grundsätzliche Grenzen sind durch die Fehlerhaftigkeit des menschlichen Gedächtnisses gesetzt: Immer wieder kommt es vor, daß Menschen fest davon überzeugt sind, sich an etwas erinnern zu können, was tatsächlich nie oder nicht in dieser Form stattgefunden hat. Neuere Gedächtnistheorien gehen davon aus, daß das Bild, das sich ein Mensch von der eigenen Vergangenheit macht, stark von den gegenwärtigen Werten, Motiven und Zielen geprägt ist. Weitere Gefahren sind die nostalgische Glorifizierung früherer Zeiten, das Bemühen, das eigene Handeln in ein positives Licht zu rücken oder ganz banale Hindernisse wie die geringe Ausdrucksfähigkeit der Befragten. Auch die Interviewer können für die mangelhafte Qualität von Zeugnissen der *oral history* mitverantwortlich sein: Schlechte Vorbereitung und irrelevante oder suggestive Fragen bringen fast zwangsläufig unbrauchbare Antworten hervor.

Dennoch ist die *oral history* in den USA mittlerweile fest etabliert und verfügt über eine eigene professionelle Organisation. Ihre Mitglieder setzen sich mit den methodischen und theoretischen Problemen dieser noch relativ jungen Disziplin auseinander und erarbeiten Lösungsvorschläge. Als Konsens zeichnet sich ab, daß den Interviews ein ähnlicher Aussagewert zukommt wie Tagebüchern oder privaten Briefen. Persönliche Zeugnisse sind nicht nur von zentraler Bedeutung für die *history from below*; vielmehr stellen sie auch bedeutende Quellen für die politische Geschichte dar, denn das Tagebuchschreiben ist aus der Mode gekommen, und Telefon und e-mail sorgen dafür, daß relativ wenig private Äußerungen schriftlich dokumentiert werden. Die *Presidential Libraries* in den Vereinigten Staaten sammeln daher systematisch Interviews mit Politikern, Diplomaten, Militärs und Ratgebern der Präsidenten, die für künftige Historiker von großem Wert sein werden.

3.2. Das Problem der Objektivität und die Bedeutung von *race, class, gender*

Nur sehr wenige Historiker erheben noch den Anspruch, ihre Werke würden das vergangene Geschehen »objektiv« erfassen und darstellen. Zu erzählen, »wie es eigentlich gewesen sei« (Leopold von Ranke), bleibt zwar für viele ein erstrebenswertes Ziel, aber es ist nach allgemeiner Einschätzung in unerreichbare Ferne gerückt. In dem vieldiskutierten Werk *That Noble Dream* (1988) hat Peter Novick eine Fülle von Faktoren aufgezeigt, die einer »objektiven« Darstellung der amerikanischen Geschichte entgegenstehen. In erster Linie sind es divergierende Einstellungen zu *race, class* und *gender*, die dazu führen, daß Historiker, die eine ähnliche Thematik bearbeiten, zu ganz unterschiedlichen Ergebnissen gelangen. Da auch die Wahl der Methoden die Forschung prägt, können Autoren selbst bei gründlichstem Quellenstudium und Beachtung der wissenschaftlichen Kriterien zu abweichenden Ergebnissen kommen.

Das Eingeständnis, daß Frauen und Angehörige von Minderheiten lange Zeit diskriminiert worden sind, blieb nicht ohne Folgen für den amerikanischen Wissenschaftsbetrieb. Seit der Bürgerrechtsbewegung bemühte man sich an den Universitäten um die Ausweitung von Lehrinhalten auf indianische und afrikanische Themen, und vielerorts wurden eigene Professuren oder Institute für *women's history* und *black history* eingerichtet. Gelegentlich wurden sogar Zweifel an der allgemeinen Gültigkeit der Werte der »westlichen Zivilisation« laut. Das umstrittene Schlagwort *political correctness* bezeichnet die Ablehnung aller Verhaltens- und Ausdrucksweisen, die Personen aufgrund von Rasse, Geschlecht, sozialer Schicht, körperlicher sowie geistiger Behinderung oder sexueller Neigung benachteiligen. Dieses gelegentlich fast doktrinäre Verlangen, allen Menschen gerecht zu werden, trägt mit zur Vervielfachung der Gegenstandsbereiche der amerikanischen Geschichtswissenschaft bei und wirkt sich auch auf die Inhalte aus. So gibt es kaum noch Historiker, die Themen wie die Arbeitergeschichte nur in bezug auf weiße Männer untersuchen. Der Blick auf die sogenannten WASPs, die *White Anglo-Saxon Protestants*, wird ergänzt und zum Teil sogar ersetzt durch die Konzentration auf Frauen und Minderheiten aller Art.

3.3. Literaturwissenschaftliche, philosophische und anthropologische Einflüsse

Der Philosoph und Kulturwissenschaftler Hayden White löste eine Debatte darüber aus, inwiefern die jeweilige Form der Erzählung bereits ein Erklärungsmuster beinhaltet. In seinem Werk *Metahistory* (1973) behauptete er, Historiker würden ihre Daten und Fakten oft unbewußt auf eine bestimmte Weise auswählen und anordnen. Entscheidend seien dabei drei grundlegende Deutungsmuster: Erklärungen durch die Art des *emplotment*, der formalen Argumentation und der ideologischen Implikation. Intensiv erörtert wurde vor allem Whites Auffassung vom *emplotment*, von der Art und Weise, wie der *plot*, d. h. die Handlung einer Geschichte, entfaltet wird. Nach White gibt es nur vier Arten des *emplotment*: Die Erzählung als Romanze, als Tragödie, als Komödie oder als Satire. Dieser Einteilung entsprechen vier Modi der formalen und ideologischen Argumentation. Obgleich Whites Schlußfolgerung, daß es keinen nennenswerten Unterschied zwischen Geschichtsschreibung und Fiktion gebe, mit guten Gründen bestritten wurde, haben seine Thesen große Beachtung gefunden; immer mehr Historiker stellten sich die Frage, ob sie tatsächlich schematisierten Denk- und Darstellungsweisen folgen, und wie sie Anschluß an das moderne Wissenschaftsverständnis finden können.

Solche Sorgen erklären auch das wachsende Interesse am Poststrukturalismus. Obwohl es viele Unterschiede zwischen den Vertretern poststrukturalistischer Theorien gibt, gehen sie grundsätzlich in zweifacher Hinsicht über die strukturalistischen Annahmen Ferdinand de Saussures hinaus. Zum einen bestreiten sie, daß man durch das Zeichensystem Sprache hindurch einen unverstellten

Blick auf die Welt haben könne. Zum anderen bezweifeln sie, ob Texte überhaupt eine feststehende, unveränderliche Bedeutung haben. Der französische Philosoph Jacques Derrida gründete seine Kritik an der abendländischen Metaphysik auf Ferdinand de Saussure und vertrat die Auffassung, daß Sinngebung ein nie endender Prozeß sei. Er negierte binäre Oppositionen und versuchte mit seinen »dekonstruktivistischen« Interpretationen die Ambivalenzen offenzulegen, die in den scheinbar eindeutigen Texten verborgen sind. In den USA ist seine Art der Textinterpretation vor allem von der literaturwissenschaftlich orientierten *Yale School of Deconstruction* weitergeführt worden; mittlerweile suchen auch Historiker Derridas Annahmen für eine genaue Analyse von Quellen zu nutzen.

Im Unterschied zu Derrida, der sich auf Textinterpretationen konzentriert, untersucht der zweite führende Poststrukturalist, Michel Foucault, vor allem die Beziehungen zwischen Sprache und Gesellschaft. Seiner Ansicht nach erhalten Phänomene wie Sexualität und Kriminalität nur in bezug zu den jeweils geltenden sozialen Normen und Formen des Diskurses ihre Bedeutung. Diskursive Praktiken, die auf bestimmten Institutionen basieren und nach standardisierten Regeln ablaufen, konstituieren Realität, bestimmen, wer welche Dinge artikulieren kann, und determinieren die jeweiligen Gegenstände des Wissens. Foucault beschäftigte sich besonders mit dem Phänomen der Macht, das für ihn aus einem Netzwerk von Beziehungen besteht, das Herrscher und Beherrschte einschließt. Im Gefolge Foucaults untersuchen Historiker daher häufig Machtbeziehungen in unterschiedlichen, teilweise privaten Kontexten wie der Familie oder der Ehe. Obgleich Foucaults Vorstellung von Diskursen teilweise als zu deterministisch kritisiert wurde, üben seine Werke großen Einfluß auf die Geistes-, Mentalitäts- und Kulturgeschichte aus. Einige extreme poststrukturalistische Theoretiker leugnen, daß es ein autonomes Subjekt gibt: Nicht die Autoren seien für ihre Texte verantwortlich, sondern die jeweiligen diskursiven Praktiken und kulturellen Codes. Solche radikalen Annahmen werden aber nur von wenigen Historikern nachvollzogen. Besonders die These vom »Tod des Autors« lehnen die meisten *new historians* ab und betonen statt dessen das eigenverantwortliche intentionale Handeln des Menschen. Trotz dieser Skepsis haben poststrukturalistische Einsichten die amerikanische Historiographie durchaus befruchtet. Großen Einfluß übt etwa Foucaults Konzept von Macht aus; auch der Bereich der Politik wird nun häufig sehr weit definiert.

Die wohl wichtigste Folge der Auseinandersetzung mit poststrukturalistischen Theorien liegt in einer grundlegend gewandelten Einschätzung von Sprache. Man hat erkannt, daß Textaussagen von vielen Parametern abhängig sind, häufig Ambivalenzen und innere Widersprüche aufweisen und in unterschiedlicher Weise interpretiert werden können. Auf der Basis von Foucaults Diskurs-Begriff ist die wirklichkeitskonstituierende Bedeutung von Texten in das Blickfeld geraten. Historiker gestehen der Sprache und den Diskursen nun die Kraft zu, Realität zu formen und zu verändern. Die zentrale Grundannahme der *new history* vom Konstruktcharakter der Realität wird auf diese Weise durch die Überzeugung von der prägenden Kraft der Sprache ergänzt.

Diese neue Sicht wird als so gravierend angesehen, daß man von einem *linguistic turn* der amerikanischen Historiographie spricht. Der Wortlaut der historischen Quellen gewinnt eine neue Bedeutung, wenn er auf seine internen Widersprüche und Ambivalenzen befragt wird, und wenn Phänomene wie rassische Vorurteile unter die Lupe genommen werden, die dem Autor nicht immer bewußt waren. Metaphern und Symbole werden ernstgenommen, weil sie der Wirklichkeitssicht Ausdruck verleihen und sie gleichzeitig prägen. Die Abkehr von realistischen Erkenntnistheorien hat eine gewandelte Einschätzung des »Objektivitätsgehalts« von Geschichtswerken zur Folge. Wenn keine direkte, unmittelbare Korrelation zwischen einem Text und der in ihm beschriebenen Wirklichkeit besteht, dann bilden auch historische Erzählungen die vergangenen Ereignisse nicht einfach ab. Vielmehr gilt Geschichtsschreibung nun als eine von sprachlichen Regeln und diskursiven Praktiken bestimmte Form der »Re-Präsentation« der Vergangenheit.

Ein besonderes Kennzeichen der amerikanischen Geschichtsschreibung ist die Integration anthropologischer Methoden und Konzepte. Große Bedeutung kommt dabei der kulturellen Anthropologie zu, die Historiker meist durch die Arbeiten von Clifford Geertz kennengelernt haben. Kultur ist nach Geertz ein Netz von Zeichen oder ein Gewebe von Annahmen, die bestimmen, wie Individuen und Gruppen ihre Umwelt wahrnehmen und welche Bedeutung sie Ereignissen und Handlungen zumessen. Da die Kultur kein rational geordnetes, widerspruchsfreies System bildet, kann der Anthropologe auch keine allgemeinen Theorien aufstellen. Vielmehr sollte er eine Art der Interpretation vornehmen, die Geertz *thick description* genannt hat: Diese »dichte Beschreibung« besteht aus einer reichhaltigen, viele Details integrierenden Interpretation alltäglicher und scheinbar unbedeutender Ereignisse. Auf diese Weise sollen die konzeptuellen Strukturen herausgearbeitet werden, die den Sinn von Handlungen, Zeremonien, Symbolen und Ritualen in einer bestimmten Kultur bestimmen.

Im Unterschied zu den Anthropologen können die Historiker nicht direkt beobachten, sondern sind auf die Auswertung von zumeist schriftlichen Quellen angewiesen. Auch veranschlagen Historiker die gruppenspezifische Differenzierung von Kultur oft höher als Geertz oder halten eine Abstraktion und Generalisierung von Einzelergebnissen für erforderlich. Obgleich die Annahmen von Geertz daher in vielfältiger Weise modifiziert werden, üben seine Vorstellungen von Kultur und seine Methode der »dichten Beschreibung« großen Einfluß auf die neuere amerikanische Geschichtswissenschaft aus.

3.4. Die *new history* seit den *1960er* Jahren

Der tiefgreifende Wandel, der in der neueren amerikanischen Historiographie zu konstatieren ist, wurde durch die sozialwissenschaftlichen Fragestellungen der 1960er Jahre ausgelöst. Man konzentrierte sich nicht mehr auf die Mächtigen, die am Höhenkamm der Kultur angesiedelt waren, sondern auf die »gewöhnlichen« Menschen, die Machtlosen und Marginalisierten. Dies führte zu einer Erweiterung der Forschungsbereiche, die von dem Versuch geprägt war, Geschichte »von unten« zu schreiben. Afro-Amerikaner, Indianer, Chicanos, Frauen und die unteren sozialen Schichten wurden zum Gegenstand historischer Untersuchungen. Zunächst galt die Hauptaufmerksamkeit der sozialen und wirtschaftlichen Stellung der jeweiligen Gruppen sowie ihren Lebensweisen und Erfahrungen. Bis zur Mitte der 1970er Jahre wollte man diese Fragen hauptsächlich mit Hilfe quantifizierender Methoden und zum Teil auch mit marxistischen Denkansätzen in den Griff bekommen. Zu diesem Zweck wurden längerfristige, von den Beteiligten selbst unter Umständen gar nicht wahrgenommene Veränderungen wie etwa der Wandel in der Geburtenrate oder Verschiebungen in der Einkommensstruktur untersucht.

Seit Mitte der 1980er Jahre zieht die kulturgeschichtliche Betrachtung größeres Interesse auf sich. Diese Verlagerung des Interesses ist nicht zuletzt auf den Einfluß poststrukturalistischer und anthropologischer Theorien zurückzuführen. Kulturhistoriker messen der Sprache große Bedeutung bei und heben ethnische, religiöse und andere mentale oder ideologische Faktoren hervor. Im Zuge der *new history* hat sich der »Blick von unten« in vielen Teilbereichen der Geschichtswissenschaft fest etabliert. »Einfache« Leute und marginalisierte Gruppen werden nicht als ohnmächtige Opfer oder beliebig manipulierbare Masse wahrgenommen, sondern als Mithandelnde, die fähig waren, Einfluß auf ihre Geschicke zu nehmen und eine eigene Kultur zu schaffen.

In jüngster Zeit ist ein Trend zur Überschreitung früherer Grenzen zu beobachten: Immer häufiger werden Themen aus unterschiedlichen Gegenstandsbereichen miteinander verbunden. Eine Tendenz der kulturgeschichtlich orientierten Forschung geht dahin, marginalisierte Gruppen nicht isoliert zu betrachten, sondern danach zu fragen, inwiefern sie gemeinsam mit den zunächst vor allem als Unterdrücker angesehenen »Mächtigen« neue Arten des Zusammenlebens aufbauten. Außerdem wird die Ebene der Politik wieder stärker einbezogen und bespielsweise untersucht, ob die Sozialgesetzgebung von der Elite und von den Betroffenen gemeinsam geformt wurde. Durch die Einflüsse von anthropologischen und poststrukturalistischen Theorien und die Bereitschaft zu Grenzüberschreitungen weisen viele neuere Werke eine Reihe von Gemeinsamkeiten auf. Dies aber macht jede rigide Einteilung des Felds in einzelne Teilbereiche recht problematisch. Viele Versuche, den Bereich der gegenwärtigen amerikanischen Historiographie zu vermessen, nehmen die traditionelle Einteilung in Politik, Sozialgeschichte und Geistesgeschichte zum Ausgangspunkt und ordnen alle Ansätze, die seit den 1960er Jahren entstanden sind, der Sozialgeschichte zu. Dies führt dazu, daß sehr unterschiedliche Phänomene – von der Stadtgeschichte über die Indianer- bis zur Frauengeschichte – in die Rubrik »Sozialgeschichte« fallen. Teilweise wird sogar die Betonung der kulturgeschichtlichen Sichtweise als eine Tendenz innerhalb der Sozialgeschichte betrachtet. Diese von der Wissenschaftsgeschichte her bestimmte Einteilung hat den Nachteil, daß sie die Unterschiede zwischen den einzelnen Ansätzen in den Hintergrund treten läßt. Im folgenden wird daher eine andere Anordnung gewählt, die die ältere Einteilung in Politik-, Sozial- und Geistesgeschichte berücksichtigt. Um der gegenwärtigen Bedeutung der Kulturgeschichte gerecht zu werden, wird die *intellectual history* in einem größeren Kapitel zusammen mit der Kulturgeschichte behandelt. Den in den USA stark betonten Kategorien *race* und *gender* sind in Form der *ethnic history* und der *women's history* ebenfalls eigene Kapitel gewidmet. Diese Einteilung entspricht den Bedürfnissen von Studenten, die rasch einen Überblick zu bestimmten Themen suchen. Die stärkere Differenzierung hat aber ihren Preis: Zum einen bewirkt die gegenwärtige Tendenz zu Grenzüberschreitungen, daß sich neue Monographien nur schwer einem bestimmten Teilbereich zuordnen lassen. So ist fraglich, ob Untersuchungen zu den Religionen von Afro-Amerikanern im Süden der USA in den Kontext des Regionalismus, der ethnischen Geschichte oder der Religionsgeschichte gehören. Zum anderen lassen sich im Rahmen einer knappen Darstellung kaum alle wechselseitigen Einflüsse nachweisen. Der Konstruktcharakter von Realität und der Einfluß

von Wahrnehmungsmustern wurde etwa zunächst in der Kultur-
und Frauengeschichte erörtert. Mittlerweile haben diese Themen
aber auch in die Diplomatiegeschichte Eingang gefunden, die danach fragt, welche Bilder die Politiker von den jeweiligen »Feinden«
und »Freunden« hatten und welche Perzeptionen ihren Entscheidungen zugrunde lagen. Die folgenden Kapitel beschränken sich
darauf, die wichtigsten Themen und Fragestellungen sowie die bedeutendsten Ansätze der neueren amerikanischen Geschichtsschreibung knapp und unter Verweis auf einige repräsentative Werke vor-
zustellen.

4.
Politische Geschichte

4.1. Das »Innenleben« der amerikanischen Demokratie

Im Anfang, so könnte man sagen, war alle Geschichte politische Geschichte, und der Begriff *political history* wurde in den USA - wie anderswo auch – lange Zeit praktisch synonym mit Geschichtsschreibung verwendet. Oft verengte sich diese Darstellung in Form der sog. *presidential synthesis* noch auf die Aktionen der obersten Spitze des Staates, den jeweiligen Präsidenten als Inkarnation des politischen Systems der USA.[1] Während des Zweiten Weltkriegs und in den Anfängen des Kalten Krieges fühlten sich viele Historiker einem öffentlichen Erziehungsideal verpflichtet, das sie bewog, die Vorzüge der amerikanischen Regierungsweise herauszustellen und eine »sacred history with strong nationalistic overtones« zu schreiben.[2] Zu einer Zeit, in der die USA ordnend in die Angelegenheiten Europas und Asiens eingriffen, erschien die amerikanische Demokratie als das Modell der Selbstregierung schlechthin. Kein Wunder, daß eine solche Praxis in den bewegten 1960er Jahren als elitär, seicht, altmodisch und irrelevant für die Herausforderungen der Gegenwart betrachtet wurde. Daraus resultierte eine Krise, von der sich die politische Geschichtsschreibung noch nicht völlig erholt hat. Ihre Exponenten stehen vor der Frage, ob sie weiterhin nur das »Wesentliche« – die Institutionen und die Funktionsweise des politischen Systems – im Blick behalten sollen, oder ob eine stärkere »Öffnung« hin zur Sozial- und Kulturgeschichte notwendig ist.

Es läßt sich nicht bestreiten, daß solide Kenntnisse über die Entstehung und historische Entwicklung des amerikanischen Regierungssystems eine Grundvoraussetzung dafür sind, das »American experiment in self-government« zu verstehen. Die Historiographie

---

[1] Mark H. Leff, »Revisioning U.S. Political History«, in: *American Historical Review 100 (1995)*, S. 829–853. Interessanterweise findet sich dagegen weder in der ersten noch in der revidierten zweiten Auflage der von Eric Foner im Auftrag der *American Historical Association* herausgegebenen »New American History« ein eigenes Kapitel für »political history«. Siehe Eric Foner, ed., *The New American History,* Philadelphia 1990; revised and expanded edition 1997.

[2] Leff, »Revisioning U.S. Political History«, S. 832.

der amerikanischen Revolution ist immer noch zu einem beträchtlichen Teil politische Geschichtsschreibung, die ihr Hauptaugenmerk dem Kampf gegen die britische Herrschaft und der Ablösung
imperialer durch republikanische Institutionen widmet. Ebensowenig kann es verwundern, daß den Präsidenten und ihren Regierungen bzw. Administrationen besondere Aufmerksamkeit zukommt,
denn seit der Annahme der Verfassung und der Wahl Washingtons
1788/89 stehen sie im Zentrum des politischen Entscheidungsprozesses. Rein quantitativ machen die Biographien, Darstellungen und
Quelleneditionen zu den US-Präsidenten, insbesondere natürlich zu
solchen nationalen »Heroen« wie *George Washington, Thomas Jefferson, Andrew Jackson, Abraham Lincoln, Theodore Roosevelt, Woodrow
Wilson, Franklin D. Roosevelt, Harry S. Truman* und *John F. Kennedy*
deshalb weiterhin einen beträchtlichen Teil der historiographischen
»Produktion« aus. Guten Biographen ist es auch immer wieder
gelungen, die Geschichte ihres Protagonisten zu einem Panorama des politischen, wirtschaftlichen und intellektuellen Lebens der
USA auszugestalten. Ein klassisches Beispiel lieferte *Dumas Malone*
mit seiner Jefferson-Biographie, deren sechs Bände, erschienen zwischen 1948 und 1981, die Zeit von 1743 bis 1826 umspannen, und
für die er bereits 1975 den Pulitzer-Preis erhielt. Zusammen mit
der vielbändigen Ausgabe der »Jefferson Papers«, die noch nicht
abgeschlossen ist,[3] stellt dieses Werk einen unverzichtbaren Ein-
stieg in die Geschichte der Revolution und der frühen Republik
dar.

Ebenso klar ist mittlerweile aber auch, daß solche Leistungen
allenfalls die »Spitze des Eisberges« zeigen, und daß selbst die
»reine« Politikgeschichte weit mehr als eine *presidential synthesis*
beinhaltet. Im engeren Sinne beschäftigt sich *political history* mit
der Entwicklung und dem Einfluß von Regierungsinstitutionen sowie mit der Art und Weise, wie politische Entscheidungsprozesse ablaufen. In einem weiteren Sinne, in dem sie heute vielfach
schon verstanden wird, kann sie jede Art von Machtbeziehung im
Staat und jede politisch relevante Aktion in der Öffentlichkeit, der
public sphere, zu ihrem Gegenstand machen. Im ersten Fall sind die
political historians auf die Kooperation mit Politologen angewiesen, wobei sie die in den USA seit Beginn des 20. Jahrhunderts
außerordentlich enge Verbindung von Geschichtswissenschaft und

---

[3] *Boyd, Julian P.* (ed.), The Papers of Thomas Jefferson, 1950–. Gleiches läßt sich
natürlich für die großen Biographien und die »Papers« von *Washington, John
Adams, Madison* und *Hamilton* sagen. Vgl. *Jürgen Heideking* (Hrsg.), *Die amerikanischen Präsidenten. 41 historische Portraits von George Washington bis Bill Clinton.*
München ²1997.

Politikwissenschaft (*political science*) fortsetzen; im zweiten Fall suchen sie mehr und mehr die Unterstützung von Vertretern der politischen Kulturforschung, der Soziologie und der Anthropologie.

Auf der höchsten Ebene einer »klassischen« Institutionengeschichte geht es um die Erforschung des Zusammenwirkens bzw. der Konflikte zwischen den drei Gewalten des *federal government*, Präsident, Kongreß und Oberstes Gericht. Wie hier nationale (Innen- und Außen-)Politik »gemacht« wurde, welche Themen in den jeweiligen Epochen im Vordergrund standen, und wie sich im Laufe der Zeit die Gewichte zwischen den einzelnen Regierungszweigen verschoben, bildet im Verständnis der heutigen Amerikaner immer noch den Kern der Nationalgeschichte. Auch hier kommt es weiterhin zu Kontroversen und Neubewertungen, etwa in der Frage der Machtstellung von Präsident und Kongreß: Ging man einige Zeit davon aus, daß der Aufstieg des Präsidentenamtes unaufhaltsam sei, so betrachtet man heute die Phase der *Imperial Presidency* von Kennedy bis Nixon eher als eine Abweichung von der Norm, die durch ein relatives Gleichgewicht von Exekutive und Legislative gekennzeichnet ist. Als zweite Ebene könnte man den Föderalismus bezeichnen, das Kooperations- und Spannungsverhältnis zwischen Union und Einzelstaaten, das der amerikanischen Geschichte viel zusätzliche Dynamik und Dramatik verliehen hat. Der Bedeutungsverlust, den die Staaten im 20. Jahrhundert hinnehmen mußten, wird inzwischen nicht mehr als unabwendbare Folge der »Modernisierung« der USA angesehen. Vielmehr scheint es, als würden sich die Staaten im Ringen um eine »föderative Balance« derzeit wieder besser behaupten als in den Phasen von Roosevelts *New Deal* und Johnsons *Great Society*. Die meisten amerikanischen Historiker sind allerdings zu sehr auf die nationale Ebene fixiert, um die Geschichte ihres Landes als einen offenen Integrationsprozeß zu studieren. Es ist durchaus vorstellbar, daß Europäer hier wichtige Beiträge leisten können, weil sie durch die Erfahrung der noch jungen europäischen Einigungsbemühungen stärker für die Föderalismus-Problematik sensibilisiert sind. Anstatt zu einer »antiquarischen« Staatenhistoriographie zurückzukehren, käme es darauf an, die Geschichte der einzelnen Staaten und Regionen der USA als – positive bis kritische – Reaktion auf die Ausprägung nationaler Strukturen und Institutionen zu untersuchen. Dann würden sich auch bessere historische Vergleichsmöglichkeiten zwischen Europa und den USA ergeben, als es die simple Befürwortung oder Ablehnung eines »Modell Amerika« denkbar erscheinen läßt.

Während die Politik der Einzelstaaten und die Beziehungen zwischen ihnen und der Bundesregierung eigentlich nur für Perioden extremer Spannung wie Bürgerkrieg und *Reconstruction* oder *New Deal* hinreichend aufgearbeitet worden sind, haben Parteien und Wahlen stets großes Interesse gefunden. Sie ermöglichen ja erst das spezifische »democratic civic life«, für das die USA schon im 19. Jahrhundert bekannt waren, und auf dem die einzelstaatlichen und nationalen Institutionen aufbauten. Die Parteienentwicklung durchlief dabei mehrere Phasen, die Historiker und Politologen als erstes bis mittlerweile fünftes »Parteiensystem« vom Gegensatz zwischen Federalists und Republicans in der Entstehungsphase der Union über die Democrats-Whig-Konkurrenz der Jackson-Ära bis zur heutigen Konkurrenz von Demokraten und Republikanern kennzeichnen. Sogenannte »dritte Parteien« tauchten im Verlauf dieser Metamorphose immer wieder auf, konnten aber nur ganz selten – etwa die Populisten in den 1890er Jahren – den grundlegenden Zwei-Parteien-Charakter des Systems gefährden. Die Formen der politischen Auseinandersetzung wandelten sich im Laufe der Zeit erheblich, aber der Charakter der großen Parteien als – im Vergleich zu Europa – relativ unideologische, pragmatische Interessenbündnisse blieb erstaunlich ähnlich. Nach der Beschäftigung mit Parteiführern und der Erforschung der Parteiorganisationen richtete sich die Aufmerksamkeit stärker auf die Formen der Wahlkämpfe und die Partizipation der einfachen Bürger. Quantitative Untersuchungen schienen zu belegen, daß die individuelle Wahlentscheidung – vor allem im 19. Jahrhundert – weniger von ökonomischen Interessen und Klassengesichtspunkten als von der Zugehörigkeit zu einer ethnischen Gruppe und/oder einer Religionsgemeinschaft abhing. Diese These gilt in dieser Allgemeinheit heute bereits wieder als überholt, aber sie hat viele Historiker dazu veranlaßt, sich intensiver mit den Motiven der Wähler und darüber hinaus mit den jeweils ausschlaggebenden politischen Vorstellungen, Denkmustern, Weltbildern und Mentalitäten zu beschäftigen. Der politische Prozeß, der auf den verschiedenen Ebenen vom neuenglischen *town meeting* über die Vorwahlen (*primaries*) und Nominierungskonvente der Parteien bis zu den nationalen Wahlen abläuft, erscheint dadurch in einem neuen Licht als schier unausschöpfliches Betätigungsfeld der historischen Forschung. Das gilt umso mehr, wenn man – wie es vielfach verlangt und gelegentlich schon praktiziert wird – alle Kräfte und Faktoren berücksichtigt, die auf den politischen Prozeß einwirken. Hierzu gehören die organisierten Interessengruppen und Verbände – die ihre Vorläufer in den *voluntary associations* des 19. Jahrhunderts hatten« – ebenso wie die Medien in Form von Presse, Rundfunk, Fernsehen und neuerdings Internet; dazu gehören ferner die Versuche zeitweilig von der unmittelbaren politischen Partizipation ausgeschlossener Gruppen und Schichten –

vor allem Afro-Amerikaner und Frauen –, Gehör für ihre Belange zu finden; immer mehr Beachtung finden neuerdings auch die öffentlichen Feste, die von Beginn an integraler Bestandteil des politischen Lebens der USA waren und die – mit dem Unabhängigkeitstag des 4. Juli im Zentrum – dem Jahresablauf eine feste Struktur verleihen. Die *public sphere* sollte also nicht exklusiv verstanden werden, sondern als eine Arena, in der widerstreitende Interessen und Meinungen aufeinanderprallen und die jeweilige Machtverteilung, gerade auch die Disparitäten der politischen Macht und der mangelhafte Zugang bestimmter Bevölkerungskreise, sichtbar wird. In diesem Sinne bleibt *political history* unverzichtbar für die Erforschung der politischen Kultur der USA, verstanden im Sinne der subjektiven Dimension von Politik. Ein solcher Ansatz zielt, wie neuerdings geschrieben worden ist, auf eine historische Rekonstruktion der »strukturellen, überindividuellen kulturellen Selbstverständlichkeiten und Selbstverständnisse, der sozial vermittelten *shared values* und Weltbilder«.[4] Wesentlicher Bestandteil dieser »Selbstverständlichkeiten« ist die Überzeugung von den Vorzügen freier Marktwirtschaft und individueller Leistung sowie von der Notwendigkeit, privates Eigentum zu schützen – mentale Einstellungen und Haltungen also, die sich in den USA zu einem vorherrschenden »liberalen Paradigma« verfestigt haben.

In den 1980er Jahren sind Stimmen laut geworden, die diesen erweiterten Blick auf das soziale und kulturelle Umfeld in eine neuartige Institutionengeschichte (*new institutionalism*) integrieren und den Staat ins Bewußtsein der Historiker und der Öffentlichkeit »zurückbringen« wollen (»to bring the state back in«). Einzulösen versuchte man diesen Anspruch zunächst mit Blick auf die Geschichte des späten 19. und frühen 20. Jahrhunderts, als durch eine Reihe von Entwicklungen und Maßnahmen die *state capacity*, d. h. die praktische Fähigkeit der Bundesregierung wie der Einzelstaaten, das politische und wirtschaftliche Geschehen der USA zu beeinflussen, deutlich gesteigert wurde. Den Hintergrund bildeten die rapide Industrialisierung und Urbanisierung, die den Ausbau staatlicher Lenkungs- und Regulierungsmechanismen unumgänglich machten. Diesen entstehenden bürokratischen Apparat galt es nun aber nicht isoliert zu betrachten, sondern im Kontext des allgemeinen politischen und sozialen Wandels, wie er sich etwa auch beim Übergang von den auf Patronage beruhenden städtischen *political machines* zu professionellen, reformorientierten Verwaltungen zeigte. Zu berücksichtigen waren auch die strukturellen Faktoren Rasse, Ethni-

---

[4] Hans Vorländer, *Hegemonialer Liberalismus: Politisches Denken und politische Kultur in den USA 1776–1920*, Frankfurt/M.-New York 1997, S. 63 f.

zität und Geschlecht, beispielsweise hinsichtlich des Verhaltens der Reformer und Bürokraten gegenüber den Immigranten aus Europa und den aus dem Süden zuwandernden Afro-Amerikanern, oder in bezug auf den entscheidenden Beitrag, den Frauen zum Aufbau sozialer Dienste und zur Entstehung eines staatlichen Wohlfahrtswesens insgesamt leisteten.[5] Aus der Perspektive des *new institutionalism* waren die USA um die Jahrhundertwende ebensoweit von einem »liberalen Nachtwächterstaat« entfernt wie von einem »Leviathan«, der die Eigeninitiative der Bürger durch Zentralisierung und Bürokratisierung lähmte. Diese Arbeiten lösten eine breite Debatte darüber aus, ob und inwiefern sich die historische Realität der USA mit den gängigen Theorien von Pluralismus, Modernisierung und liberalem Korporatismus erfassen läßt. Selbst das Modell des *corporate liberalism*, das in letzter Zeit mit Blick auf die Zeit der Weltkriege und des Kalten Krieges immer mehr verfeinert wurde, scheint der Komplexität der Beziehungen zwischen Staat, Parteien, organisierten Interessen, Wissenschaft, ethnisch-religiösen Gruppen, sozialen Bewegungen und Individuen nicht ganz angemessen zu sein. Dennoch ist man auf der »Mikroebene« heute schon ausgezeichnet darüber informiert, wie das politische System der USA zu bestimmten Zeiten »funktionierte« und wie sich seine Strukturen allmählich, in einem evolutionären Prozeß wandelten. Diese gewachsenen Kenntnisse ermutigen zu neuen Syntheseversuchen, wie sie mit besonderem Elan Robert H. Wiebe unternimmt. In seinem jüngsten Buch *Self-Rule* (1995) zeichnet er die kulturelle Geschichte der amerikanischen Demokratie nach, die auf dem Prinzip der Volkssouveränität und auf einem durch Wahlen verwirklichten »popular self-government« gründet. Während individuelles Besitzstreben und die Bedingungen der *Frontier* im 19. Jahrhundert den Erfolg dieser Selbstregierung verbürgten, erschwerten Industrialisierung und staatliche Zentralisierung im 20. Jahrhundert den Zugang zur politischen Macht und brachten das Gleichgewicht zwischen den Ansprüchen des Einzelnen und der Gesellschaft ins Wanken. Die dadurch verursachte Krise kann nach Wiebes Meinung nur durch eine neue Demokratisierung des politischen Entscheidungsprozesses, durch die Reform des Wahlverfahrens und durch eine Stärkung des Gemeinsinns überwunden werden. In der Verbindung von Analyse und Reformvorschlägen führt dieses Buch die Tradition der *political history* fort, die allen voreiligen »Nachrufen« zum Trotz noch recht lebendig

---

[5] Vgl. Paula Baker, »The Domestication of Politics: Women and American Political Society«, in: *American Historical Journal* 89 (1984), S. 620–647; Seth Koven and Sonya Michel, eds., *Mothers of a New World: Maternalistic Politics and the Origin of Welfare States,* New York 1993.

und – durch ihre Öffnung zur Sozial- und Kulturgeschichte – sogar
innovativ ist.

4.2. Die Interpretation der amerikanischen Verfassung

Verfassungsgeschichte (*constitutional history*) ist ein eigener Teilbereich, der aber auf Grund seines Gegenstands und seiner Methoden
in enger Verbindung zur politischen Geschichtsschreibung steht. Im
wesentlichen beschäftigen sich die Verfassungshistoriker mit drei
großen Themenkomplexen: 1) Aufbau, Struktur und Personal des
Gerichtswesens (*court system*), das neben dem *Supreme Court* als der
»dritten Gewalt« in der Bundesregierung auch die niederen bundesstaatlichen Distrikt- und Berufungsgerichte (*inferior federal courts*) und
die Staatengerichte, hauptsächlich die *State Supreme Courts* einschließt; 2) die Geschichte der rechtlichen Verfassungsinterpretation
an Hand der Urteile von Staaten- und Bundesgerichten, speziell des
Supreme Court; und 3) die politischen, sozialen und kulturellen Auswirkungen der Verfassungsrechtsprechung im Lauf der amerikanischen Geschichte. Während sich Forschungen zu den ersten beiden
Komplexen auf Gesetzestexte, Verordnungen, Urteilssammlungen
und juristische Fachliteratur stützen können, beinhaltet der dritte die
gesamte öffentliche Debatte über Verfassungsfragen, die in den letzten Jahrzehnten außerordentlich lebhaft, oft sogar erregt, hitzig und
ideologisch aufgeladen war. Als »Hüter der Verfassung« und letzt-
gültige Instanz der Rechtsprechung hat der *Supreme Court* eine nahezu einmalige Stellung inne, die den amerikanischen »Konstitutionalismus« – zumindest bis in die Zeit nach 1945, als immer mehr
Staaten, nicht zuletzt die Bundesrepublik Deutschland, hier Anleihen nahmen – von allen anderen demokratischen Systemen unterscheidet. Den Schlüssel zu dieser Machtposition bildete die bereits
1803 endgültig zugestandene Kompetenz der richterlichen Kontrolle
(*judicial review*), die es dem *Supreme Court* ermöglichte, Gesetze und
Verwaltungsakte von Staatenparlamenten, Kongreß und Regierungen anhand konkreter Rechtsstreitigkeiten zu überprüfen und gege-
benenfalls für verfassungswidrig zu erklären und damit aufzuheben.
Lange Zeit machte das Oberste Gericht hiervon nur in begrenztem
Maße Gebrauch, um die Befugnisse von Bundesregierung und Einzelstaaten gegeneinander abzugrenzen und um das Privateigentum
vor unangemessenen Eingriffen sowohl der Staaten als auch des
Bundes zu schützen. Im 20. Jahrhundert begann der *Supreme Court*
aber immer stärker, insbesondere durch seine Urteile in Grund-
rechtsfragen, die Verfassung und das politische System der USA

fortzuentwickeln und den Alltag der Bürger mitzubestimmen. Das betraf zunächst vor allem die weite Auslegung der Meinungs-, Gewissens- und Religionsfreiheit, die im Ersten Amendment verankert ist und nun nicht mehr nur gegen die Bundesregierung, sondern auch gegen Einschränkungsversuche der Einzelstaaten durchgesetzt wurde; dann das Verbot der Rassentrennung und der Diskriminierung von Minderheiten auf der Grundlage des 14. Amendments; ferner die Garantie eines fairen Prozesses für den Angeklagten, die tief in das gesamte Polizei- und Justizwesen eingriff; und schließlich das in der Verfassung nicht explizit erwähnte Recht auf eine Privatsphäre (*privacy*), gegen das beispielsweise die von Einzelstaaten angeordneten Verbote von Verhütungsmitteln und Abtreibungen verstießen. Viele dieser Urteile berührten den Nerv des amerikanischen Selbstverständnisses und schlugen entsprechend hohe Wellen in der Öffentlichkeit. Sie veranlaßten auch die Historiker, sich gründlicher als zuvor mit konstitutionellen Fragen zu beschäftigen und die Geschichte des *Supreme Court* und seiner Verfassungsinterpretation minutiös nachzuverfolgen. So nahmen sie das Gericht, das jeweils nach seinem Vorsitzenden benannt wird, in jeder Phase seit der Gründung genau unter die Lupe und setzten sich in Biographien mit einzelnen herausragenden Richtergestalten auseinander wie John Marshall, Oliver Wendell Holmes, Felix Frankfurter, Louis D. Brandeis und Thurgood Marshall (dem ersten schwarzen Mitglied des *Supreme Courts*); sie studierten den Wandel der Rechtstheorien und der Rechtskultur, z. B. das Aufkommen der *sociological jurisprudence* und des *legal realism*, deren Anhänger zu Beginn des 20. Jahrhunderts Front gegen eine als statisch, abstrakt und unsozial empfundene Rechtsprechung machten; sie untersuchten die politischen Hintergründe der Richterernennungen, die durch den Präsidenten auf Lebenszeit (*during good behavior*) erfolgen und vom Senat bestätigt werden müssen; und sie analysierten die Konsequenzen, die einzelne Urteile oder ganze Serien von Entscheidungen wie die des liberalen *Warren Court* (nach *Chief Justice* Earl Warren, 1953–69) für das politische System und die politische Kultur der USA hatten.

Die Proteste gegen das Dred Scott-Urteil von 1857, das die Sklaverei rechtfertigte, gegen die Aufhebung von *New Deal*-Gesetzen in den Jahren 1934/35 und gegen das Verbot der Rassentrennung in öffentlichen Schulen (Brown v. Board of Education, 1954) beweisen, daß der *Supreme Court* auch früher schon für Kontroversen sorgte. Man kann sogar sagen, daß die amerikanische politische Kultur wegen der zentralen Rolle der Gründungsdokumente stets in hohem Maße eine Rechtskultur gewesen ist, in der unterschiedliche Standpunkte und Interessen mit juristischen Argumenten verteidigt werden. Im Zuge der immer stärkeren »Verrechtlichung« der amerikanischen Gesellschaft nach dem Zweiten Weltkrieg haben solche Auseinandersetzungen aber an Häufigkeit zugenommen und sind seit den 1980er Jahren Teil der sog. *culture wars* geworden, die sich Liberale und Konservative in den USA liefern. Weder in der Öffentlichkeit noch in Fachkreisen gibt es einen Konsens, ob die Gerichte die Verfassungsbestimmungen weit oder eng auslegen sollen (dieser Gegensatz zwischen *loose construction* und *strict construction* brach erstmals schon zu Beginn der 1790er Jahre im Streit zwischen Hamilton und Jefferson über die Gründung einer Nationalbank auf), bzw. ob die Richter in heiklen Fragen Zurückhaltung üben und die Parlamente gewähren lassen oder aber versuchen sollen, die politische Agenda selbst mitzubestimmen (*judicial restraint* v. *judicial activism*). Geradezu Symbolkraft erlangte der Streit um die Doktrin des *original intent,* in dessen Verlauf sich zwei politisch-ideologische »Lager« bildeten: Die eine Seite verlangte, daß der *Supreme Court* bei allen seinen Entscheidungen die »ursprüngliche Absicht« der Verfassungsväter zur obersten Richtschnur machen müsse; die andere hielt dagegen, daß solche einheitlichen Absichten nur in den seltensten Fällen aus der Verfassung und den Ratifizierungsdebatten von 1787/88 einschließlich der *Federalist Papers* herauszulesen seien, und daß man ganz generell die Probleme des 20. Jahrhunderts nicht mit den Maßstäben des 18. Jahrhunderts messen könne. In ihrer radikalen Form fand die *original intent*-Doktrin unter den Fachleuten nur wenige Anhänger, da zu offensichtlich ist, daß sich 200 Jahre Verfassungsinterpretation und Fortentwicklung von Rechtstheorien nicht einfach beiseiteschieben lassen. Dennoch hat die Kontroverse gerade bei Historikern zu einer Rückbesinnung auf die Ursprünge und Grundlagen des amerikanischen Konstitutionalismus geführt, die heute noch anhält.[6] Bei aller Leidenschaft, mit der die Öffentlichkeit auf Urteile in den besonders sensiblen Bereichen der Trennung von Kirche und Staat, des Schutzes und der Förderung von Minderheiten (*affirmative action*) sowie der Abtreibungsfrage reagiert, steht das Prinzip der Verfassungsrechtsprechung selbst bislang nicht zur Disposition. Nach wie vor würde die große Mehrheit der Amerikaner den Satz von John Adams unterstreichen, daß die USA ein »government of law, not of men« seien. Bei genauer historischer Analyse eignet sich der *Supreme Court* weder zur Idealisierung noch zur Dämonisierung: die langfristige Perspektive deutet darauf hin, daß die Gerichte die in der Gesellschaft wirken-

---

[6] Vgl. Leonard W. Levy, *Original Intent and the Framers' Constitution,* New York-London 1988; Jack N. Rakove, *Original Meanings: Politics and Ideas in the Making of the Constitution,* New York 1996.

den Kräfte, Meinungen und Mentalitäten eher widerspiegeln als nachhaltig verändern. Das mindert aber keineswegs die Bedeutung der *constitutional history*: Die moderne amerikanische Verfassungsgeschichtsschreibung stellt hohe Ansprüche, aber sie ist keineswegs »trocken«, sondern – was jeder, der sich in die Werke von Paul L. Murphy, Leonard W. Levy und Bernard Schwartz vertieft, zugeben wird – spannend und auch für den juristischen Laien lesbar und gut verständlich.

4.3. Von der Diplomatiegeschichte zur *international history:* Die Außenbeziehungen der Vereinigten Staaten

Als George Washington 1783 nach dem Sieg im Unabhängigkeitskrieg von »unserem aufsteigenden Reich« sprach, dachte er an die drohenden Konflikte mit den Indianern im Ohiotal, den Spaniern am Mississippi und den Briten in Kanada. Zwei Jahrhunderte später sind die USA eine globale Macht, deren Einfluß in die entlegensten Winkel der Erde reicht. Diese Entwicklung zu verstehen und zu erklären, ist nicht nur die Aufgabe amerikanischer Historiker, sondern muß auch uns Europäer und andere Ausländer beschäftigen, die im Schatten des *American Empire* stehen. Wer die Außenpolitik der USA erforschen will, kann sich nicht mehr darauf beschränken, die Entscheidungsprozesse im Weißen Haus und im State Department zu rekonstruieren und die diplomatische Korrespondenz in den Washingtoner National Archives zu durchforsten.

Die neue *history of foreign relations* unterscheidet sich von der traditionellen Diplomatiegeschichte vor allem in zwei wesentlichen Punkten. Erstens nimmt sie einen engen Zusammenhang zwischen Innenpolitik, wirtschaftlicher Entwicklung und Außenpolitik an, wobei die Art und Intensität dieser Verflechtung allerdings weiterhin umstritten ist. Zwischen denjenigen Historikern, die der Außenpolitik eine beträchtliche Autonomie zusprechen, und denen, die außenpolitische Entscheidungen weitgehend durch innenpolitische und ökonomische Faktoren determiniert sehen, sammelt sich eine recht breite Mehrheit von Forschern, die dafür plädieren, diese Wechselbeziehungen im jeweiligen Einzelfall zu untersuchen und zu bewerten. Alle billigen aber mittlerweile der sog. »revisionistischen Schule« um William Appleman Williams das Verdienst zu, durch ihre Betonung der ökonomischen Grundlagen der amerikanischen Außenpolitik die Sterilität der »alten«, vornehmlich auf das Handeln politischer und diplomatischer Eliten ausgerichteten Di-

plomatiegeschichte überwunden zu haben.[7] In der Tat ist das Ausgreifen der USA in die Karibik und den Pazifik seit den 1890er Jahren ebensowenig ohne den Hintergrund der Industrialisierung und
der Export- und Rohstoffbedürfnisse der amerikanischen Wirtschaft
nachzuvollziehen, wie die Nahostpolitik seit dem Ersten Weltkrieg
ohne die Beschäftigung mit den Aktivitäten und dem Lobbyismus
der amerikanischen Erdölkonzerne. Andererseits herrscht inzwischen aber weitgehendes Einvernehmen darüber, daß wirtschaftliche
Einflüsse nicht verabsolutiert werden dürfen, sondern daß andere
Faktoren wie nationales Prestigedenken und kollektive Wahrnehmungsmuster, kulturell determinierte Freund- und Feindbilder,
parteipolitische und wahltaktische Rücksichten des Präsidenten, die
Haltung des Kongresses und das Stimmungsbild der öffentlichen
Meinung ebenso ernstgenommen werden müssen. Viel Beachtung
hat in jüngerer Zeit der Korporatismus-Ansatz gefunden, der das In-
einandergreifen von innen- und außenpolitischen Elementen systematisch zu erklären versucht. Danach fanden sich amerikanische
Politiker, Diplomaten, Bankiers, Unternehmer, Gewerkschafter und
Wissenschaftler im 20. Jahrhundert immer wieder zu einer »korpo-
rativen« Zusammenarbeit auf dem Boden des liberaldemokratisch-
marktwirtschaftlichen Systems bereit, um die nationale Sicherheit zu
gewährleisten und durch eine Strategie des Wirtschaftswachstums
den sozialen Zündstoff der ungleichen Eigentumsverteilung im Kapitalismus zu beseitigen. Auf diese Weise erklärt beispielsweise Michael J. Hogan den Marshallplan von 1948–52 als typisches Produkt
des amerikanischen Korporatismus, der die Westeuropäer zur Pro-
duktivitäts- und Wachstumsideologie der USA »bekehren« und gegen den Kommunismus immun machen sollte, während er gleichzeitig in den USA durch Exportsubventionen den Übergang von
der Kriegs- zur Friedenswirtschaft abfedern half.[8] Im Korporatismus
wurzelt offenbar auch der sog. »militärisch-industrielle Komplex«,
die enge Beziehung zwischen US-Regierung, Streitkräften und
Rüstungsindustrie, die man heute in »militärisch-technologischen
Komplex« umbenennen sollte. Hier zeigt sich die Rückwirkung der
Außenpolitik auf das Gesellschaftssystem der USA ebenso deutlich
wie beim Blick auf die sog. *intelligence community* aus militärischen
Geheimdiensten, CIA und NSA (National Security Agency). Das
weltweite Engagement hat zur Entstehung einer gewaltigen Mili-
tärmacht und Geheimdienstbürokratie geführt, die den meisten

---

[7] Vgl. William A. Williams, The Tragedy of American Diplomacy, New York
1959; ders., *The Roots of the Modern American Empire*, London 1969.

[8] Michael J. Hogan, *The Marshall Plan: America, Britain, and the Reconstruction of
Western Europe, 1947–1952*, Cambridge 1987.

Verfassungsvätern aus innenpolitischen Gründen suspekt gewesen wäre. Dieses Phänomen ist ebenfalls schon zum Gegenstand der historischen Forschung geworden, weil die USA als einzige Großmacht zumindest begrenzten Zugang zu den Geheimdienstarchiven gewähren. Der Korporatismus-Ansatz hat – wie jedes andere politikwissenschaftlich geprägte Erklärungsmodell – auch Kritik und Widerspruch hervorgerufen; er veranschaulicht aber recht gut das hohe Maß an gesellschaftlicher Komplexität, das Historiker bei der Analyse und Beurteilung außenpolitischer Entscheidungen und Vorgänge in Rechnung stellen müssen.

Zweitens berücksichtigt die neuere Geschichtsschreibung viel stärker die Entwicklung, den Charakter und die Bewegungsgesetze des internationalen Mächtesystems, an dessen Vorgaben die amerikanischen Entscheidungsträger gebunden sind oder dessen Regeln sie ändern wollen. Hier lassen sich drei Ebenen unterscheiden, die wiederum eng miteinander verzahnt sind: die Ebene der Machtpolitik und Militärstrategie, auf der Begriffe wie Gleichgewicht (*balance of power*), Eindämmung (*containment*), Abschreckung (*deterrence*), nationale Sicherheit (*national security*) oder kollektive Sicherheit (*collective security*) eine zentrale Rolle spielen; die Ebene der Wirtschaft und des Handels, auf der sich schon seit längerem Tendenzen zur »Globalisierung« bemerkbar machten, die im 20. Jahrhundert zur Herausbildung eines »kapitalistischen Weltsystems« führten; und die Ebene der geistigen Strömungen und Ideologien, auf der es immer wieder zu heftigen Zusammenstößen zwischen gegensätzlichen übergreifenden Ordnungsvorstellungen wie Liberalismus, Nationalismus, Faschismus und Kommunismus kam. Die Redewendung vom *American Empire* findet ihre Rechtfertigung darin, daß die USA seit 1945 auf allen drei Ebenen den Ton angaben und dadurch in der Lage waren, ihr Konzept von einer offenen, demokratisch-kapitalistischen Weltordnung gegen alle Widerstände in immer weiteren Teilen der Erde durchzusetzen. Wie der Harvard-Historiker Akira Iriye in *Power and Culture* (1981) am Beispiel der amerikanischen Japan-Politik vorbildlich gezeigt hat, ging das allerdings nicht ohne erhebliche kulturelle Verständnisprobleme und Anpassungsschwierigkeiten ab. Als besonders attraktiv für amerikanische Historiker erwies sich in letzter Zeit die von dem Ökonomen Immanuel Wallerstein begründete »Weltsystem-Theorie«, die es zu ermöglichen scheint, die vielfältigen und oft widersprüchlichen außenpolitischen Aktivitäten der USA in einen größeren Rahmen zu stellen. In *America's Half-Century* (1995) deutete etwa James McCormick die amerikanische Asienpolitik nach 1945 als den Versuch, das besiegte Japan politisch und ökonomisch in eine regionale Sicherheits- und Wachstumszone zu integrieren und diese Zone den Regeln des of-

fenen, liberalen Weltmarktes zu unterwerfen.[9] Damit öffnet sich ein
möglicher Ausweg aus der festgefahrenen Kontroverse zwischen
»Realisten«, »Revisionisten«, »Post-Revisionisten« und »Neo-Realisten« um die Verantwortung am Ausbruch des Kalten Krieges und
der Teilung Europas: Vor der Folie der Weltsystem-Theorie erscheint der Ost-West-Konflikt weder als Resultat der Machtgier
und des bösen Willens der einen oder anderen Seite, noch als »Betriebsunfall« und Wahrnehmungsfehler, sondern als eine zwangsläufige Auseinandersetzung zwischen unvereinbaren politischen,
wirtschaftlichen, ideologischen und kulturellen Weltbildern und
Ordnungskonzepten. Auch hier besteht allerdings die Gefahr, daß
ökonomische Faktoren zu hoch veranschlagt werden und daß man
außenpolitischen Entscheidungen eine Logik zuschreibt, die sie in
Wirklichkeit nicht besaßen. Ebenso ist kritisiert worden, daß die
einseitige Perspektive aus Washington, unter der die meisten amerikanischen Historiker (nicht selten auf Grund mangelnder Fremdsprachenkenntnisse) das Weltgeschehen immer noch betrachten, sie
dazu veranlaßt, die Handlungsspielräume und das Einflußpotential
anderer, auch schwacher Staaten zu unterschätzen. Hier bieten sich
europäischen Forschern große Möglichkeiten, das vielschichtige Beziehungsgeflecht zwischen den USA und dem Rest der Welt zu
durchleuchten und Korrekturen an einem einseitig Amerika-
orientierten Geschichtsbild vorzunehmen.

Die Rekonstruktion der »einzelnen Schritte, die das amerikanische Volk unternahm, um die Position zu erreichen, die es in der
Gegenwart einnimmt«,[10] ist noch keineswegs beendet, sondern hat
nach dem Ende des Kalten Krieges erst wirklich begonnen. Als Außenstehender sollte man sich von unkritischer Bewunderung ebenso
fernhalten wie von Neid- oder gar Haßgefühlen. Nach den bisherigen Erklärungsversuchen zu urteilen, wird die historiographische
Debatte immer wieder um einige begriffliche Gegensatzpaare und
Dichotomien kreisen, in denen sich die Spannungen und Widersprüche des Aufstiegs der USA zur Weltmacht manifestieren. Zunächst geht es dabei um die Frage nach der Kontinuität oder Diskontinuität der amerikanischen Expansion seit dem Ende der
Kolonialepoche. Während man lange Zeit annahm, daß die eigentliche »imperiale« Politik erst mit dem Krieg gegen Spanien 1898 begann, und die USA nach diesem »Sündenfall« rasch wieder zu ihrer
antikolonialistischen Tradition zurückkehrten, tendiert die neuere

---

[9] James McCormick, *America's Half-Century: United States Foreign Policy in the
Cold War and After*, 2nd. ed., Baltimore-London 1995.
[10] Walter LaFeber, »Liberty and Power: U. S. Diplomatic History, 1750–1945«,
in: Eric Foner, *The New American History*, 2nd ed., Philadelphia 1997, S. 376.

Forschung dazu, die Unterschiede zwischen der »kontinentalen« und der »imperialen« Phase der Machtausweitung und Herrschaftssicherung zu relativieren. Es wird darauf verwiesen, daß rassistische und kulturelle Vorurteile, die aus der Erfahrung des Sklavereisystems, der Verdrängung der Indianer und des Kampfes gegen die Mexikaner 1846–48 herrührten, später in die gesamte westliche Hemisphäre und dann in die »Dritte Welt« projiziert wurden. Unter dieser Prämisse erscheint die *Frontier* weniger als Schule der Demokratie und des Individualismus, denn als blutiges Übungsfeld für die gewaltsamen Interventionen und Kriege des 20. Jahrhunderts. Verbunden mit dieser Kontroverse ist die Frage, ob die amerikanische Expansion und die Errichtung eines »informellen« Empire eher ungeplant und zufällig erfolgten oder zielstrebig vorangetrieben wurden. Der Diplomat *George Kennan* behauptete in *American Diplomacy, 1900 to 1950* (1951), die Amerikaner seien widerstrebend in ihre Weltmachtrolle hineingeschlittert, und spätere Wortschöpfungen wie *Empire by Invitation*[11] schienen diese Diagnose zu bestätigen. Inzwischen schlägt das Pendel jedoch in die entgegengesetzte Richtung aus, wenn zu beweisen versucht wird, daß nicht erst *Truman* und dessen Nachfolger, sondern bereits *Washington, Jackson, Polk* und *McKinley* kühl kalkulierend die Macht der USA mehrten und auf ein dominierendes *American Empire* hinarbeiteten. Daran schließt sich die Frage an, ob in erster Linie eine schmale Elite für den außenpolitischen Kurs der USA verantwortlich zeichnete, oder ob der Aufstieg eher der kollektiven Anstrengung des Volkes, dem Ressourcenreichtum des Landes und der Dynamik des demokratisch-kapitalistischen Systems zu verdanken sei. Wer die *Empire by Invitation*-These vertritt, neigt meist auch dazu, die Verwicklungen der USA in die Weltpolitik auf den »Idealismus« der Amerikaner zurückzuführen, d. h. ihren Glauben an die *Manifest Destiny*, ihr Fortschrittsstreben hin zu allgemeinem Wohlstand und sicheren Menschenrechten, ihre Überzeugung von der universalen Geltung bestimmter Werte und Prinzipien, und ihre naive, aber anscheinend unzerstörbare Hoffnung auf einen dauerhaften Weltfrieden. Die Gegenseite unterstellt den Amerikanern oder zumindest ihren Führern dagegen nüchternen »Realismus« und leitet nahezu jede politische Entscheidung aus einer rationalen Interessenabwägung her. Vieles spricht aber dafür, daß die Beweggründe selten rein idealistischer oder rein realistischer Natur waren, und daß die tatsächlichen Handlungen deshalb auf einer gleitenden Skala zwischen diesen beiden Polen gemessen werden müssen. Die Debatte scheint derzeit in

---

[11] Vgl. Geir Lundestad, *The American Empire and other Studies of US Foreign Policy in a Comparative Perspective,* Oxford 1990.

der Frage zu gipfeln, ob die unangefochtene Vormachtstellung der
USA dem Rest der Welt eher zum Wohle oder zum Nachteil ge-
reicht. Während sich für die Europäer und insbesondere die West-
deutschen die amerikanische Hegemonie nach 1945 als vorteilhaft
und im gegenseitigen Interesse liegend erwies, war aus Lateinamerika, Afrika und Asien viel Kritik am amerikanischen Imperialismus
und an den von ihm geschaffenen und aufrechterhaltenen Abhän-
gigkeiten zu hören. Den ideologischen Nährboden solcher Vor-
würfe bildeten der Marxismus und die von ihm abgeleitete Depen-
denz-Theorie, deren Überzeugungskraft aber stark nachgelassen hat.
Amerikanische Historiker benutzen in letzter Zeit häufig den Begriff
»Symbiose«, um das Verhältnis vieler Staaten der »Dritten Welt« zu
den USA zu charakterisieren. Sie leugnen nicht das Machtgefälle
und die Abhängigkeit der Schwächeren, aber sie betonen doch –
insbesondere mit Blick auf Lateinamerika – stärker die wechselseitigen Einflüsse, nicht nur bei den gesellschaftlichen Eliten, sondern
zunehmend auch bei breiten Bevölkerungsschichten. Diese Arbeiten
räumen kulturellen Aspekten wesentlich mehr Raum ein, als es die
traditionellen Untersuchungen zur Außenpolitik der USA taten.
Dabei schwingt sicherlich die Annahme mit, daß sich zukünftige
Konflikte und Kriege weniger an ideologischen als an kulturell-reli-
giösen Gegensätzen entzünden werden. Das Verhalten der USA
wird deshalb nicht zuletzt daran gemessen werden, ob es diese Gegensätze in Richtung auf einen *Clash of Civilizations* (Samuel Huntington, 1996) verschärft, oder ob es zu ihrer Abmilderung und
Überwindung beiträgt, sei es durch die in Europa erprobte »Amerikanisierung« bzw. »Verwestlichung«, sei es durch eine Anerkennung
des Eigenwertes fremder Kulturen.

Die Geschichte der amerikanischen Außenpolitik ist im Begriff,
eine *international history* zu werden, weil Diplomatie, Wirtschaft, Wissenschaft, Militär und Kultur der USA seit dem Zweiten Weltkrieg
wachsenden Einfluß auf die gesamte Menschheit gewonnen haben.
Dadurch wird die Aufgabe der Historiker umso reizvoller, den
200jährigen Prozeß zu untersuchen, in dessen Verlauf die Amerikaner ihre agrarische Republik in eine industrielle Großmacht und
dann in ein post-industrielles globales Empire umformten. Angesichts solcher Machtfülle geht es nicht mehr nur sie selbst, sondern
letztlich uns alle an, ob und inwieweit die Prinzipien, Werte und
Ideale von Unabhängigkeitserklärung und Verfassung durch diesen
rasanten Aufstieg bestätigt worden sind oder Schaden genommen
haben. Im einzelnen gibt es sehr viel berechtigte Kritik, insbesondere an dem blutigen Vietnam-Desaster, dessen Ursachen und Folgen noch keineswegs hinreichend erforscht sind. Aufs ganze gesehen
ist jedoch zu konstatieren, daß sich die Amerikaner immer wieder

ernsthaft um den Ausgleich zwischen Macht und Moral bemühten, und daß sie nicht leichtfertig mit der Verantwortung umgingen, die aus ihrer materiellen Überlegenheit resultiert. Trotz aller auswärtigen Belastungen, Krisen und Kriege waren die demokratischen Freiheiten im Innern sowie der verfassungsmäßige Vorrang der zivilen vor der militärischen Führung niemals ernsthaft gefährdet.

5.

Sozial- und Wirtschaftsgeschichte

Obgleich wirtschaftliche Fragestellungen von großer Bedeutung für die amerikanische Geschichte sind, wird Wirtschaftsgeschichte in den USA normalerweise nicht an den historischen Seminaren der Universitäten, sondern in eigenen *Departments* meist im Bereich der Wirtschaftswissenschaften betrieben. Daher setzen Monographien und Aufsätze häufig die Kenntnis ökonomischer Theorien voraus, mit deren Hilfe historische Phänomene erklärt werden. Trotz dieser Schwierigkeiten sind einige grundsätzliche Themen immer wieder von Historikern behandelt worden.

5.1. Wirtschaftsgeschichte

Das intensive Interesse an wirtschaftlichen Zusammenhängen begann mit den *Progressive Historians*, insbesondere mit Charles Beards ökonomischer Interpretation der Verfassungsentstehung aus dem Jahr 1913. Wichtige Untersuchungsgegenstände der Wirtschaftsgeschichte im engeren Sinne sind seither der Einfluß ökonomischer Theorien auf die Politik, die Ursachen und Folgen von Wirtschaftskrisen, die Gründe für Konjunkturzyklen und Wirtschaftswachstum sowie die Diskussionen um das Bank- und Währungswesen. Große Beachtung findet darüber hinaus das Verhältnis von Staat und Wirtschaft, speziell die sich wandelnde Auffassung von der Rolle, die Bundesregierung und Einzelstaaten bei der Regulierung der Wirtschaft spielen sollten. In diesem Kontext wird auch der Einfluß untersucht, den die Rechtsprechung des *Supreme Court* auf die Wirtschaftsordnung ausübte.

Im Rahmen der Kolonialgeschichte fanden wirtschaftliche Entwicklungen, speziell der Handel mit dem Mutterland, stets eine gebührende Beachtung. Die frühe Republik wurde vor allem auf die Konkurrenz unterschiedlicher Wirtschaftskonzeptionen hin untersucht, wobei man häufig den Merkantilismus Hamiltons dem agrarischen Republikanismus Jeffersons gegenüberstellte. Dieser Widerstreit setzte sich fort im zentralistischen Modell des *American System*, das John Quincy Adams und die Whigs vertraten, und der eher dezentralen Wirtschaftspolitik Präsident Jacksons und der Demokraten.

Einen zeitlichen Schwerpunkt der Forschung bildet das *Gilded Age*, in dem die USA eine rasante Industrialisierung, verbunden mit scharfen Krisen und heftigen sozialen Konflikten, erlebten. Die Einschätzung von Geschäftspraktiken, Strukturen und sozialen Konsequenzen der Herausbildung von großen Konzernen ist weiterhin umstritten. Zuerst konzentrierten sich viele Untersuchungen auf die Rolle bedeutender Unternehmer wie Andrew Carnegie und John D. Rockefeller. Die Geschichtsschreibung der marxistisch beeinflußten *New Left* führte eine Tradition fort, die auf die *Progressive Historians* zurückgeht und deren grundsätzlich kritische Position im Titel von Matthew Josephsons *The Robber Barons* (1934) klar hervortritt. Andere Historiker wie Allan Nevins beurteilten die Rolle der einflußreichen Unternehmer hingegen als innovativ und wegweisend. Eine neue Richtung erhielt die Diskussion in den 1950er Jahren durch die Etablierung der *business history*, die sich weniger mit der Leistung von Individuen als mit den strukturellen Veränderungen beschäftigte, die den Aufstieg großer Konzerne begünstigten. Gleichzeitig verlagerten sich die Fragestellungen von der makroökonomischen Ebene der USA oder einzelner Regionen und Staaten auf die mikroökonomische Ebene von Betrieben und Branchen. Zu einer Neueinschätzung der amerikanischen Wirtschaft im späten 19. und frühen 20. Jahrhundert trug vor allem Alfred D. Chandlers *The Visible Hand* (1977) bei. In diesem bahnbrechenden Werk analysierte Chandler die Entstehung der großen *corporations*, die viele wichtige Funktionen von der Gewinnung der Rohstoffe über die Herstellung der Waren bis zu Werbung und Vertrieb unter einem Dach vereinten. Dabei hob Chandler besonders die Bedeutung von Managern hervor, deren Berufsstand aus dieser »Revolution« der Unternehmensstrukturen hervorging.

Die Wirtschaftsforschung zum 20. Jahrhundert stand ganz im Zeichen der Frage nach den Ursachen und Folgen der *Great Depression*, die 1929 begann und erst im Verlauf des Zweiten Weltkriegs überwunden werden konnte. Nach dem Krieg bestimmten die ökonomischen Theorien, die John Maynard Keynes unter dem Eindruck der Krise entwickelt hatte, eindeutig die wissenschaftliche Debatte und die Fragestellungen der Historiker. Man wies der Bundesregierung die Hauptverantwortung für das wirtschaftliche Wohlergehen zu und beurteilte ihre Leistungen danach, ob sie Konjunkturkrisen durch »Gegensteuern« vermeiden und die Wirtschaft auf dem Wachstumspfad halten konnte. Diese »keynesianische« Weltsicht geriet während der Ölkrisen der 1970er Jahre ins Wanken und wurde in der Reagan-Ära durch neue Konzepte wie den Neoliberalismus und den Monetarismus abgelöst. Es gibt bereits Anzeichen dafür, daß diese Wende in der ökonomischen

Theorie auch auf die historische Deutung früherer Epochen »abfärben« und dazu zwingen wird, das Verhältnis von Regierungen, Wirtschaft und Gesellschaft in den USA grundsätzlich neu zu durchdenken.

Die quantifizierende Analyse wirtschaftlicher Strukturen

In den 1960er Jahren vollzogen sich in der amerikanischen Wirtschaftsgeschichte so grundsätzliche Neuerungen, daß man von einer *new economic history* sprach, die auch als *cliometrics* bezeichnet wurde. Diese Forschungsrichtung analysierte wirtschaftliche Fragen mit Hilfe theoretischer Modelle und stützte sich vornehmlich auf quantifizierbare Daten. Verwendung fand dabei auch eine Methode, die in den anderen historischen Subdisziplinen eher skeptisch betrachtet wird: die *contrafactual history*. In seiner Studie *Railroads and American Economic Growth* (1964) untersuchte Robert Fogel die Bedeutung von Eisenbahnen anhand der Frage, wie die Industrialisierung in den Vereinigten Staaten verlaufen wäre, wenn es keine Eisenbahnen gegeben hätte. Über die Fachwelt hinaus bekannt wurde die *new economic history* durch Robert Fogels und Stanley Engermans *Time on the Cross* (1974). Im ersten Band dieses Werkes findet sich eine Interpretation der Wirtschaft des Südens vor dem Bürgerkrieg; im zweiten Band wird die Erhebung und statistische Auswertung der Daten dokumentiert. Die These der Autoren, daß die Sklaverei profitabel gewesen sei und ohne den Bürgerkrieg überlebt hätte, löste heftige Debatten aus. Das Buch wurde aber auch deshalb so kontrovers diskutiert, weil die computergestützte Analyse der Daten für Historiker ohne eine Vorbildung in Statistik und Mathematik kaum mehr nachvollziehbar war.

Obgleich die empirische Überprüfung anhand statistischer Daten ein wichtiger Bestandteil wirtschafts- und sozialgeschichtlicher Analysen geblieben ist, stehen heutige Wirtschaftshistoriker den Grundannahmen der *new economic history* eher skeptisch gegenüber. Zum einen hat sich das theoretische Verständnis von ökonomischen Prozessen auf der Makro- und Mikroebene deutlich gewandelt, und zum anderen mißt man inzwischen sozialen, psychologischen und kulturellen Einflüssen auf das Wirtschaftsleben einen deutlich höheren Stellenwert zu. Der Nobelpreisträger Douglass C. North hat nachgewiesen, daß das bloße Kosten-Nutzen-Kalkül nicht ausreicht, um ökonomisches Verhalten zu erklären. Vielmehr müssen auch gesellschaftliche Werte und formelle wie informelle Regeln und Zwänge berücksichtigt werden, die den Handlungsspielraum der Akteure eingrenzen und ihre Entscheidungen beeinflussen.

Die Verbindung von wirtschaftlichen und kulturgeschichtlichen Aspekten seit den 1980er Jahren

Durch die Integration »außerökonomischer« Faktoren und eine Öffnung hin zu kulturwissenschaftlichen Fragestellungen hat die Wirtschaftsgeschichte in letzter Zeit große Fortschritte erzielt. Den Kolonialhistorikern ist es gelungen, in der Karibik und auf dem nordamerikanischen Festland regionale Wirtschaftsstrukturen zu rekonstruieren sowie die ökonomischen und kulturellen Beiträge von Indianern und Sklaven herauszuarbeiten. Außerdem werden die Kolonien besser als früher in den Kontext der europäischen Expansion, in die britischen Empire-Beziehungen und in die Entwicklung des transatlantischen Handelssystems eingebettet. Einen ausgezeichneten Überblick über den gegenwärtigen Forschungsstand bietet der erste Band der von Stanley Engerman und Robert Gallman herausgegebenen *Cambridge Economic History of the United States* (1997); weitere Bände dieser Reihe werden in nächster Zeit erscheinen.

Recht deutlich tritt die Tendenz zur Verbindung wirtschaftlicher, sozialer und kultureller Aspekte auch im Interesse an den Voraussetzungen für den Aufstieg des Kapitalismus in den USA hervor. Angestoßen von James Henrettas Untersuchung über die Mentalität amerikanischer Farmer in der zweiten Hälfte des 18. Jahrhunderts haben die Historiker der kolonialen Landwirtschaft wieder verstärkte Aufmerksamkeit gewidmet.[1] Obwohl die reine Subsistenzwirtschaft schon früh einer marktwirtschaftlichen Orientierung wich, wurde individuelles Profitstreben offenbar noch längere Zeit von gemeinschaftsorientierten Werten in Schranken gehalten. Im Gefolge der Amerikanischen Revolution und der Kriege von 1792 bis 1815 drang das kapitalistische Denken in immer weitere Kreise der Bevölkerung ein, und die Durchsetzung marktwirtschaftlicher Prinzipien auf dem Agrarsektor erfüllte eine wesentliche Bedingung für den Start der Industrialisierung. Die derzeitige Debatte unter dem Schlagwort der »market revolution« geht vor allem darum, wann sich der Übergang vom agrarischen zum industriellen Kapitalismus in den verschiedenen Regionen vollzog und welche politischen, sozialen und kulturellen Konsequenzen er für die beteiligten und betroffenen Menschen hatte. Manche Historiker hoffen, der amerikanischen Geschichte mit Hilfe des Konzepts der *market revolution* zu einer neuen Einheit verhelfen zu können, schließt dieser Prozeß doch den Wandel von Klassenbeziehungen, Geschlechter-

---

[1] Vgl. James Henretta, »Families and Farms: Mentalité in Pre-Industrial America«, in: *William and Mary Quarterly* 35 (1978), S. 3–32.

rollen und Rassendenken ebenso mit ein wie die Veränderungen
der ideologischen und religiösen Einstellungen. Die Möglichkeit der
Synthese zeigt sich schon im Untertitel des von Melvyn Stokes und
Stephen Conway herausgegebenen Sammelbandes *The Market Revolution in America: Social, Political, and Religious Expressions, 1800–
1880* (1996). Allerdings bleibt auch hier noch offen, was denn die
»Marktrevolution« genau meint und auf welche Zeit sie zu datieren
ist.

Besonders fasziniert zeigen sich amerikanische Historiker von der
Geschichte des Konsums, die natürlich eng mit dem Aufstieg des
Kapitalismus zusammenhängt. Einen bedeutenden Beitrag zur. Erforschung der sogenannten *consumer revolution* im 18. Jahrhundert
lieferte Carole Shammas' *The Pre-Industrial Consumer in England and
America* (1990). Die Autorin ging der Frage nach, warum Konsum-
güter, die zuvor in den Haushalten selbst hergestellt wurden, im
Verlauf des Jahrhunderts in zunehmendem Maße und in schichten-
spezifischer Weise gekauft wurden. Da Shammas in jahrzehntelanger
Arbeit eine Fülle von Daten über die *consumer revolution* zusammen-
gestellt hat, bildet ihr Werk eine Fundgrube für weitere Untersuchungen. Wirtschaftsgeschichtliche Studien tendieren dahin, auch
die Ursachen für das Aufkommen des Massenkonsums im frühen
20. Jahrhundert auf ökonomische Faktoren zurückzuführen. So betont Richard Tedlow in seinem Werk *New and Improved: The Story
of Mass Marketing in Amerika* (1990) die prägende Rolle von Veränderungen in der Struktur großer Unternehmen und insbesondere
von Managern, die die Koordination von Herstellung, Vertrieb und
Werbung übernahmen. Nicht die Gesetze von Angebot und Nach-
frage hätten die wirtschaftliche Entwicklung bestimmt; ausschlaggebend seien vielmehr die Marketing-Strategien führender Konzerne
gewesen. Kulturgeschichtlich orientierte Historiker messen den
mentalen Voraussetzungen und der Bereitschaft zum Konsum allerdings größere Bedeutung zu. Sie legen den Akzent eher auf die
Wünsche und Bedürfnisse der Konsumenten, die zur Ausprägung
einer *culture of consumption* beigetragen haben (vgl. Kapitel 3.6).

5.2. Die »neue« Sozialgeschichte

Sozialgeschichte galt früher als »Geschichte ohne Politik«. Sie wurde
zumeist von Amateurhistorikern betrieben, die sich in liebevoller
Kleinarbeit mit vergangenen Lebensweisen beschäftigten, z. B. mit
Kleidung, Essensutensilien und der Inneneinrichtung von Häusern.
Da diese Untersuchungen rein deskriptiv blieben und keine Bezie-

hung zu gesellschaftlichen Strukturen herstellten, werden sie heute manchmal abschätzig als *pots and pans antiquarianism* bezeichnet. Die »neue« Sozialgeschichte baute allerdings insofern auf ihnen auf, als sie ebenfalls in erster Linie die Lebensweise von »gewöhnlichen« Menschen aus den Unterschichten ins Visier nahm.

Stephen Thernstroms *The Other Bostonians* (1963) markiert den Beginn dieser »neuen« Sozialgeschichte, die sich vor allem durch einen gewandelten Wissenschaftsanspruch auszeichnete. Historiker arbeiteten nun häufig mit Soziologen und Politologen zusammen und versuchten, Typologien zu entwickeln und Strukturen aufzudecken, die die Vielzahl der individuellen Erfahrungen miteinander verbanden. Darüber hinaus wollten sie Einblick in die Zusammenhänge zwischen gesellschaftlichen Strukturen und individuellen Erfahrungen gewinnen. Übergreifende Prozesse wie Urbanisierung, Industrialisierung und Bürokratisierung wurden einer eingehenden Analyse unterzogen und auf die konkreten Folgen hin befragt, die sie für Individuen, Gruppen und Schichten hatten. Statt von Klassen im marxistischen Sinne sprach man lieber von sozialen Schichten, weil das soziologische Konzept der »Stratifizierung« eine genauere Untergliederung der Bevölkerung zuließ.

Im Kern geht es der *new social history* um die Analyse der Interaktion von sozialen Gruppen, die nicht isoliert, sondern im Kontext der politischen Strukturen und geistigen Strömungen betrachtet werden sollen. Eine besonders wichtige Rolle spielt dabei die Geschlechterproblematik, mit der sich die Historiker in vielen unterschiedlichen Zusammenhängen auseinandersetzen. So beziehen etwa Arbeiten über ledige Mütter oder mißhandelte Frauen auch die Sozialgesetzgebung und die Tätigkeiten von Reformorganisationen ein. Theda Skocpols Analyse der ersten Ansätze zur Sozialversorgung durch den amerikanischen Staat in *Protecting Soldiers and Mothers* (1992) war ursprünglich als eine rein sozialhistorische Arbeit angelegt; die Autorin wurde dann aber der großen Bedeutung von reformerischen Frauenorganisationen für die Sozialgesetzgebung gewahr und förderte Ergebnisse zutage, die auch für die Frauengeschichte relevant sind. Inzwischen hat sich die amerikanische Sozialgeschichte in eine Reihe von Teilbereichen ausdifferenziert, von denen die wichtigsten im folgenden kurz skizziert werden.

5.3. *Labor history*

Arbeitergeschichte (*labor history*) trat von Beginn an mit einem emanzipatorischen Anspruch auf. Die Historiker wollten einen Beitrag zur (Selbst-)Befreiung der Arbeiterschaft von Unterdrückung, Ausbeutung und Manipulation leisten und die politische Mitbestimmung der »unterprivilegierten« Schichten stärken. Die ersten Arbeiten, die zu Beginn des 20. Jahrhunderts entstanden, kritisierten die Auswüchse der raschen Industrialisierung und wandten sich gegen die vorherrschende *laissez-faire*-Theorie. Bis in die 1950er Jahre hinein befaßte sich die Arbeitergeschichte vornehmlich mit dem *labor movement*, d. h. mit der Entstehung und Entwicklung von Gewerkschaften, sowie den Beziehungen zwischen Gewerkschaften, Unternehmern und Regierungen. Viel Aufmerksamkeit fanden die *Knights of Labor* (seit 1869), die noch in der Tradition der Gilden und Handwerkerverbände des frühen 19. Jahrhunderts standen. An ihre Stelle trat ab 1886 die *American Federation of Labor,* die unter Samuel Gompers vor allem Facharbeiter als Mitglieder zuließ und eine pragmatische Interessenvertretung betrieb. Um die Jahrhundertwende entstanden die radikaleren *International Workers of the World* (IWW, seit 1905), die vor allem Bergleute und Fabrikarbeiter mobilisierten. Später trat der *Congress of Industrial Organizations* (seit 1935/1938) hervor, der sich − zumindest theoretisch − für Arbeiter aller Industriezweige und Rassen sowie für Frauen öffnete und erstmals Einfluß auf Präsidentschaftswahlen zu nehmen suchte.

Die Historiker betrachteten Gewerkschaften zunächst primär als ökonomische Einheiten; sie analysierten Gewerkschaftsformen und -strukturen, die Zusammensetzung und Zahl ihrer Mitglieder, die jeweils bevorzugten Arten des Arbeitskampfes und der politischen Einflußnahme. Außerdem wurden Biographien zu den wichtigsten Gewerkschaftsführern geschrieben. Die Konzentration auf Gewerkschaftsgeschichte erwies sich jedoch als problematisch, weil stets nur eine Minderheit der Amerikaner gewerkschaftlich organisiert war und weil manche Gewerkschaften durch Korruption und Beziehungen zur Mafia in einen schlechten Ruf gerieten. Heute ist der »Arbeitsmarkt« mit den dort agierenden Menschen und Institutionen oft nur noch als Teil des übergreifenden kapitalistischen Marktgeschehens in der Historiographie präsent.

In den 1960er Jahren erlebte die Arbeitergeschichte zunächst aber einen Aufschwung, denn zum einen eignete sie sich hervorragend für das Schreiben der Geschichte »von unten«, und zum anderen gelangten auch soziale Aufsteiger an die Universitäten und in die Historikerzunft. Allmählich verschob sich das Interesse von der Geschichte der Arbeiterbewegung auf die Geschichte der Arbeiter. Man beschränkte sich nicht mehr auf die Erforschung der Lohnarbeit in Handwerksbetrieben und Fabriken, sondern bezog auch die Tätigkeiten von Sklaven und von nicht erwerbstätigen Frauen mit ein. Zusätzlich wurden die Arbeitsbedingungen, die Lebensumstände und

Verhaltensweisen von Gruppen wie Krankenschwestern, Angestellten großer Kaufhäuser und Tagelöhnern auf dem Land untersucht.

Im Unterschied zu anderen Zweigen der *new social history* herrschte in der Arbeitergeschichte von Beginn an Skepsis gegenüber quantitativen Methoden. Im Vordergrund stand vielmehr die Untersuchung des Klassenbewußtseins von Arbeitern, das man in ähnlicher Weise zu ermitteln versuchte, wie Edward Thompson dies in seinem Werk *The Making of the English Working Class* (1963) für England unternommen hatte. Als einflußreichster, wegen seiner marxistischen Ausrichtung aber auch umstrittenster amerikanischer *labor historian* dieser Epoche gilt Herbert Gutman.[2]

Neuerdings geht die *labor history* der Frage nach, wie Arbeiter die beruflichen Veränderungen bewältigen, die im Zuge der Modernisierung und Globalisierung entstanden, und sie bezieht auch die Untersuchung des Familienlebens, der Freizeit und des Konsumverhaltens von Arbeitern ein. In *Living In, Living Out* (1994) rekonstruiert Elizabeth Clark-Lewis die Erfahrungen junger schwarzer Frauen, die zu Beginn des 20. Jahrhunderts in Washington, D. C., als Hausangestellte arbeiteten. Diese Migrantinnen aus dem Süden fühlten sich zunächst in mancher Hinsicht schlechter behandelt als Dienstbotinnen im Süden; allmählich konnten sie jedoch durchsetzen, »außer Haus« zu wohnen, und damit der ständigen Kontrolle ihrer Arbeitgeber entgehen. Bevorzugte Themen sind darüber hinaus ethnische und religiöse Zugehörigkeiten, soziale und geographische Mobilität, sowie traditionelle Werte und Rituale der Arbeiterkulturen.

Schon seit den 1960er Jahren wurde das Leben von Arbeitern häufig im Rahmen von *community studies* untersucht. Durch die Verbindung verschiedener Aspekte wie berufliche Tätigkeit, Einkommen, Mitgliedschaft in einer Gewerkschaft, religiöse Zugehörigkeit und politische Präferenz wird ein differenzierteres Bild von Arbeitererfahrungen entworfen. Diese Form der *community studies* läßt sich noch weiter verfeinern, indem man einen einzelnen Stadtteil, eine Branche oder eine bestimmte Fabrik untersucht.

Die *labor history* beschränkt sich nicht mehr auf die Zeit nach dem Bürgerkrieg, als die Folgen der Industrialisierung spürbar wurden und Gewerkschaften auf den Plan traten. Vielmehr werden jetzt verstärkt die Erfahrungen von freien und unfreien Arbeitern in den Kolonien untersucht. Zentrale Fragestellungen sind dabei die ungleichen Arbeitsbedingungen und Rechte von freien Landarbeitern, weißen *indentured servants* und schwarzen Sklaven; außerdem analysiert man die regionalen Unterschiede, die sich aus der Konzentration auf

---

[2] Gutmans wichtigste Werke sind in der Bibliographie aufgelistet.

Monokulturen wie Baumwolle im Süden und dem Vorherrschen kleinerer Familienfarmen im Norden bezüglich Anbautechniken, Arbeitsweisen, Wohnverhältnisse und Lebensbedingungen ergeben. Auch die Aufteilung der Arbeit zwischen den Geschlechtern und deren Folgen für Arbeitsrhythmus, Lohn und gesellschaftliches Ansehen finden viel Aufmerksamkeit. Wichtig für die Kolonialzeit ist das Konzept des *household*, denn besonders im Norden waren Heim und Arbeitsstätte von Farmern und Handwerkern noch nicht voneinander getrennt.

Einen bedeutenden Gegenstand der Forschung zur ersten Hälfte des 19. Jahrhunderts bilden die Veränderungen der Lebens- und Arbeitsbedingungen, die sich aus der überregionalen Integration von Märkten sowie dem Aufkommen und der Verbreitung von Fabriken ergaben: Von nun an regierte die Uhrzeit das Arbeitsleben, Freizeit und Arbeit wurden strikt getrennt, und die Arbeiter mußten sich dem von Fabrikbesitzern aufgestellten Regime unterwerfen. Das bekannteste Beispiel für die Auswirkungen der frühen Industrialisierung sind die Textilfabriken in Lowell in Massachusetts, die zu Beginn des 19. Jahrhunderts die erste Großinvestition des merkantilen Kapitals im neuenglischen Textilgewerbe darstellten. Die Unternehmer hatten bei ihrer Planung das Ziel vor Augen, eine Gesellschaft zu errichten, in der es keine Armut mehr gab. Aus Mangel an billigen männlichen Arbeitskräften stellten sie Töchter von Farmern ein, die streng diszipliniert und einer Art klösterlichem Regiment unterworfen wurden. Neuere Untersuchungen heben aber auch hervor, daß diese jungen Frauen durch die Fabrikarbeit erstmals Unabhängigkeit von der Familie erlangten und ein gruppenspezifisches Selbstbewußtsein ausbilden konnten. Um ihre Lebensweise und ihren Status zu erhalten, die sie durch den Zustrom irischer Immigranten gefährdet sahen, entwickelten sie sogar eine frühe Form des Arbeitskampfes. Für Handwerksgesellen hatte die Industrialisierung, etwa in der Schuhherstellung, eher noch negativere Auswirkungen, da ihre bisherige Einbindung in Familienbetrieben durch ungewisse Abhängigkeitsverhältnisse in Form des Verlagswesen und der Fabrikarbeit ersetzt wurde.

Zunehmend rücken auch ethische Werte und ethnokulturelle Identitäten in das Blickfeld der *labor history*. So wurden etwa die Versuche von Arbeitern des späten 19. und frühen 20. Jahrhunderts beschrieben, sich gegen rationalisierende Eingriffe von Managern zur Wehr zu setzen. In *Workers' Control* (1979) betonte David Montgomery die Solidarität der Arbeiter, die verschiedene Strategien anwendeten, um Kontrolle über ihren Arbeitsplatz zu behalten. Dieses Bemühen um Selbstbestimmung angesichts des schier unaufhaltsamen Vordringens von *scientific management* und Akkordarbeit

(Taylorismus) bildet – trotz vieler sehr unterschiedlicher Erfahrungen – eine wesentliche Kontinuitätslinie der Arbeitergeschichte. Im Hintergrund vieler Studien steht die berühmte Frage, die Werner Sombart in seinem Werk *Warum gibt es in den Vereinigten Staaten keinen Sozialismus?* (1906) stellte. Mittlerweile sind die unterschiedlichsten Thesen vorgebracht worden, die diesen »Mangel« zu erklären suchen: Zum einen wird darauf hingewiesen, daß die wirtschaftliche Stärke und damit einhergehenden Aufstiegschancen sowie die frühe Verleihung des Wahlrechts an (männliche) Arbeiter eine scharfe Polarisierung der Klassen und die Ausprägung eines Klassenbewußtseins verhinderten. Außerdem weist man auf den Traditionalismus der Arbeiterschaft und der frühen Gewerkschaften hin. Stark ins Gewicht fielen sicher die Mobilität und die Fragmentierung der Arbeiterschicht: Neben den regionalen Unterschieden, die allein schon ausgereicht hätten, um eine Einigung zu erschweren, bestanden große Gegensätze zwischen Arbeitern unterschiedlicher Ethnien, Religionszugehörigkeiten und Geschlechter. Behindert wurde die Ausprägung eines Klassenbewußtseins außerdem durch die Repressionspolitik der Arbeitgeber, die diese Differenzen ausnutzten und notfalls gewaltsam gegen Arbeiterorganisationen und Streiks vorgingen, wobei sie vielfach von Regierungen und Gerichten unterstützt wurden. Aus heutiger Sicht ist aber zu bezweifeln, ob Sombarts Frage, die ein europäisches Entwicklungsmodell zum Maßstab machte, für die USA überhaupt richtig gestellt war.

Vier Tendenzen kennzeichnen die neuere *labor history*: Erstens wird den Gewerkschaften nicht mehr so viel Bedeutung beigemessen, wie dies anfangs geschah. Das ist eine Konsequenz aus der Beschäftigung mit ungelernten Arbeitern und Arbeiterinnen, die von den meisten Gewerkschaften nicht als Mitglieder akzeptiert wurden, hängt aber sicher auch mit dem allgemeinen Einflußverlust der US-Gewerkschaften im späten 20. Jahrhundert zusammen. Zweitens wird versucht, die Politik wieder in die Arbeitergeschichte zurückzuholen, um den komplexen Beziehungen zwischen Kapital, Arbeitsmarkt und Staat gerecht zu werden. Drittens nimmt die Rassenproblematik größeren Raum ein und löst sich die vermeintliche Einheitlichkeit der schwarzen oder der hispanischen Arbeiterschaft bei genauerem Hinsehen in ein mosaikartiges Bild auf. Kevin Boyle schildert in *The USA and the Heyday of American Liberalism* (1995) die vielschichtigen Konflikte zwischen weißen Gewerkschaftsführern und -mitgliedern, schwarzen Aktivisten sowie der Mehrzahl der schwarzen Arbeiter, die eine Integration der Afro-Amerikaner in die Gewerkschaften erschwerten. Viertens schließlich ist eine Hinwendung zu kulturgeschichtlichen Themen zu verzeichnen, wie sie in der Beschäftigung mit Werten und Normen

sowie symbolischen Manifestationen des Arbeiterbewußtseins, z. B.
in Form von sozialen Ritualen und Festen, zum Ausdruck kommt.
Die Analyse von Weltbildern, Ideologien und Protestformen der
frühen Arbeiterschaft hat die Fortdauer vorindustrieller republikanischer Werte bis zum Ende des 19. Jahrhunderts offenbart. Kulturgeschichtliche Studien zur Arbeiterschaft im 20. Jahrhundert betonen hingegen vor allem die Auswirkungen von Massenkonsum und
Massenkultur, die zur Überbrückung der früheren Fragmentierung
beitrugen und das Zugehörigkeitsgefühl zu einer expandierenden
Mittelschicht stärkten.

5.4. Familiengeschichte

Family history wird in den USA seit Mitte der 1960er Jahre betrieben, wobei zunächst quantitative und demographische Untersuchungen im Vordergrund standen. Nostalgische Vorurteile über die
Zeit vor der Industrialisierung wurden schnell aus dem Weg ge-
räumt, denn auch in den USA gab es – abgesehen von den Farmen
– in der weißen Bevölkerung keine »Großfamilien«, in denen drei
Generationen unter einem Dach wohnten. In den größeren Ort-
schaften und Städten herrschte die *nuclear family* vor, in der Eltern
mit ihren Kindern so lange zusammenlebten, bis diese einen eigenen
Haushalt gründeten. Große Unterschiede gab es allerdings sowohl
hinsichtlich der Kinderzahl als auch der Zahl derjenigen, die – als
Angestellte, Lehrlinge oder Untermieter – bei einer Familie wohnten. Die Ermittlung solcher Strukturen und Differenzen zwischen
einzelnen ethnischen Gruppen, sozialen Schichten und Regionen
bildet einen wichtigen Forschungsbereich der Familiengeschichte,
die auch den Gründen für den Wandel der Verhältnisse und Funktionen nachgeht.

Bis zum ausgehenden 19. Jahrhundert waren Familien nicht nur
auf dem Land, sondern auch in den Städten bedeutende soziale und
wirtschaftliche Einheiten. Das Konzept der *family economy* beschreibt
Familien, in denen alle Familienmitglieder – in erster Linie Vater und
Kinder – ihr Einkommen zusammenlegten, um die Versorgung während Phasen von Krankheit oder Arbeitslosigkeit zu gewährleisten.
Diese Art der Vorsorge war besonders für Immigranten wichtig, die
häufig für lange Zeit oder dauerhaft auf das Einkommen ihrer Kinder angewiesen blieben. Seit der Mitte des 19. Jahrhunderts wurden
die amerikanische Familien im Durchschnitt kleiner, was u. a. damit
begründet wird, daß sich die Einschätzung der Kindheit gewandelt
hatte, Kinder eine bessere Erziehung genossen, mehr kosteten und

weniger zum Familieneinkommen beitrugen. Hinzu kamen die höhere Wertschätzung von Häuslichkeit, religiöse und moralische Haltungen zur Geburtenkontrolle sowie die steigende Bedeutung von emotionalen Bindungen innerhalb der Familie. Welche Auswirkungen die Industrialisierung auf ländliche Familien hatte, deren Kinder zunehmend in die Städte zogen und dort ohne Aufsicht von Eltern oder Arbeitgebern lebten, zeigt Mary Ryans Studie *Cradle of the Middle Class: The Family in Oneida County, New York* (1981).

Im 20. Jahrhundert schien sich die Funktion der Familie, speziell in der Mittel- und Oberschicht, im wesentlichen auf die Kindererziehung und die affektive Unterstützung der Mitglieder zu beschränken. In der Mehrzahl der Haushalte blieb die Familie aber auch weiterhin eine zentrale wirtschaftliche Einheit. Neben den ökonomischen Wandlungsprozessen müssen auch die staatlichen und sozialen Institutionen beachtet werden, die teilweise Familienfunktionen übernahmen. Die engen Wechselbeziehungen zwischen Familiengeschichte und Politik zeigen sich in der zunehmenden Bedeutung von öffentlichen Schulen und Krankenhäusern sowie von Anstalten für »schwer erziehbare« Kinder, die ebenso reguliert wurden wie die Festlegung von »normalem« und abweichendem sexuellen Verhalten. Einen wichtigen Beitrag leisteten Gerichte, die Streitigkeiten zwischen Familienmitgliedern und Scheidungsfragen entschieden.

Ideologien über die Beschaffenheit einer »guten« oder »intakten« Familie konnten für soziale oder politische Zwecke funktionalisiert werden. So rechtfertigten die weißen Siedler die Landnahme in Amerika auch mit dem Verweis auf die Überlegenheit ihrer Familienvorstellungen, und später diente die weiße *nuclear family* als Modell, das die Indianer übernehmen sollten. In sozialer Hinsicht waren Familienideologien insofern relevant, als die Erwerbstätigkeit zum Kriterium von Schichtenzugehörigkeit wurde. Während Frauen aus Unterschichtenfamilien zum wirtschaftlichen Überleben der Familien beitragen mußten, gehörte es zu den Privilegien der Mittelschicht, daß Mütter nicht berufstätig waren. Traditionelle Familienbilder prägen bis in die Gegenwart die konservativen Maximen über »gute« Mütter, die sich ganz auf Heim und Herd konzentrieren, obwohl die »Normalfamilie« in der Realität inzwischen eher zur Ausnahme geworden ist. Angesichts der hohen Scheidungsrate, der großen Zahl von Singles sowie alleinerziehenden Müttern und dem wachsenden Selbstbewußtsein von lesbischen Frauen und Homosexuellen, sind vergangene Formen von familiären Gemeinschaften in den Blickpunkt der Forschung gerückt. Daher erfreut sich die Familiengeschichte, die unterschiedliche Formen privaten Zusammenlebens ermittelt und Alternativen aufzuzeigen vermag, momentan großer Popularität. Gegenwärtig gibt es aber mehr offene Fragen als Antworten in einer Teildisziplin, die sich im Schnittpunkt von Politik, Sozial- und Frauengeschichte befindet.

5.5. Migration und soziale Mobilität

Geographische und soziale Mobilität sind eng mit dem Mythos vom »Land der unbegrenzten Möglichkeiten« verbunden. In der *new social history* bemühte man sich darum, dem amerikanischen Traum, der Individuen große soziale und wirtschaftliche Aufstiegsmöglichkeiten vorspiegelt, durch quantitative Analysen nahezukommen. Stephen Thernstrom leistete auf diesem Feld Pionierarbeit, indem er die Lage von Einwandererfamilien in ausgewählten Städten über einen längeren Zeitraum beobachtete. In *Poverty and Progress* (1964) und *The Other Bostonians* (1973) gelangte er zu dem Schluß, daß Einwanderer ihre wirtschaftliche Situation in der Regel nur geringfügig verbesserten und stets in der Gefahr des sozialen Abstiegs schwebten. Der *rags to riches*-Mythos, wie er z. B. in den populären Horatio Alger-Romanen vermittelt wurde, war daher seines Erachtens sehr übertrieben, enthielt aber gerade so viel Wahrheit, daß er glaubwürdig wirkte.

Thernstroms Studien sind allerdings nicht unwidersprochen geblieben, und seine Ergebnisse lassen sich tatsächlich nicht verallgemeinern. Zum einen haben regionale Studien gezeigt, daß je nach der sozialen und ethnischen Gruppe, dem jeweiligen Beruf, dem Ort und der Zeit sehr unterschiedliche Aufstiegsmöglichkeiten bestanden. Zum anderen hat John Bodnar darauf hingewiesen, daß einige Gruppen zwar die Gelegenheit zur sozialen Verbesserung bekamen, diese aber nicht wahrnahmen, weil sie dem amerikanischen Traum zwiespältig gegenüberstanden. In *Immigration and Industrialization* (1977) wies Bodnar nach, daß Arbeiter in Pennsylvania einem sicheren Arbeitsplatz den Vorzug vor höheren Löhnen im Falle eines Betriebs- oder Ortswechsels gaben. Soziale Mobilität läßt sich also offenbar nicht allein anhand der Veränderungen in Beruf und Einkommen messen, sondern subjektive Einstellungen müssen mit berücksichtigt werden. Gemessen an den Zuständen in Europa, fiel es amerikanischen Arbeitern und Angestellten allerdings in der Regel erheblich leichter, ihre soziale Position und ihren Lebensstandard zu verbessern.

Die Analyse von Migrationsbewegungen ist eng mit der Frage nach dem wirtschaftlichen und sozialen Aufstieg verknüpft. Man unterscheidet drei Formen der Binnenwanderung: Die »kreisförmi-

ge« Migration, die von hispanischen Obstpflückern in Kalifornien
oder von schwarzen Bauarbeitern praktiziert wurde, die im Sommer
in den Städten Jobs suchten, im Winter aber zu dem billigeren Leben auf dem Land zurückkehrten; die »Kettenmigration«, bei der
Verwandte oder Bekannte, die sich schon früher auf den Weg gemacht hatten, den Neuankömmlingen Hilfestellung leisteten; und
die »Karriere-Migration«, mit der Individuen ihre Arbeitsbedingungen und Verdienstmöglichkeiten dauerhaft verbessern wollten. Für
Boston ist ermittelt worden, daß Migranten vor 1930 meist unge-
lernte Arbeiter waren, während danach höher besoldete Berufsgrup-
pen, die auf der beruflichen Leiter nach oben kommen wollten, das
Gros der Wandernden stellten. Die sogenannten Tramps waren im
19. Jahrhundert entgegen gängigen Annahmen in der Mehrzahl weder Schwarze noch Einwanderer, sondern weiße Amerikaner. Selbst
bei diesen Migranten handelte es sich in der Regel nicht um passive,
entwurzelte Außenseiter, sondern um hochmotivierte Menschen,
die aktiv Einfluß auf ihre Lebensverhältnisse nahmen. Die sozialwissenschaftliche Beschäftigung mit den Prozessen der Binnenmi-
gration muß demnach durch das Studium der subjektiven Einstellungen, Erfahrungen und Mentalitäten der Wandernden ergänzt
werden.

5.6. Stadtgeschichte und *community studies*

Die Geschichte von Städten, Gemeinden und Kreisen (*counties*) bietet viel Stoff für Forschungsarbeiten und Dissertationen. So sind
viele allgemeine Thesen über die amerikanische Geschichte – etwa
der Zusammenhang zwischen *Frontier*-Siedlung und Demokratie –
am Beispiel von einzelnen Gemeinden überprüft worden. Dabei wurden Revisionen vorgenommen und neue Thesen, etwa über Muster
sozialer Beziehungen oder Phasen der Stadtentwicklung, aufgestellt.
Einigen Historikern geht es im Sinne der Lokalgeschichte mehr um
die Besonderheiten des jeweiligen Ortes; viele schätzen aber darüber
hinaus die Informationen, die sie im Rahmen von *community studies*
über das Leben »gewöhnlicher« Bürger erlangen können.
    Daß heute selten eine klare Trennlinie zwischen *community studies*
und Stadtgeschichte (*urban history*) gezogen wird, liegt zum einen
daran, daß man im Rahmen beider Ansätze sehr ähnliche Fragestellungen verfolgt. Zum anderen können unter dem Begriff *community*
auch enge zwischenmenschliche Beziehungen verstanden werden,
die sich sowohl auf dem Land als auch in den *neighborhoods* der
Städte oder Vorstädte (*suburbs*) finden lassen. Frühere Untersuchun-

gen legten den Schluß nahe, daß der Prozeß der Verstädterung zum Verlust von *community* geführt habe und das Gemeinschaftsgefühl durch die Folgen der Industrialisierung verlorengegangen sei. Neuere Forschungen haben jedoch den simplen Gegensatz zwischen vermeintlich homogenen *communities* und anonymen *cities* aufgelöst. Nun wird betont, daß auch in Städten weiterhin gut funktionierende ethnische oder rassische Gemeinschaften existiert hätten und die Urbanisierung sogar neue Arten von Gemeinschaft geschaffen habe. Die Grenze zwischen *community studies* und *urban history* ist daher durchlässig geworden.

Kontrovers diskutiert wird die Frage, ob der Charakter von Städten und kleineren *communities* von der jeweiligen Region geprägt ist, in der sie sich befinden. Bei der Untersuchung von Gemeinsamkeiten bzw. Unterschieden zwischen Städten und *communities* im Nordosten, Süden und Westen werden vor allem die natürlichen Ressourcen, die Infrastruktur, die örtlichen Industriezweige, die wirtschaftlichen Wachstumsbedingungen, die ethnische Zusammensetzung der Bevölkerung, die Möglichkeiten sozialen Aufstiegs und die vorherrschenden Lebensbedingungen berücksichtigt. Während man bei der Untersuchung der Kulturen und sozialen Identitäten von *communities* meist danach fragt, welchen Einfluß das Hinterland auf sie ausübte, analysiert man bei großen Städten mehr deren Einfluß auf die weitere Umgebung. So weist William Cronon in *Nature's Metropolis: Chicago and the Great West* (1991) nach, daß das Wachstum Chicagos und seine Konkurrenz mit St. Louis im 19. Jahrhundert den gesamten Mittleren Westen prägten und bis nach Kalifornien ausstrahlten.

Die Erforschung der Stadtgeschichte ist schon deshalb wichtig, weil heute die große Mehrheit der Amerikaner in Städten lebt – fast 80% wohnen in Städten über 2500 Einwohnern, während nur noch 2,5% ihren Lebensunterhalt als Farmer auf dem Land verdienen. *City histories* wurden schon seit dem 19. Jahrhundert geschrieben; beliebte Themen waren das ökonomische Wachstum, die Stadtplanung und die Lokalpolitik. Später beschäftigte man sich in quantitativen Analysen vor allem mit dem Wachstum von Städten, mit strukturellen Faktoren und den problematischen Aspekten des Stadtlebens, mit sozialen Spannungen, der Diskriminierung von Minderheiten und politischer Korruption. Die Lebenserfahrungen von Städtern, die offenbar im Norden, Süden und Westen der USA recht unterschiedlich sein können, rückten in den 1980er Jahren stärker in den Blickpunkt. Die Stadtgeschichte bildet gegenwärtig nicht zuletzt deshalb einen faszinierenden Forschungsgegenstand, weil man fast sämtliche Themen der amerikanischen Geschichte untersuchen kann, indem man eine Stadt unter die Lupe nimmt oder mehrere Städte bzw. Stadtteile miteinander vergleicht. Obgleich *urban history* damit fast unerschöpflich ist, sollen im folgenden einige zentrale Themen kurz dargelegt werden.

Quantitative Studien zur internen Organisation und Struktur einzelner Städte sollen helfen, die Auswirkungen der Urbanisierung besser abzuschätzen. Meist werden verschiedene Faktoren wie Demographie, Arbeitsmarkt, Verkehrssituation, soziale, kulturelle und religiöse Einrichtungen in den Blick genommen und miteinander korreliert. Auf diese Weise lassen sich die Beziehungen zwischen den Prozessen von Verstädterung und »Suburbanisierung« auf der einen Seite und gesellschaftlichem Wertewandel und öffentlichem Verhalten auf der anderen verfolgen. Regionale Untersuchungen befassen sich mit der besonderen Struktur der Städte im Westen, die Robert Fishman in *Bourgeois Utopias* (1987) als »technoburbs« bezeichnete, während Jon Teaford in *Post-Suburbia* (1996) den Begriff »edge cities« kreierte.

Die Sozialgeschichte der Städte befaßt sich häufig mit räumlichen Unterteilungen, die in konfliktreichen Beziehungen zueinander stehen. Über die Jahrzehnte hinweg läßt sich eine wachsende Trennung bzw. Segregation bestimmter Gruppen durch die räumliche Verteilung feststellen. Im 19. Jahrhundert waren dabei vorwiegend ethnische Faktoren bestimmend, im 20. Jahrhundert spielte der wirtschaftliche Status der Einwohner eine größere Rolle. Sozialhistoriker untersuchen darüber hinaus die Gründe für das zumeist friedliche Zusammen- bzw. Nebeneinanderleben von ethnischen Einwanderergruppen bei gleichzeitiger brutaler Aus- und Eingrenzung von Schwarzen in den Ghettos der Großstädte. Seit dem Beginn der *Great Migration* von Schwarzen aus dem Süden in die Industriegebiete des Nordens um den Ersten Weltkrieg wehrten sich weiße Gemeinschaften in vielen Städten vehement gegen die Integration von Afro-Amerikanern. Allein in Chicago zählte der Historiker Arnold Hirsch in seinem Buch *Making the Second Ghetto* (1983) fast 500 Zwischenfälle zwischen 1945 und 1950, bei denen es zu Tätlichkeiten zwischen Schwarzen und Weißen kam.

Für das starke Anwachsen der Vorstädte (*suburbs*), in denen seit 1970 die Mehrzahl der Amerikaner wohnt, werden eine Reihe von Faktoren vom *baby boom* bis zur utopischen Hoffnung auf die Verschmelzung von Alltag und Urlaub verantwortlich gemacht. An *suburbia* interessieren ferner Aspekte wie die Isolierung von Familien, das Ausmaß von Nachbarschaftsbeziehungen und die Rollenerwartungen an Hausfrauen; neuerdings werden Architekturstile und sogar die Anlage der Gärten als Ausdruck einer spezifischen »Vorstadt«-Mentalität gedeutet (Kenneth Jackson, *Crabgrass Frontier: The Suburbanization of the United States*, 1985).

Ein älterer, aber immer noch aktueller Forschungszweig befaßt
sich mit sozialen Reformbewegungen. Die Aktivitäten von Wohl-
fahrtsverbänden, die Gründung von Schulen und Krankenhäusern
sowie unterschiedliche Formen der Sozialfürsorge werden vielfach
als Versuche von Angehörigen der Mittelschichten interpretiert, angesichts einer zerfallenden traditionellen Ordnung soziale Kontrolle
auszuüben und Stabilität zu bewahren. Auch den stark asymmetri-
schen Macht- und Einkommensverhältnissen in den Städten wird
weiterhin viel Aufmerksamkeit gewidmet. Globale Thesen von
wirtschaftlichen Aufstiegsmöglichkeiten sind modifiziert worden; es
gab häufig große Unterschiede zwischen einzelnen Städten, und sogar innerhalb einzelner Städte bestanden in manchen Wirtschafts-
sektoren gute Karrieremöglichkeiten, in anderen nicht. Eine ähnliche Differenzierung überwiegt auch in der Einschätzung des
Zusammengehörigkeitsgefühls und der Solidarität von Arbeitern; je
nach Arbeitsstätte, ethnischer Zusammensetzung und lokaler politischer Kultur lassen sich erhebliche Unterschiede aufzeigen. Die simple Unterteilung in mittlere und untere Schichten ist folgerichtig
einer Analyse von subjektiven Einstellungen zur sozialen Stratifizierung der Gesellschaft gewichen.

An den Fragen der Integration von Einwanderern und Afro-
Amerikanern können Stadthistoriker verständlicherweise nicht vor-
beigehen. Neben den Ursachen für die räumliche Segregation von
Wohnvierteln widmen sie sich auch Aspekten wie Religion, Erziehung, Zusammensetzung der Familien, berufliche Aufstiegsmöglichkeiten und kulturellen Angeboten. Konsumgewohnheiten, die materielle Lebensqualität, Vereins- und Verbändewesen, Feste und
soziale Rituale bilden weitere Ansatzpunkte, um bestimmte urbane
oder suburbane Gemeinschaften zu charakterisieren und sie mit anderen zu vergleichen.

Studien zur Lokalpolitik stehen heute nicht mehr primär im Zeichen von Kritik an Korruption, »Parteimaschinen« und *city bosses*.
Statt dessen werden die Erfolge bei der Einrichtung neuer Dienst-
leistungen und Infrastrukturen hervorgehoben, die Verwaltungs-
fachleute und Ingenieure gemeinsam mit Lokalpolitikern erzielten.
In *Power and Society: Greater New York at the Turn of the Twentieth
Century* (1982) hebt David Hammack hervor, daß der Kampf um
Infrastrukturmaßnahmen und die Bereitstellung effizienter Leistungen für die Bürger Koalitionen schuf, die ethnische und geographische Trennungen überschritten; die städtischen Eliten waren sich
keineswegs einig, sondern schlossen immer neue Allianzen mit verschiedenen Bevölkerungsgruppen.

Die Organisation der Polizei und die Verbrechensbekämpfung
bilden klassische Themen der *urban history*. Angesichts von Slums

und Ghettos, Bandenkriminalität und Rassenunruhen kristallisierte sich die Auffassung heraus, daß eine enge Beziehung zwischen dem Prozeß der Verstädterung und dem Anstieg der Kriminalität bestehe In diesem Zusammenhang wurde auch auf die Prostitution verwiesen, die man nicht als einen Dienstleistungszweig, sondern als Ausdruck einer »Sozialpathologie« wertete. Das Leben auf dem Lande sei verhältnismäßig ruhig und geordnet verlaufen, während Anonymität und Armut die großen Städte zu einem Paradies für Kriminelle gemacht habe. Diese Annahme hielt jedoch detaillierteren Untersuchungen nicht stand, denn es kam vor, daß die Kriminalitätsraten zu Zeiten, in denen der Verstädterungsprozeß rapide voranschritt, stagnierten. Das Phänomen der Kriminalität wird daher heute in einen gesamtgesellschaftlichen Zusammenhang gestellt und unter Berücksichtigung rechtsgeschichtlicher Forschungsergebnisse untersucht. Die Definition und Ahndung von Verbrechen hing von den gängigen gesellschaftlichen Werten ab, bestärkte häufig die soziale Hierarchie und diente manchmal Zielen, die über die bloße Bestrafung hinausgingen.

Die Beziehung zwischen geltenden Werten und Kriminalität zeigt sich schon deutlich in den Gesetzen und Verboten der neuenglischen Kolonien, die vor allem um religiöse und moralische Vergehen kreisen. So wurden Ehebruch und Gotteslästerung von den Puritanern als Kapitalverbrechen eingestuft und mit der Todesstrafe geahndet. Die Definition von kriminellem Verhalten und von Straftaten unterlag beträchtlichem historischen Wandel. Beispielsweise sahen die meisten Staaten den öffentlichen Verkauf von Drogen erst ab dem letzten Drittel des 19. Jahrhundert als Verbrechen an. Bis weit ins 20. Jahrhundert hinein verboten viele Staaten die Mischehen zwischen Weißen und Schwarzen und stellten sowohl den Verkauf von Empfängnisverhütungsmitteln als auch jede Form von Schwangerschaftsunterbrechung unter Strafandrohung. Heute werden dagegen Themen wie die aktive Sterbehilfe diskutiert, die vor wenigen Jahren noch völlig tabu waren.

Als Konsequenz der herrschenden Werte und der sozialen Hierarchie wird auch die Tatsache gedeutet, daß Angehörige von Unterschichten, ethnischen und religiösen Minderheiten sowie Afro-Amerikaner häufiger verurteilt und härter bestraft wurden (und teilweise noch werden) als Mitglieder der oberen Schichten. Mitverantwortung hierfür trägt sicher das amerikanische Rechts- und Justizwesen, das selbst in so einschneidenden Fragen wie der Todesstrafe dezentral und uneinheitlich gestaltet ist.

Die Arten der Bestrafung werden ebenfalls daraufhin befragt, inwiefern sie Aufschluß über gesellschaftliche Werte und Normen geben können. In der Kolonialzeit waren die Strafen trotz aller regionalen Unterschiede insgesamt auf öffentliche Erniedrigung angelegt und nach heutiger Einschätzung sehr brutal. Auspeitschen und Zwangsarbeit blieben im Süden bis zum Bürgerkrieg bevorzugte Strafen, während man im Norden bereits mit der Errichtung von Gefängnissen experimentierte, in denen Kriminelle ihre Taten bereuen und zu funktionierenden Mitgliedern der Gesellschaft gemacht werden sollten.

Bis zum Ende der *Frontier* nahm der Westen insofern eine Sonderstellung ein, als der Staat dort anfangs kaum präsent war und die Siedler häufig das Gesetz in die eigene Hand nahmen. Da persönliche Racheakte und bewaffnete Auseinandersetzungen in dieser Atmosphäre sehr häufig vorkamen, fragt die Forschung u. a. danach, ob sich hieraus langfristige, bis heute nachwirkende Konsequenzen für die gesamte amerikanische Gesellschaft ergeben haben. Kontrovers diskutiert wird in diesem Zusammenhang die These, daß die verfassungsrechtliche Garantie des Waffenbesitzes durch das zweite Amendment, die auf eine agrarische, in lokalen Milizen organisierte Gesellschaft zugeschnitten war, im heutigen urbanen Amerika die individuelle Gewaltbereitschaft und eine *culture of violence* begünstigt.

Gelegentlich wurden Strafgesetze als eine Art amtlicher Verwaltungsmaßnahmen eingesetzt, um das Verhalten der Bevölkerung zu regulieren und zu kontrollieren. So kann man die Prohibition häufig als den Versuch von weißen Protestanten deuten, ihre eigenen Normen den Immigranten und ethnischen Minderheiten aufzudrängen. Es ist aber auch argumentiert worden, daß das Verbot von Alkohol auf Industrielle zurückzuführen sei, denen es in erster Linie um die Disziplinierung der Arbeiterschaft ging. Wie so mancher wohlgemeinte Reformversuch zeitigte auch dieses Experiment völlig unbeabsichtigte Nebenwirkungen in Form illegalen Alkoholhandels, zunehmender Korruption und einer steigenden Kriminalitätsrate.

Die historische Forschung zu *crime and punishment* befaßt sich auch mit Aufständen und Rassenunruhen, die es von der Kolonialzeit bis zur Gegenwart immer wieder gab. Solche Unruhen werden entweder als gewaltsame Verteidigung von vermeintlichen Rechten der Aufständischen gedeutet oder als Ausdruck tieferliegender sozialer Konflikte erklärt, die anläßlich bestimmter Ereignisse wie Wahlen oder Gerichtsurteile aufbrachen. Im Mittelpunkt vieler Studien zum 20. Jahrhundert stehen die möglichen Gründe für die größere Zahl von Gewaltdelikten in bestimmten Gegenden und unter bestimmten Gruppen. Die meisten Historiker bestreiten, daß Besonderheiten der Kultur des Südens oder eine spezifische Neigung von Schwarzen zur Kriminalität für die hohe Mordrate in den Südstaaten und die große

Zahl von Gewaltdelikten in den Ghettos der Metropolen verantwortlich seien. Statt dessen führen sie Faktoren wie Armut, die leichte Verfügbarkeit von Drogen, unzureichende medizinische Versorgung, mangelnde Arbeitsmöglichkeiten, die schlechte Qualität von Schulen und das Auseinanderbrechen vieler afro-amerikanischer Familien ins Feld. Roger Lane behauptete in *Roots of Violence in Black Philadelphia* (1986), Faktoren wie räumliche Segregation, soziale Diskriminierung, mangelnde Verdienstmöglichkeiten und ökonomische Unsicherheit hätten in den afro-amerikanischen Bezirken eine kriminelle Kultur gefördert, unter der alle Einwohner leiden müßten.

5.7. Regionen und Regionalismus

Das Phänomen des Regionalismus macht sich in fast allen Studien zur amerikanischen Geschichte bemerkbar. Ein Grund liegt darin, daß man kaum noch bereit und in der Lage ist, Aussagen zu machen, die gleichermaßen auf alle Gebiete Amerikas zutreffen. Insofern sich die regionalen Besonderheiten auf die Politik auswirkten – man denke nur an die Sklaverei und den Bürgerkrieg –, wurden sie in der amerikanischen Geschichtsschreibung schon seit dem 19. Jahrhundert beachtet. Zunächst sprach man allerdings weniger von Regionen als von Sektionen des nordamerikanischen Kontinents: dem Nordosten, Süden und Westen. Der Sektionalismus wurde durch die Werke Frederick Jackson Turners populär, der den »amerikanischen Charakter« vor allem durch die Erfahrungen an der *Frontier* geprägt sah. Da der Begriff Sektionalismus nicht nur mit Turners Theorien, sondern auch mit dem historischen Nord-Süd-Konflikt verbunden ist, verwendet man ihn heute kaum noch. Das Konzept des Regionalismus ist hingegen nicht negativ besetzt und bezieht sich ebenso auf die ökonomischen, sozialen und kulturellen Charakteristika der Gebiete wie auf das Bewußtsein ihrer Einwohner.

Die klimatischen und geographischen Verhältnisse allein machen noch keine Region aus. Vielmehr werden solche Gebiete mit naturgegebenen Besonderheiten erst dann zu Regionen, wenn sich Menschen in ihnen niederlassen und wirtschaftliche, politische, soziale und kulturelle Strukturen aufbauen, die sich von denen anderer Regionen unterscheiden. Dieser Prozeß der Identitätsbildung, der zu den Grundvoraussetzungen des Regionalismus gehört, vollzieht sich meist in Abgrenzung zu den Eigenheiten der Bevölkerung anderer Gegenden. Regionen werden daher heute in erster Linie von der Wahrnehmung ihrer Bewohner her bestimmt, die sich als Mitglieder einer von regionalen Besonderheiten geprägten Gemeinschaft verstehen. Eine Forschungsrichtung beurteilt regionale Kulturen eher als Relikte vorindustrieller Gesellschaften, die sich entgegen den vereinheitlichenden Tendenzen des modernen Lebens erhalten konnten. Eine andere geht davon aus, daß Regionen im Kontakt zwischen Einwohnern und Immigranten unter sich dauernd ändernden Bedingungen immer wieder neu geschaffen werden.

Daß kollektive Identitäten momentan als wichtigstes Bestimmungsmerkmal von Regionen gelten, heißt nicht, daß andere Aspekte vernachlässigt werden. Den geographischen und klimatischen Verhältnissen, die bereits Thomas Jefferson für besonders wichtig hielt, billigt man weiterhin Bedeutung zu. Ann Markusen vertritt in *Regions: The Economics and Politics of Territory* (1987) sogar die These, daß die wirtschaftlichen Unterschiede zwischen den Gebieten letztlich ausschlaggebend seien und die politischen Streitfragen bestimmen. Als wichtig gelten auch natürliche Ressourcen, demographische Faktoren, die ethnische Zusammensetzung und die religiösen Zugehörigkeiten der Bevölkerung.

Die Analyse ethnischer Identitäten bildet einen zentralen Bestandteil von Studien zu regionalen Kulturen. Man geht davon aus, daß die regionalen Unterschiede maßgeblich durch die ersten Einwanderergruppen geprägt wurden, die unter wechselnden Bedingungen und mit ganz unterschiedlichen Zielen Gemeinschaften bildeten. In *Albion's Seed* (1989), dem ersten Band seiner Kulturgeschichte der USA, versucht David H. Fischer nachzuweisen, daß die Herkunft der Siedler aus verschiedenen Regionen Englands, Schottlands und Irlands zur Entstehung von mehreren Regionalkulturen auf dem nordamerikanischen Kontinent geführt habe. Spätere Zuwanderer brachten ihre eigene Kultur mit, die durch Interaktionen mit bestehenden Gemeinschaften zu neuen Regionalkulturen verschmolz.

Ein Grund für die Schwierigkeit, einzelne Regionen genau zu lokalisieren, liegt in dem historischen Wandel der Begriffe: Im späten 18. Jahrhundert meinte man mit »Westen« noch das gesamte Gebiet jenseits der Appalachen; mit der zunehmenden Besiedelung wurden dann die Bestimmungen dieser und anderer Regionen immer differenzierter. Aber auch im Blick auf die heutige regionale Struktur der USA besteht keine Einigkeit: Üblicherweise unterscheidet man – von Osten nach Westen betrachtet – die Neuengland-Staaten, die »Metropolen-Region« um New York, die Mittel-Atlantik-Staaten, den »Fabriken-Gürtel« entlang der Großen Seen (wenig schmeichelhaft auch »Rust-Belt« oder »Frost-Belt« genannt), die Appalachen, den Tiefen Süden, den Mittleren Westen, die Great Plains, den Südwesten, die Rocky Mountains, das westlich angrenzende Berg- und Wüstengebiet, den Nordwesten sowie Kalifornien als eigene Regionen.

Auf der anderen Seite wird aber immer wieder der Versuch unternommen, von lokalen Besonderheiten zu abstrahieren, um die wesentlichen Merkmale der drei »großen« Regionen des Nordostens, Südens und Westens herauszuarbeiten. Hinsichtlich der Neuengland-Staaten haben sich die Historiker zunächst auf die Charakteristika der puritanischen Weltsicht und deren Beziehungen zum kapitalistischen Wirtschaftssystem konzentriert. Ausführlich diskutiert wurden auch die Auswirkungen des puritanischen Missionsgedankens, des *errand into the wilderness*. Die Bezeichnung »Yankee«, die im Bürgerkrieg auf alle Nordstaatler angewandt wurde, bezieht sich insbesondere auf die Nachfahren der Puritaner und evoziert die Tugenden von Fleiß, Bildungseifer, Ehrlichkeit und Sparsamkeit, die im Laufe der Zeit immer stärker in den Dienst des individuellen Gewinnstrebens traten. Diskutiert werden auch die Gründe für die finanzielle Vormachtstellung der Metropole New York, deren Bewohnern eine eigene regionale Identität zugeschrieben wird, obwohl oder gerade weil die ethnische und religiöse Vielfalt hier stets besonders groß war.

Beim Blick auf den Süden sticht natürlich die Institution der Sklaverei ins Auge, aber auch die wechselseitige kulturelle Beeinflussung der Rassen sowie die politische Haltung der Eliten, die stets auf die Rechte der Einzelstaaten und die weiße Vorherrschaft pochten. Hinzu kommt die wirtschaftliche Sonderentwicklung des Südens, die sich aus der Konzentration auf Monokulturen und Rohstoffexport ergab. Als weitere Ursachen für die spät einsetzende Industrialisierung werden die verheerenden Folgen des Bürgerkriegs und ein nochmaliger Rückschritt während der großen Depression in den 1930er Jahre angeführt. Diese wirtschaftlichen Gegebenheiten bringen manche Historiker mit der Mentalität der Südstaatler in Verbindung, die angeblich den traditionellen agrarischen Strukturen und Werten verhaftet blieben. Der wirtschaftliche Aufstieg einiger Südstaaten nach dem Zweiten Weltkrieg wird hingegen mit der Bürgerrechtsbewegung und der Desegregation in Verbindung gebracht, die sich langfristig positiv auf das Zusammenleben zwischen Schwarzen und Weißen auswirkten. Selbstverständlich trugen aber auch andere Gründe zu diesem Aufschwung bei, in dessen Verlauf der sogenannte *sunbelt*, der bis weit in den Westen reicht, die alten Industriegebiete des Nordens überflügelte: eine Urbanisierung, die durch Regierungsaufträge und die Einführung von Klimaanlagen erleichtert wurde und die mittlerweile zur Rückkehr von Afro-Amerikanern aus den Ghettos des Nordens in die Südstaaten geführt hat; der Standortwechsel von Industrie- und Dienstleistungsunternehmen aus dem Norden, die das geringere Lohnniveau im Süden ausnutzen; und ein boomender Tourismus, der durch vielfältige Regierungsprogramme gefördert wird.

Die Geschichte des Westens ist schon deshalb attraktiv, weil Trapper, Indianer und Cowboys, Blockhütten und Planwagen-Trecks nicht nur aufgrund von Wild-West-Filmen als typisch amerikanisch gelten. Solche Ikonen sind mittlerweile selbst zum Thema eines Forschungszweigs geworden, der danach fragt, inwiefern die Mythen über den Westen das Handeln der Siedler bestimmten. Die *new Western historians* setzen in ihren Werken zwei unterschiedliche Akzente: Die einen konzentrieren sich auf das Voranschreiten der *Frontier* und den Prozeß der Besiedlung, die anderen betrachten den Westen als geographische Region und untersuchen deren Besonderheiten. Hierzu zählt neben der Wasserknappheit und der entsprechenden Bedeutung von Bewässerungssystemen die außerordentlich heterogene Zusammensetzung der Bevölkerung. Da viele Ureinwohner, die aus anderen Regionen vertrieben wurden, im Westen blieben, kam es zu einer vielfältigen Mischung von Rassen und Kulturen. Besonders die Geschichte der Indianer, neuerdings auch die der *Mexican-Americans* sind zu Schwerpunkten der Forschung geworden. Aufgrund der relativ späten Besiedlung des pazifischen Westens, die von mehreren Seiten aus erfolgte und an der verschiedenste Einwanderergruppen beteiligt waren, bestehen dort besonders große Unterschiede zwischen den Subkulturen einzelner Regionen. Die Städte des Westens weisen spezielle Merkmale auf und haben sich teilweise bewußt von den im Osten üblichen Städteplänen entfernt. Einen guten Überblick über westliche Urbanisierung gibt der von Robert Fairbanks und Kathleen Underwood herausgegebene Sammelband *Essays on Sunbelt Cities and Recent Urban America* (1990).

In der politischen Kultur des Westens ist das direkt-demokratische Element stark ausgeprägt. Frauen wurde das Wahlrecht von einigen Staaten schon relativ früh zugestanden, Indianern sowie mexikanischen und asiatischen Einwanderern allerdings lange vorenthalten. Entgegen den vorherrschenden Meinungen ist der Westen heute die städtischste Region der USA; einige Historiker vertreten sogar die These, daß sich der amerikanische Kapitalismus hier in seiner reinsten Form entwickelt habe. Neben Studien zur Marktwirtschaft haben Forschungen zur Geschichte der Umwelt Hochkonjunktur. Für Furore gesorgt hat Donald Worster mit seiner These, Kontrolle und Ausbeutung der Natur seien die zentralen Antriebskräfte in der Geschichte des Westens gewesen (*The Rivers of Empire*, 1985).

Die gegenwärtige Popularität von Regionalismusstudien hat unterschiedliche Gründe. Manche Forscher versprechen sich Einsichten, die zur Bewältigung aktueller Probleme und zur Milderung regionaler Spannungen und Konflikte beitragen können. Andere betrachten Regionen als Bollwerke traditioneller Werte und idealisieren sie als Gegengewichte gegen die alles einebnende Kraft des modernen Kapitalismus. Ein wichtiges Motiv für die Beschäftigung mit der Geschichte regionaler Kulturen und Identitäten ist die positivere Einschätzung des Multikulturalismus. Während man früher vor den Gefahren sektionaler Konflikte warnte, schätzt man regionale Kulturen heute als dynamische Elemente, die auf jeweils eigene Weise zur übergreifenden nationalen Identität der Amerikaner beitragen.

5.8. Umweltgeschichte

Die *environmental history* befaßt sich ebenso mit den Einflüssen, die die natürliche Umgebung auf Menschen ausübt, wie mit den Auswirkungen menschlichen Verhaltens auf die Natur. Sie entstand erst in den 1970er Jahren, als Historiker im Gefolge der Umweltbewegung mit geschärftem Bewußtsein für die Gefährdung des ökologischen Gleichgewichts danach fragten, wie frühere Generationen mit der Natur umgegangen sind. Sie kritisierten die bisherige Konzentration auf die Untersuchung menschlichen Verhaltens und wiesen darauf hin, daß Menschen nur in ihrer Umgebung und durch die Ausnutzung natürlicher Ressourcen überleben konnten. Einige Historiker erhoffen sich von der Umweltgeschichte nicht nur eine intellektuell fruchtbare Ausweitung des Gegenstandsbereichs historischer Forschung, sondern auch konkrete Verbesserungen; in ihren Untersuchungen weisen sie auf die schädigenden Konsequenzen von »falschem« Verhalten hin oder präsentieren alternative Modelle des Umgangs mit der Natur.

Die Bandbreite umweltgeschichtlicher Untersuchungen reicht von unterschiedlichen Arten der Nutzung natürlicher Ressourcen durch indianische Stämme und frühe Gemeinschaften europäischer Siedler über die Implikationen der marktwirtschaftlichen Ausbeutung der Natur bis hin zu *conservation movements*, die seit dem späten 19. Jahrhundert den Schutz der Natur und die Einrichtung von Nationalparks forderten. Alfred Crosby vertritt in *Ecological Imperialism* (1986) die These, Umwelteinflüsse hätten von Beginn an den Kurs der amerikanischen Geschichte bestimmt: Die rasche Ausbreitung europäischer Siedler auf dem nordamerikanischen Kontinent sei nicht zuletzt durch die von ihnen eingeschleppten Krankheitserreger ermöglicht worden, denen die Immunsysteme der indigenen Bevölkerung nicht gewachsen waren.

Neuere umweltgeschichtliche Untersuchungen gehen von der Annahme aus, daß sich Ökosysteme in ihrem natürlichen Zustand nicht unbedingt im Gleichgewicht befanden. Im Unterschied zum Glauben an eine harmonische Naturordnung, die nur durch das Eingreifen der Menschen gestört werden kann, beginnt sich die Auffassung durchzusetzen, daß auch die Natur stetigem Wandel unterworfen ist und selbst eine Geschichte hat. Menschliches Handeln zeitigt nicht unbedingt und ausschließlich negative Folgen: Kontrollierte Formen von Waldbränden können sich durchaus positiv auf Vegetation und Tierbestand auswirken. Außerdem wird zunehmend anerkannt, daß schwerlich eine Umwelt anzutreffen ist, die keine Spuren menschlicher Einflußnahme aufweist. Deshalb wendet man sich gegen die Charakterisierung jener Gegenden Nordamerikas als »Wildnis«, in die weiße Siedler vordrangen. Schließlich waren diese Landstriche schon vor der weißen Landnahme geprägt durch die indianische Nutzung natürlicher Ressourcen.

Ein interessanter Vorschlag zur Konzeptualisierung der Umweltgeschichte stammt von Donald Worster, der in »Transformations of the Earth«[3] drei Untersuchungsebenen skizziert. Auf der untersten Ebene siedelt er die Geschichte der Natur an; die Formen der Wechselwirkung zwischen Technologie und Umwelt bilden die zweite, für Worster wichtigste Ebene. Sie ist bestimmt durch unterschiedliche Produktionsweisen, die einerseits die Natur zum »Rohstofflieferanten« des Menschen gemacht haben und andererseits großen Einfluß auf die Formen des sozialen Zusammenlebens ausüben. Die dritte Ebene besteht aus den Wahrnehmungen der Natur und umfaßt naturwissenschaftliche Vorstellungen, ethische und religiöse Werthaltungen, Mythen und Ideologien, die bestimmen, welches Verhalten der Umwelt gegenüber als richtig eingestuft wird, und welche Rolle die Natur im menschlichen Leben spielt.

Carolyn Merchant unterscheidet in *Ecological Revolutions* (1990) zwei Phasen, in denen sich die Haltung des Menschen zur Natur tiefgreifend wandelte: Den Übergang vom Stadium der Jäger und Sammler hin zum Ackerbau sowie denjenigen von einer subsistenzorientierten Bearbeitung des Bodens zur kapitalistischen Nutzung. In Nordamerika vollzog sich die erste, »koloniale« Revolution im 17. und frühen 18. Jahrhundert, als die weißen Siedler ihre Lebens- und Produktionsformen gegen die Ureinwohner durchsetzten. Im Verlauf der zweiten, »kapitalistischen« Revolution löste im

---

[3] Donald Worster, »Transformations of the Earth: Toward an Agroecological Perspective in History«, in: *Journal of American History* 76 (1990), S. 1087–1106.

19. Jahrhundert der marktwirtschaftliche den vorindustriellen Umgang mit der Natur ab. Heute befinden sich die USA und die westlichen Länder insgesamt in einer dritten Umwälzungsphase, in der die industrielle Ausbeutung und Verschwendung von Ressourcen durch das Bemühen um eine »nachhaltige« Entwicklung und den bewußten Schutz der Natur abgelöst wird. Die derzeitige Debatte über die Gentechnologie offenbart den großen Einfluß, den kollektive Einstellungen und Werte auf die Beschaffenheit der Natur haben können. Inwieweit die Interaktion des Menschen mit der Umwelt auch in früheren Zeiten mental gesteuert war, ist jedoch umstritten.

Um den historischen Wandlungsprozessen auf die Spur zu kommen, analysieren Umwelthistoriker in systematischer Weise Faktoren wie die jeweilige Haltung zur Natur, die Wirtschafts- und Produktionsformen, biologische und soziale Arten der Reproduktion, sowie Natursymbolik und Denkweisen über die Natur. Ebenso fragen sie nach den Zusammenhängen und Wechselbeziehungen zwischen dem jeweiligen Umgang mit der Natur und der Organisation, Struktur und Legitimierung menschlicher Gesellschaften. Das Verhalten der Indianer gründete auf dem Glauben an die Eigenständigkeit und die aktiven Kräfte der Natur. Die weißen Siedler ließen sich hingegen von der Vorstellung leiten, die Natur sei eine Art Ware, die zur Produktion genutzt werden könne. Im Zuge der Industrialisierung wurde das Konzept der Natur zunehmend auf die Abstraktion »Land« reduziert, dessen kommerzieller Ausbeutung keine Grenzen gesetzt waren. Daß die Natur in erster Linie als »Rohstofflieferantin« angesehen wurde, zeigt sich sogar in den politischen Forderungen der *conservation movements* zu Beginn des 20. Jahrhunderts. Sie zielten auf eine gesteuerte Nutzung natürlicher Ressourcen, deren langfristiger Bestand für spätere Generationen gesichert werden sollte. In den 1930er Jahren führte der extensive Ackerbau im Mittleren Westen und Westen aber zu massiver Bodenerosion und katastrophalen Sandstürmen (Donald Worster, *Dust Bowl*, 1979). Im Rahmen von *New Deal*-Projekten wie der *Tennessee Valley Authority* versuchte man daraufhin, wirtschaftliche Modernisierung, Energiegewinnung, Flußregulierung und Umweltschutz miteinander zu verbinden. Nach dem Zweiten Weltkrieg wurden *conservation* und Naturschutz Teil der Freizeit- und Konsumkultur denn die majestätischen Nationalparks zogen alljährlich Millionen von Touristen aus den USA und aus aller Welt an. Erst in jüngster Zeit setzen sich Anhänger des *environmental movement* für eine von unmittelbaren Profiterwägungen freie Bewahrung der natürlichen Umwelt ein (Kirkpatrick Sale, *The Green Revolution: The American Environmental Movement 1962–1992*, New York 1993).

Die Umwelthistoriker geben sich mit dem derzeitigen Forschungsstand keineswegs zufrieden, sondern verlangen eine Ausweitung der Perspektive und die Integration innovativer Ansätze und Methoden. Carolyn Merchant will vor allem die Rolle von Geschlechterbeziehungen stärker berücksichtigt wissen. Ihrer Ansicht nach können die Interaktionen zwischen Mensch und Umwelt sowie die Vorstellungen über Natur wesentlich präziser ermittelt werden, wenn man Unterschiede zwischen den Geschlechtern berücksichtigt. So nahmen Frauen aufgrund der ihnen zugewiesenen Rollen bis in das 19. Jahrhundert hinein oft eine andere Stellung zur Natur ein als Männer. William Cronon plädiert für eine Verknüpfung der verschiedenen Untersuchungsebenen und eine feinere Differenzierung in soziale und ethnische Gruppen. Vor allem fordert er eine stärkere Beachtung der Stadtentwicklung, die sowohl die Umwelt selbst als auch das Denken über die Natur verändert habe. Vom Menschen aus gesehen, bildeten Städte eine Form von »Umwelt«; die *environmental history* solle sich daher nicht auf die Analyse der Mensch-Natur-Beziehungen beschränken.[4]

Environmental history kann im Grunde nur in interdisziplinärer Zusammenarbeit mit Geographen, Agrarwissenschaftlern, Ökologen, Biologen, Medizinern und Literaturwissenschaftlern betrieben werden. Auch die Quellenlage ist häufig sehr schwierig, denn Beschreibungen von Landschaften oder Lebensweisen ethnischer Gruppen sind in hohem Maße abhängig von den Vorstellungen des jeweiligen Beobachters in einer bestimmten Epoche. Darüber hinaus ist die Form der Erzählung für eine Beschreibung von Veränderungen in der Natur, die oft zyklisch oder sogar chaotisch verlaufen, nicht unbedingt geeignet. Erzählungen basieren auf der chronologischen Entfaltung von Ereignissen, wobei sich der Endzustand meist deutlich vom Anfangszustand unterscheidet. Dies schlägt sich in älteren Werken darin nieder, daß die Landschaft zu Beginn der weißen Besiedelung häufig als »rohe Wildnis« beschrieben wird, während sie am Ende als »fruchtbar« und »zivilisiert« erscheint. Neuere Werke hingegen tendieren dazu, die Umwelt erst als »unberührt« und im ökologischen Gleichgewicht befindlich zu zeichnen, nach der weißen Besiedlung dann als geschädigt oder zerstört. Viele umweltgeschichtliche Studien beschäftigen sich mit tiefgreifenden Krisen und zeichnen ein insgesamt recht düsteres Bild menschlichen Einwirkens auf die Natur. Solchen Erzählungen von der Ausbeutung und Zerstörung der Natur liegt oft die Absicht zugrunde, das

---

[4] Merchant und Cronon haben ihre Vorstellungen im Rahmen eines Forums dargelegt, das unter dem Titel »Round Table: Environmental History« im *Journal of American History* 76 (1990), S. 1087–1147, erschienen ist.

aktuelle Umweltbewußtsein zu schärfen, Verhaltensänderungen zu bewirken und neue »Umweltsünden« abzuwenden. Jenseits aller moralischen Zielsetzungen hat die Umweltgeschichte bereits eine Fülle von neuen Erkenntnissen zutage gefördert und der Natur wieder einen bedeutenden Platz in der Geschichtsschreibung zugewiesen.

Ethnische Geschichte
und Einwanderungsgeschichte

Schon aufgrund der Demographie und Bevölkerungsstruktur ist die ethnische Geschichte ein zentrales Forschungsgebiet. Schließlich war die amerikanische Vergangenheit ganz wesentlich geprägt durch den Zusammenprall zwischen weißen Siedlern und indianischen Ureinwohnern, durch Sklaverei und Rassismus und durch die Beziehungen zwischen verschiedenen Einwanderergruppen aus allen Teilen der Welt.

Heute geht man von einer prinzipiellen Gleichwertigkeit aller ethnischen Gruppen aus, doch die exakte Definition von *ethnicity* ist keineswegs einfach. Grundsätzlich besitzen ethnische Gruppen eine kollektive, tradierte kulturelle Identität, die durch soziale Strukturen gestützt wird und häufig durch die Abgrenzung von anderen Ethnien an Kontur gewinnt. Das genetische Erbe gilt heute als bedeutungslos für den Aufbau einer ethnischen Identität: Ein irisches Baby, das von Portugiesen aufgezogen wird, ererbt kein irisches Bewußtsein. Praktisch gestaltet sich die Untersuchung ethnischer Kulturen deshalb sehr schwierig, weil Einwanderer in Amerika nicht einfach ihre Herkunftskultur reproduzierten, sondern in Auseinandersetzung mit ihrer jeweiligen Umgebung neue Bewußtseinsformen entwickelten. Frühere Einteilungen haben sich als zu grob erwiesen, denn man muß nicht nur zwischen Walisern, Schotten und Engländern unterscheiden, sondern sogar zwischen Regionalkulturen aus dem Südosten oder Norden Englands. Indianer, Asiaten oder Afrikaner erscheinen nur von außen betrachtet jeweils als eine einheitliche Gruppe; sie gliedern sich ebenso in unterschiedliche Ethnien wie Europäer.

Der Begriff »Rasse« gilt heute als ein pseudowissenschaftliches Konzept, denn die biogenetischen Unterschiede sind vergleichsweise gering und sagen nichts über den evolutionären Entwicklungsstand aus. Daß »Rasse« ein soziales Konstrukt ist, zeigt sich schon daran, daß noch vor nicht allzu langer Zeit ein Mensch, der sieben Europäer und einen Afrikaner als Urgroßeltern hatte, als »Schwarzer« betrachtet wurde; andererseits war man sich im 19. Jahrhundert keineswegs sicher, ob Iren wirklich zur »weißen Rasse« gehörten. Ausschlaggebend waren demnach weniger die biologischen Merkmale als vielmehr die Weltbilder und Ideologien, die bestimmten, wie jemand aufgrund seiner »Rassenzugehörigkeit« behandelt werden mußte. Für den einzelnen und für ganze Gruppen hatte das soziale Konstrukt »Rasse« daher sehr reale Auswirkungen und zum Teil drastische Konsequenzen.

6.1. Die Geschichte der Indianer

Die Geschichte der Indianer ist derzeit außerordentlich populär, aber ihre Erforschung stellt besonders hohe Ansprüche. Bereits die Bezeichnung »Indianer« ist problematisch, denn sie stammt von Columbus, der fälschlicherweise meinte, die Einwohner Indiens vor sich zu haben. An den Universitäten und in der wissenschaftlichen Literatur sind deshalb die Bezeichnungen *native Americans* oder *natives* gebräuchlicher geworden. Sie stoßen aber ebenfalls auf Widerstand, weil schließlich die meisten US-Bürger in Amerika geboren sind. Tatsächlich dient der Begriff *native born* in den USA dazu, Kinder und Enkel weißer Immigranten von der ersten Generation der Neuankömmlinge, den *foreign borns* zu unterscheiden. Daher wird heute vielfach wieder der ältere Begriff *Indians,* manchmal auch *Amerindians* benutzt. Ähnlich verhält es sich mit der Bezeichnung »Stamm«. Noch im 19. Jahrhundert billigte man indianischen Gemeinschaften den Status von (abhängigen) »Nationen« oder »Völkern« zu. Erst danach setzte sich die eher abschätzige Bezeichnung *tribe* durch, mit der man Gruppen beschrieb, die unter »primitiven« oder »barbarischen« Umständen lebten. Trotz dieser negativen Konnotationen hat sich der Begriff »Stamm« aber bislang behauptet.

Schwierigkeiten der Beschreibung von »Indianern« und »Stämmen«

Die Frage, ob jemand ein Indianer ist oder nicht, läßt sich oft nicht leicht beantworten. Ein Grund für diese Schwierigkeit liegt in der früher gängigen Praxis der Adoption. Bei vielen Stämmen wurden Kriegsgefangene entweder gefoltert und getötet oder aber adoptiert. Auch durch Heiraten oder Freundschaften konnten Weiße zu Angehörigen eines Stammes werden. Dies wurde von der amerikanischen Regierung aber oft nicht anerkannt; gegen Ende des 19. Jahrhunderts zählten offiziell nur solche Menschen als Indianer, die ein gewisses Quantum indianischen Blutes in den Adern hatten. Diese Regelung wurde später von einigen Stämmen übernommen, die nun von ihren Mitgliedern verlangten, daß zumindest einige Großeltern Stammesmitglieder gewesen waren.

Die erste und wichtigste Zugehörigkeit von Indianern galt ihrem *clan*, der durch weitgefächerte Verwandtschaftsbeziehungen bestimmt war. Zu *clans* schlossen sich meist mehrere Dörfer zusammen; Stämme waren hingegen oft so weit verzweigt, daß sie kaum definiert werden können. So spalteten sich die westlichen Sioux in drei Gruppen – Tetons, Yanktons und Yanktonais – auf, wobei die Tetons selbst in sieben kleinere Stämme unterteilt waren, die keiner zentralen Leitung unterstanden. Stammesgemeinschaften fluktuierten und wurden häufig durch Kriege und insbesondere durch die verheerende Wirkung europäischer Krankheitserreger dezimiert. Zu größeren Zusammenschlüssen kam es nur selten, etwa zu Beginn des 19. Jahrhunderts unter dem Shawnee-Propheten Tenskwatawa und dessen Bruder Tecumseh, der 1810–1813 den militärischen Widerstand gegen die USA im Mississippi-Gebiet leitete und nach seinem Tod für viele weiße Amerikaner den »edlen Wilden« symbolisierte.

Viele frühere Darstellungen der indianischen Geschichte sind von europäischen Annahmen und Begriffen geprägt, die sich für ein Verständnis indianischer Eigenarten nicht eignen. So gingen die meisten Historiker von der Vorstellung einer stufenweisen Entwicklung von »primitiven« Jägern zur »zivilisierten« Farm- und Marktwirtschaft aus. Außerdem verwendeten sie kapitalistische, gewinnorientierte Modelle von Wirtschaft für die Beschreibung indianischer Lebensformen. Die Prämisse, alle Menschen strebten nach der Befriedigung von stetig wachsenden Bedürfnissen, führte zu einer verzerrenden Beurteilung der indianischen Subsistenzwirtschaft. Man glaubte, Indianer seien »noch nicht so weit entwickelt« und deshalb außerstande, die Defizite ihrer Lebensform zu erkennen. Da Indianer recht viel Zeit für soziale und religiöse Rituale oder für die Kriegführung nutzten, galten sie grundsätzlich als faul.

Die heutige Forschung betont nicht die indianischen Gemeinsamkeiten, sondern die Unterschiede zwischen einzelnen *clans* und Stämmen. So wurden zu Beginn des 16. Jahrhunderts ca. 2000 indianische Sprachen gesprochen, und es gab eine Vielzahl wirtschaftlicher und sozialer Strukturen sowie sehr verschiedene religiöse Riten. Die Cahokia lebten zwischen dem 7. und dem 14. Jahrhundert im Mississippital in einem hierarchisch organisierten Stadtstaat, der zu einem wichtigen Handelszentrum wurde und die Völker der gesamten Region dominierte. Bis ins 16. Jahrhundert war diese Gegend von »Stämmen« bevölkert, die befestigte Städte anlegten. Die Vorstellung von Indianern als Nomaden, die sich vor allem von der Jagd ernähren, trifft hingegen nur für wenige Gruppen zu. Das Stereotyp des büffeljagenden berittenen Indianers geht vor allem auf drei Dutzend Stämme in den *Great Plains* zwischen Mississippi und

Rocky Mountains zurück (z. B. Apachen, Pawnee, Crow und Comanchen). Nicht zum verbreiteten Bild »des Indianers« gehört, daß
diese Stämme vor dem 18. Jahrhundert auch Ackerbau betrieben
hatten; die Apachen waren noch im 19. Jahrhundert anfällig gegenüber Angriffen der Comanchen, weil sie in fruchtbaren Tälern Mais
anbauten. Selbst die gänzlich nomadischen Stämme Nordamerikas
ernährten sich in erster Linie von gesammelten Früchten und Fischfang, während die Jagd vor dem Auftreten der Europäer, die großes
Interesse besonders an Biberpelzen und Büffelhäuten zeigten, von
untergeordneter Bedeutung war. Ganz eigenständige Kulturen entwickelten die Pueblo-Stämme des zunächst von Spanien kontrol-
lierten Südwestens, die auf Fischfang spezialisierten Indianer im pazifischen Nordwesten sowie die Inuit (Eskimos) im hohen Norden.
    Solche Differenzierungen blieben der Geschichtsschreibung zu-
nächst fremd. In älteren Werken zur Kolonialzeit war die *Frontier*
vor allem von tapferen Siedlern bevölkert, die sich in ständigem
Kampf gegen die »Indianergefahr« behaupten mußten. Arbeiten zum
19. und 20. Jahrhundert präsentierten Indianer vor allem als passive
Objekte europäischer oder amerikanischer Politik, als Statisten, denen eigene Initiativen grundsätzlich nicht zugetraut wurden. Eine
etwas größere Rolle spielten sie in Untersuchungen zu militärischen
Konflikten, wobei sich die Historiker jedoch stark auf Kriege zwischen Weißen und Indianern konzentrierten und die Leistungen
von Stämmen, die mit Engländern, Franzosen oder Spaniern ver-
bündet gewesen waren, meist nur am Rande erwähnten. Die Geschichte der Indianer selbst interessierte zunächst nur wenige weiße
Forscher, und im Hintergrund ihrer Untersuchungen stand oft die
unausgesprochene Annahme, »echte« Indianer hätten vor dem Zusammentreffen mit Weißen in einer Art idealen Naturzustands gelebt und seien durch den Kontakt mit Europäern »degeneriert«.
Entsprechend wurde die weitere Entwicklung der Stämme als
»Verformung« ihrer »ursprünglichen«, »eigentlichen« Lebensweise
beurteilt.

Die new Indian history

Mit den Protesten der Bürgerrechtsbewegung und dem Aufkommen der *Red Power*-Bewegung erwachte ein neues Interesse an der
indianischen Geschichte, die in die allgemeine Geschichte integriert
werden sollte. Der Schwerpunkt lag zunächst auf der Indianerpolitik
der Bundesregierung und der Einzelstaaten, die Francis Paul Prucha
in vielen Studien detailliert nachzeichnete; zum Klassiker geworden
ist sein Werk *The Great Father: The United States Government and the
American Indians* (1984). Die Beziehungen zwischen Indianern und

Weißen wurden nun aber zunehmend aus indianischer Perspektive betrachtet. Sobald man Indianer als Akteure ernst nahm, ließen sich eine Reihe von Initiativen indianischer Stämme entdecken: Sie schlossen Verträge und Bündnisse, leisteten Widerstand gegen das Vordringen der Siedler und entschieden sich für Migration, sofern aktive Gegenwehr aussichtslos erschien. Sie brachten charismatische Führer wie Pontiac und Tecumseh hervor, die sich um eine Wiederbelebung und Erneuerung indianischer Religionen und Kulturen bemühten. Andererseits übernahmen sie Elemente europäischer Lebensweisen und versuchten auch auf rechtlichem Wege, ihre Interessen zu verteidigen.

Die indianische Perspektive einzunehmen, erwies sich schon allein deshalb als schwierig, weil Indianer fast keine schriftlichen Quellen hinterlassen haben. Nur wenige Stämme hielten bedeutende Ereignisse in symbolischer Form in Kalendern oder Kunstwerken fest. Die Sprachen und Besonderheiten indianischer Kulturen stellten westliche Beobachter häufig vor Rätsel, so daß zeitgenössische Berichte nur selten zuverlässig sind. Viele Stämme erhielten zwar eine mündliche Tradition aufrecht, die Ausdruck der eigenen Geschichte und Kultur war, aber da solche Überlieferungen als »Mythen« oder »Legenden« beurteilt und indianische Zeitzeugen auch im Rahmen der *oral history* bis zur Mitte des 20. Jahrhunderts kaum beachtet wurden, gingen diese wichtigen Quellen weitgehend verloren.

Die *new Indian history* orientierte sich stark an anthropologischen Vorgehensweisen. Schon seit dem frühen 20. Jahrhundert hatten sich herausragende Anthropologen wie Franz Boas und Claude Lévi-Strauss mit der Erforschung indianischer Kulturen beschäftigt und detaillierte Untersuchungen zu Initiationsritualen, Verwandtschaftsbeziehungen, Bräuchen und religiösen Praktiken vorgelegt. In den 1970er Jahren verschmolzen anthropologische und historische Methoden zu einer *ethnohistory,* die danach fragte, wie indianische Kulturen entstanden, welche Inhalte und Formen sie hatten und wie sie sich durch äußere Einflüsse veränderten.[1]

Die *ethnohistory* rückte von der rein rationalen Erklärung indianischen Verhaltens ab und berücksichtigte die Rolle von spirituellen Elementen in der Natur, in der nach indianischen Überzeugungen unsichtbare Kräfte wirkten, die mindestens ebenso so mächtig waren wie die sichtbaren. Bei Übergriffen gegen die natürliche Ordnung –

---

[1] Zur genauen Definition von *ethnohistory* vgl. »Ethnohistory: An Historian's Viewpoint«, in: Axtell, *The European and the Indian* (1981); Calvin Martin, »Ethnohistory: A Better Way to Write Indian History«, in: *Western Historical Quarterly* 9 (1978), S. 41–56.

z. B. durch das Töten von mehr Tieren, als für die Ernährung und Riten notwendig waren – befürchteten Indianer Strafen und Racheakte. Die Ojibwa deuteten Naturphänomene wie den Donner ebenso wie Bewegungen von Tieren als die Handlungen von Personen. Solche aus europäischer Sicht »irrationalen« Überzeugungen bildeten einen integralen Bestandteil indianischer Kulturen, und ohne die entsprechenden Kenntnisse bleibt das indianische Verhalten gegenüber der Natur und gegenüber den Weißen unverständlich.

Einen weiteren Forschungsschwerpunkt der *ethnohistory* bilden die unterschiedlichen Strukturen indianischer Gesellschaften, wobei neuerdings die vorkolumbianische Zeit stärker berücksichtigt wird. Religiöse und kulturelle Rituale, soziale Strukturen und Aspekte der Lebensweise werden ebenso untersucht wie die Rolle von Frauen die von Stamm zu Stamm variieren konnte. Die Formen der Ehe waren ebenfalls nicht einheitlich: Zwar herrschte Monogamie vor, aber es gab auch Stämme, bei denen eine Frau mehrere Männer hatte (Polyandrie), und andere, bei denen ein Mann mit mehreren Frauen zusammenlebte (Polygynie). Grundsätzlich waren Frauen für Landwirtschaft und Haushalt – samt des Transports aller Habseligkeiten – verantwortlich, Männer für Jagd und Krieg. An dieser Rollenverteilung scheiterten viele weiße Missionierungs- und Zivilisierungsprojekte, da indianische Männer es als unter ihrer Würde ansahen, landwirtschaftliche Tätigkeiten auszuüben. In halbnomadischen Stämmen hatten Frauen oft einen relativ großen Einfluß; ihre Bedeutung ging allerdings zurück, wenn der Ackerbau aufgegeben wurde und Tiere die wichtigsten Nahrungsmittel und Tauschgegenstände lieferten.

Die indianische Kriegführung wird neuerdings vor allem im Blick auf Auseinandersetzungen zwischen einzelnen Stämmen untersucht. Kriege wurden oft als notwendig erachtet, um die Lebensgrundlage der *clans* und Stämme zu erhalten, und Krieger genossen ein entsprechend hohes Ansehen. Militärische Auseinandersetzungen konnten durch Faktoren wie Rache und Ehre, aber auch durch handfeste Interessen an Pferden, Sklaven oder besseren Jagdgebieten motiviert sein. So waren die westlichen Sioux seit dem späten 18. Jahrhundert auf die Erweiterung des eigenen Stammesgebiets bedacht und vertrieben oder vernichteten Stämme, die vorher in den *Great Plains* gelebt hatten, ebenso konsequent wie die weißen Siedler.

Der indianische Umgang mit der Natur war keineswegs einheitlich und unveränderlich. Die frühen indianischen Formen des Ackerbaus gelten in der Regel als ökologisch sinnvoll. Dagegen ist es fraglich, ob die bei den Plains-Indianern seit dem 18. Jahrhundert übliche Form der Büffeljagd nicht auch ohne weißes Einwirken zu einer Dezimierung der Bisonherden und damit zur Zerstörung des ökologischen Gleichgewichts geführt hätte. Viele Untersuchungen gehen der Frage nach, inwiefern das Zusammentreffen mit Europäern die indianischen Kulturen veränderte oder sogar zerstörte. Die verheerendsten Folgen des Kontakts wurden für Indianer oft schon spürbar, bevor sie überhaupt einem Weißen begegneten, denn viele der tödlichen Krankheitserreger erreichten die Stämme durch infizierte Indianer oder Tiere. Oft trafen die weißen Siedler daher auf verlassene Dörfer mit demoralisierten und geschwächten Überlebenden. Aber auch diejenigen Stämme, die von Seuchen verschont blieben, waren gezwungen, ihr Verhalten zu ändern und sich anzupassen. Das Spektrum der alltags- und mentalitätsgeschichtlichen Folgen reicht von der Haltung europäischer Haustiere und Pferde über die gesteigerte Bedeutung der Jagd bis zu Wandlungen in den Stammesstrukturen und Riten. Dennoch gehen die meisten Historiker inzwischen davon aus, daß die Eigenständigkeit der indianischen Kulturen weitgehend gewahrt blieb.

Auch mit Blick auf die Maßnahmen zur »Zivilisierung« der indianischen Bevölkerung wird heute die Widerstandsfähigkeit indianischer Kulturen betont. Die Indianerpolitik der Bundesregierung, die neben Vertreibung und Ansiedlung in Reservaten auch unterschiedliche Assimilierungsversuche beinhaltete, wird mittlerweile äußerst kritisch beurteilt. Auf die staatlichen »Erziehungsmaßnahmen« reagierten die meisten Stämme flexibel, indem sie teils dem Druck nachgaben, teils westliche Praktiken nach eigenem Gutdünken übernahmen und teils am traditionellen Kulturgut festhielten. Auf diese Weise hofften sie, ihre Identität bewahren und Kontrolle über die eigenen Geschicke zurückgewinnen zu können.

Wachsendes Forschungsinteresse finden die Einflüsse indianischer Lebensweisen auf Europäer, die z. B. schnell lernten, Mais anzubauen und Schneeschuhe zu tragen, sowie die multiethnischen Gemeinschaften von Weißen und Indianern. Solche Mischkulturen bildeten sich etwa durch den Kontakt zwischen Indianern und französischen Trappern, Händlern und Missionaren im Gebiet der Großen Seen heraus. Auch in einigen Regionen des Südens kam es zwischen europäischen Einwanderern, Indianern und Afro-Amerikanern zu einer bunten Mischung von Ethnien und Religionen. Im 19. Jahrhundert nahmen *mixed bloods,* wie Stammesmitglieder genannt werden, die indianische und europäische Vorfahren hatten, häufig eine führende Rolle in vielen Stämmen ein. Sie befürworteten das Konzept des Privateigentums, betrieben Ackerbau und hielten gelegentlich sogar schwarze Sklaven. Diese *mixed bloods,* die oft den Widerstand gegen die weiße Vertreibungspolitik organisierten, waren ebensoweit vom stereotypen Bild des »edlen Wilden« wie von dem des ohnmächtigen Opfers entfernt.

Die Integration der indianischen Perspektive bildet die vielleicht bedeutendste Errungenschaft der *ethnohistory*. Seit Indianer selbst in der Geschichtswissenschaft aktiv geworden sind, ist allerdings umstritten, ob eine solche Sichtweise überhaupt von Weißen eingenommen werden kann. Einige indianische Historiker lehnen die Konzepte, Methoden und Darstellungsweisen der europäischen Geschichtswissenschaft grundsätzlich ab. Deren Werke über Indianer zeigten lediglich, was weiße Akademiker für relevant hielten, nicht jedoch, was Indianer wirklich erlebt, gedacht und gefühlt hätten. So berichten weiße Forschungen über das Jahr 1833 von Überflutungen, Kriegen und einer Cholera-Epidemie, während sich indianische Zeugnisse aus dieser Zeit auf eine Nacht im November konzentrieren, in der zahlreiche Kometen am Himmel erschienen. Im Unterschied zu weißen Historikern erinnern sich Indianer an „den Winter, in dem die Sterne fielen". Die Frage nach einer *Indian voice* und kulturgeschichtliche Untersuchungen zur indianischen Identität stehen heute im Vordergrund vieler Forschungen. Man geht davon aus, daß sich seit dem 19. Jahrhundert in der Opposition zu den „Weißen" ein stammesübergreifendes Selbstbewußtsein als „Indianer" herausbildete. Diese neue Identität trug offenbar dazu bei, daß sich – entgegen allen Untergangsprophezeiungen – im 20. Jahrhundert zumindest teilweise eine Renaissance indianischer Kulturen vollzog. Aufgrund der Vielfältigkeit und des historischen Wandels indianischer Kulturen muß offen bleiben, ob selbst indianische Historiker eine angemessene und verbindliche *Indian voice* finden können. Trotz der vielen noch offenen Fragen hat die *new Indian history* in den letzten zwei Jahrzehnten gängige Vorstellungen über „die Indianer" grundsätzlich revidiert. Zum einen treten die Unterschiede zwischen indianischen Kulturen deutlicher hervor; Bilder von „edlen" und „bösen Wilden" werden nur noch als Stereotypen und Mythen untersucht. Zum anderen wird der indianische Umgang mit der Natur differenzierter beurteilt: Er war nicht schon deshalb ökologisch sinnvoll, weil es sich um indianische Akteure handelte. Darüber hinaus sind die historischen Veränderungen innerhalb indianischer Gemeinschaften vor und nach dem Kontakt mit weißen Siedlern rekonstruiert worden; hingegen haben die jüngsten Entwicklungen und besonders die Erfahrungen von Indianern in Städten noch kaum Beachtung gefunden. Gemeinsam ist den neuen Forschungen die Würdigung der Eigenständigkeit indianischer Kulturen und der Beharrlichkeit, mit der Indianer ihr Schicksal zu gestalten suchten. Für die ständige Erweiterung der Kenntnisse sorgen nicht nur die zahlreichen Bücher und Aufsätze, die jedes Jahr veröffentlicht werden, sondern auch die *Indian Studies*-Seminare an vielen amerikanischen Universitäten, in denen indianische Geschichte intensiv und auf hohem wissenschaftlichen Niveau betrieben wird.

6.2. Afro-Amerikanische Geschichte

Die Erforschung der *black experience,* der kollektiven Erfahrung von Menschen schwarzer Hautfarbe in Nordamerika, ist in den letzten Jahrzehnten von der Peripherie ins Zentrum der amerikanischen Geschichtsschreibung vorgerückt. Phänomene wie Sklaverei, Rassismus, Segregation und Rassendiskriminierung, die nicht mit dem freiheitlich-optimistischen Bild der Neuen Welt harmonierten, wurden im Bewußtsein der Mehrheit und in den wissenschaftlichen Darstellungen lange Zeit verdrängt oder beschönigt. Gewiß gab es schon seit Ende des 19. Jahrhunderts Mahner, Kämpfer und Propheten wie den schwarzen Intellektuellen und Mitbegründer der NAACP (National Association for the Advancement of Colored People), W. E. B. Du Bois, der in Harvard und in Berlin studiert hatte und 1896 mit einer Arbeit über die Beendigung des transatlantischen Sklavenhandels promoviert worden war. Ihre Stimmen fanden aber wenig Gehör in einem geistigen Klima, das vom Glauben an die naturgegebene Überlegenheit der weißen Rasse geprägt war, und dessen Repräsentanten der Auffassung huldigten, die Sklaverei in Nordamerika sei eine »wohltätige«, die »wilden« Afrikaner »zivilisierende« Institution gewesen, wie U. B. Phillips behauptete (*American Negro Slavery,* 1918). Das Umdenken begann erst unter dem Eindruck der Konfrontation mit den Rassenlehren des Nationalsozialismus im Zweiten Weltkrieg, den die amerikanischen Soldaten noch in strikt nach Hautfarbe getrennten Einheiten bestritten.

Bezeichnenderweise war es aber kein Amerikaner, sondern der schwedische Soziologe Gunnar Myrdal, der die Amerikaner mit seinem Werk *An American Dilemma: The Negro Problem and American Democracy* (1944) aufrüttelte und ihnen die Kehrseite des *American Dream,* die Existenz von Rassendiskriminierung, rechtlicher Unterdrückung und wirtschaftlicher Ausbeutung im Land der Freiheit und des Wohlstands, vor Augen führte. Myrdals Vorhersage, daß die Lösung der Rassenfrage zum Hauptthema der amerikanischen Politik werden würde, bewahrheitete sich ab Mitte der 1950er Jahre, als der Reformdruck im Innern durch die weltweite Entkolonisierung verstärkt wurde. Parallel zum Kampf für Bürgerrechte in den 1960er Jahren trat auch die wissenschaftliche Beschäftigung mit den Beziehungen zwischen weißen und schwarzen Amerikanern aus ihrem Schattendasein heraus und begann sich an den Universitäten zu etablieren. Populäre Romane und Fernsehserien wie Alex Haleys *Roots* weckten in den 1970er Jahren das Problembewußtsein breiterer Schichten und förderten die Rückbesinnung der schwarzen Minderheit auf ihre historischen Ursprünge. Die Einstellungsänderungen sind an der Begriffswahl abzulesen: War der Name *Negro* in der frühen Nachkriegszeit noch durchaus üblich, so zeugt der Wandel von *colored people* über *blacks* hin zu *African Americans* von zunehmender öffentlicher Sensibilisierung und wachsendem schwarzen Selbstbewußtsein. Im Bildungswesen vollzog sich in den 1970er und 1980er Jahren mit der Revision von Lehrplänen und der Einrichtung von Professuren und Instituten für *African American history* ein kultureller Umbruch, der in einem generellen Angriff auf das als durch und durch rassistisch erachtete »eurozentrische Weltbild« und das Konzept der »westlichen Zivilisation« *(western civilization)* gipfelte. Hier vollzog sich recht früh die Abkehr vom Ideal des »Schmelztiegels« und die Hinwendung zu Konzepten wie ethnischer Pluralismus, Multikulturalismus oder sogar Separatismus, die derzeit das gesamte Feld der *ethnic history* kennzeichnen. Afro-Amerikanische Geschichte wird mittlerweile in den USA vorwiegend von schwarzen Historikern gelehrt, die sich meist ganz bewußt in erster Linie an schwarze Studierende wenden. Das mag nicht den Integrationszielen eines Martin Luther King entsprechen, doch auch viele weiße Intellektuelle sehen es als notwendig für die Entwicklung einer positiven kulturellen Identität des schwarzen Bevölkerungsteils an.

Entstehung, Evolution und Auflösung des Sklavereisystems

Chronologisch kann man die Geschichte der Afro-Amerikaner in zwei Großepochen unterteilen – die knapp 250 Jahre der Sklaverei und die Zeit von der Emanzipation im Bürgerkrieg bis zur Gegenwart. Gerade die Beurteilung der Sklaverei macht den Paradigmenwechsel in der Historiographie des späten 20. Jahrhunderts deutlich, denn die einst als »wohltätig« geschilderte Institution wird heute immer häufiger in einem Atemzug mit Massenverbrechen wie dem nationalsozialistischen Holocaust genannt. Die tiefe Betroffenheit, mit der weiße und schwarze Amerikaner auf künstlerische und wissenschaftliche Darstellungen von Sklavereithemen reagieren, läßt erkennen, wie schwierig die Annäherung an diesen lange tabuisierten Teil der nationalen Geschichte ist. Trotz dieser emotionalen Belastungen zeichnet sich in vielen Einzelbereichen der Sklaverei-Forschung inzwischen ein wissenschaftlicher Konsens ab, der einer Entkrampfung der öffentliche Debatte dienlich sein kann.

Zu den gesicherten Erkenntnissen gehört, daß von den 10–11 Millionen Afrikanern, die zwischen dem 16. und 19. Jahrhundert in

die »Neue Welt« verschleppt wurden (weitere 1–2 Millionen starben
auf der Überfahrt), nur ein kleiner Teil, nämlich ca. 650000, in die
englischen Festlandskolonien Nordamerikas gelangte. Die erste
quellenmäßige Erwähnung von Schwarzen in Virginia stammt aus
dem Jahr 1619, als ein niederländischer Kapitän seine menschliche
Fracht gegen Proviant eintauschte. Das ganze 17. Jahrhundert über
hielt sich die Zahl der Schwarzen auf nordamerikanischem Boden in
engen Grenzen, und ihr Status ähnelte zunächst in mancher Hinsicht den *indentured servants,* die auf den Plantagen einige Jahre lang
die Kosten ihrer Überfahrt abarbeiten mußten. Ebenso wie sie
konnten Schwarze in die Freiheit entlassen werden, und selbst wenn
sie versklavt wurden, teilten ihre Kinder nicht unbedingt dieses
Schicksal. Allmählich verfestigte sich jedoch das System der lebens-
langen, erblichen Sklaverei nach dem Vorbild der Karibikinseln, und
um 1710 galten die Schwarzen überall als *chattel,* d. h. beweglicher
Besitz und Ware. Obwohl der Sklavenimport in die USA 1808 vom
Kongreß verboten wurde, stieg die Zahl der Schwarzen durch sogenannte »natürliche Vermehrung« bis 1860 weiter von einer Million
auf 4,5 Millionen an, von denen 4 Millionen als Sklaven in den
Südstaaten lebten. Dieses kräftige Bevölkerungswachstum kontra-
stiert mit Lateinamerika und mehr noch mit der Karibik, wo der
Männeranteil überproportional hoch und die Überlebensdauer des
einzelnen Sklaven gering war. Dort zählte man Mitte des 19. Jahrhunderts deutlich weniger Schwarze, als insgesamt aus Afrika ein-
geführt worden waren. Hieraus den Schluß zu ziehen, daß es den
Sklaven in den englischen Festlandskolonien und den USA generell
besser gegangen sei als anderswo in der westlichen Hemisphäre,
wäre aber verfehlt. Zwar scheinen die materiellen Lebensbedingungen im Durchschnitt erträglich gewesen zu sein, doch dafür hob sich
das anglo-amerikanische System der Sklaverei durch fast unüber-
windliche Rassenschranken und eine besonders strikte, gegebenen-
falls brutale Kontrolle, die den Betroffenen wenig Spielraum für
gemeinschaftliches Handeln und Identitätswahrung ließ, negativ von
anderen Beispielen ab.

Solange weiße Historiker die Debatte bestimmten, galt das wissenschaftliche Interesse im Gefolge von Gunnar Myrdals Studie vornehmlich den institutionellen Zusammenhängen der Sklaverei und
der Frage, wie sich dieses System auf die Ökonomie des Südens und
auf die Psyche und Mentalität der Schwarzen auswirkte. Gestritten
wurde u. a. darüber, ob bestimmte Verhaltensweisen der Schwarzen
wie die infantil-unterwürfige *Sambo*-Attitüde als übertriebene Anpassung oder verhüllte Opposition gewertet werden müßten
(Kenneth M. Stampp, *The Peculiar Institution,* 1956); ob man die
Sklaverei in Nordamerika mit den Konzentrationslagern der Natio-

nalsozialisten vergleichen könne, in denen die Persönlichkeit und die Identität der Opfer zerstört wurden (Stanley M. Elkins, *Slavery*, 1959); und ob die Sklaverei als Arbeitssystem produktiv und effizient oder »paternalistisch« und fortschrittshemmend gewesen sei (Robert W. Fogel/Stanley L. Engerman, *Time on the Cross*, 1974). Einvernehmen erzielte man im wesentlichen darüber, daß die nordamerikanische Sklaverei nur im Kontext der europäischen Expansion seit dem 15. Jahrhundert und als Teil eines neuen, auf *staple crops* wie Tabak, Zucker und Baumwolle aufgebauten transatlantischen Wirtschaftssystems verstanden werden kann; daß sie erhebliche regionale Unterschiede aufwies, etwa zwischen den großen Plantagen der Küstenebene, den Familienfarmen des Hinterlandes und Städten wie New Orleans; und daß die durch Sklaverei ermöglichte Baumwoll-Monokultur zwar den Südstaaten-Pflanzern enorme Gewinne bescherte, die wirtschaftliche Entwicklung des Südens insgesamt aber hemmte. Als verhängnisvoll, aber offenbar unvermeidlich wertet Gary B. Nash die Tatsache, daß die Sklaverei in der Epoche der amerikanischen Revolution nur im Norden grundsätzlich in Frage gestellt und – sofort oder graduell – beseitigt wurde, während sie durch den Baumwollboom noch fester mit dem gesellschaftlichen Leben und der Kultur des Südens verschmolz (*Race and Revolution*, 1990). Hier liegen die Ursprünge des Konflikts, der sich im Bürgerkrieg zwischen Norden und Süden blutig entlud.

Ein Blick auf die neuere Literatur zur Sklaverei in Revolution und Bürgerkrieg offenbart die charakteristischen Unterschiede zwischen der eher traditionellen »weißen« und der immer mehr an Boden gewinnenden »schwarzen« Betrachtungsweise. Weiße Historiker setzten sich intensiv mit Fragen von der Art auseinander, warum die Verfassungsväter der Sklaverei kein vollständiges Ende bereiteten und inwiefern sie dem Rassendenken verhaftet blieben, oder welche Rolle das Sklavereiproblem in der Vorgeschichte des Bürgerkriegs und für den Entscheidungsprozeß Lincolns spielte. Dagegen sind afro-amerikanische Forscher (und jüngere weiße Wissenschaftler) viel stärker daran interessiert herauszufinden, wie sich die Sklaven und die freien Schwarzen während der Revolution und im Bürgerkrieg verhielten und welche Konsequenzen ihr Handeln für sie selbst und ihre Mitmenschen hatte. Indem sie bislang nicht beachtete oder unterschätzte Quellen wie Sklavenerzählungen *(slave narratives)* und Akten des *Freedmen's Bureau* und der Armee auswerteten, konnten sie zeigen, daß die Schwarzen wesentlich aktiver in das Geschehen eingriffen und ihr eigenes Schicksal energischer in die Hand zu nehmen versuchten, als man bislang vermutet hatte. Schon im Unabhängigkeitskrieg kämpften Afro-Amerikaner gegen das Versprechen der Freiheit in Washingtons Armee, und aus den freien

schwarzen Gemeinden des Nordens rekrutierten sich später Führungspersönlichkeiten, die als abolitionistische Politiker, Geistliche,
Journalisten und Fluchthelfer entlang der *underground railway* auf die
Befreiung der Sklaven hinarbeiteten. Ab 1861/62 trugen Schwarze
sowohl durch die Massenflucht aus dem Süden als auch durch frei-
willigen Militärdienst in den Unionsarmeen in hohem Maße dazu
bei, daß die Sklavenemanzipation auf die politische Tagesordnung
gelangte und nicht mehr abgesetzt werden konnte.

Dieser Perspektivwechsel prägt inzwischen das gesamte Feld der
Sklavereiforschung und darüber hinaus die Beschäftigung mit der
afro-amerikanischen Geschichte generell. Hinsichtlich der Sklaverei
geht es seit einiger Zeit vor allem darum, durch die Erschließung
neuer Quellen und die Anwendung innovativer Methoden – etwa
die Archäologie von Sklavenquartieren, die Sprach- und Dialekt-
forschung oder die Auswertung von mündlich überlieferten afro-
amerikanischen Geschichten, Märchen, Liedern und Witzen – das
Leben der Sklaven selbst, ihr Denken, Fühlen und Handeln zu rekonstruieren. Hauptansatzpunkte dieser Bemühungen bilden die
Sklavenfamilie, speziell die Funktion der schwarzen Frauen und der
Sippenbeziehungen *(kinship relations)*; das religiöse Leben der Sklaven und der freien Schwarzen, die schon früh eigene Kirchen gründeten und eine spezifische theologische Tradition entwickelten, die
afrikanische und anglo-protestantische Elemente miteinander verschmolz, und in der die Afro-Amerikaner als Gottes auserwähltes
Volk erschienen, das von einem schwarzen Moses aus der Knecht-
schaft geführt werden wird; und die künstlerischen Ausdrucksformen der Sklaven, insbesondere ihre Musik, die zum zentralen Bestandteil einer gegen alle Widerstände entwickelten und behaupteten afro-amerikanischen Kultur wurde. Um den kulturellen Beitrag
der Schwarzen besser ermessen zu können, weiteten die Historiker
ihr Blickfeld auf die westafrikanischen Herkunftsregionen aus, in denen man heute noch bestimmte soziale Strukturen, Bräuche und
Praktiken studieren kann, die mit den Sklaven nach Amerika gelangten.

Die Ergebnisse dieser Forschungen legen den Schluß nahe, daß
nicht nur die freien Schwarzen, sondern auch die Sklaven zumindest
bis zu einem gewissen Grade ihre eigene Welt »mitschaffen« konnten, daß sie semi-autonome Gemeinschaften bildeten, und daß sie
sich keineswegs willenlos in ihr Schicksal fügten, sondern durch offene und versteckte Formen des Widerstands zur Überwindung der
Sklaverei beitrugen. Erschienen die Schwarzen vorher in erster Linie
als Objekte weißer Macht und Opfer weißer Unterdrückung, so
sieht man sie jetzt als Akteure in einem ungleichen und pathologi-
schen, aber nicht völlig einseitigen Beziehungsgeflecht von Weiß

und Schwarz. Hinter einer solch radikalen Revision des vorherrschenden Geschichtsbildes steht natürlich auch der Wunsch der Historiker, das Selbstbewußtsein und die Identität der heute in den USA lebenden Afro-Amerikaner zu stärken. Unbestritten ist jedoch, daß die neuen Studien eine bislang kaum wahrgenommene Dimension der Sklavereigeschichte enthüllt und dadurch ganz erheblich zum Verständnis dieser komplexen und vielschichtigen Problematik beigetragen haben.

Von der Rekonstruktion des Südens nach dem Bürgerkrieg zur Bürgerrechtsbewegung im 20. Jahrhundert

Die Beschäftigung mit der jüngeren afro-amerikanischen Geschichte steht unter der alles beherrschenden Frage, warum die Erwartungen der Emanzipation so gründlich enttäuscht wurden und ein weiteres Jahrhundert vergehen mußte, bevor die Schwarzen ihre im 14. und 15. Amendment verbrieften elementaren Menschen- und Bürgerrechte erhielten. Hieran schließt sich neuerdings die ebenfalls leidenschaftlich diskutierte Frage nach dem »problematischen Ausgang« oder, wie radikalere Wortführer meinen, nach dem »Scheitern« der Bürgerrechtsbewegung an. Sicher ist, daß der Schatten der Sklaverei auch auf die Gegenwart fällt und die von ihr geschlagenen seelischen Wunden noch lange nicht geheilt sind.

Die Epoche der *Reconstruction* bis zum Abzug der letzten Besatzungstruppen 1877 hat eine ebenso umfangreiche wie kontroverse Literatur hervorgebracht. Während die ältere Forschung die Beschwerden der weißen Südstaatler über ihre »Erniedrigung« durch den Norden und die »anmaßenden« ehemaligen Sklaven widerspiegelte, setzte sich im Zuge der Bürgerrechtsbewegung (die auch als *Second Reconstruction* verstanden wurde) das entgegengesetzte Bild einer von den Weißen betrogenen und brutal in sklavereiähnliche Abhängigkeit zurückgedrängten schwarzen Bevölkerungsgruppe durch. Auch hier geht der neueste Trend, abzulesen etwa an den Arbeiten von *Eric Foner*, jedoch dahin, die reine »Opferperspektive« zu vermeiden und die positiven Erfahrungen zu betonen, die Afro-Amerikaner durch ihre – wenn auch nur vorübergehende – Beteiligung am politischen Leben und an der Regierungsarbeit in den Südstaaten sammeln konnten (*Reconstruction*, 1988).

Die Ursache für die auf die Rekonstruktion folgende Entrechtung und Segregation der Schwarzen wird teils in der ökonomischen Misere des Südens gesehen, die den ehemaligen Sklaven kaum eine Alternative zum System des *sharecropping* ließ, teils im Rassismus und in den Statusängsten der weißen Mittel- und Oberschicht, die sich in den 189cer Jahren gemeinsam gegen die Protestbewegungen weißer und schwarzer Pächter und Kleinfarmer wandten. Bei der Verabschiedung der diskriminierenden *Jim Crow*-Gesetze spielten nicht nur wirtschaftliche Interessen eine Rolle, sondern auch das – noch keineswegs genügend erforschte – Aufkommen eines biologisch begründeten Rassismus in den USA, mit dem sich die Rassentrennung im Innern ebenso wie die koloniale Expansion nach außen rechtfertigen ließ.

Der Begriff *civil rights movement* wird zwar üblicherweise für die Zeit von Mitte der 1950er bis Ende der 1960er Jahre reserviert (»from Montgomery to Memphis«), doch die Vorläufer und Ursprünge dieser Bürgerrechtsbewegung verfolgt man inzwischen bis ans Ende des 19. Jahrhunderts oder zumindest bis zur Gründung der NAACP 1909 zurück. In diesem Zusammenhang erfolgte auch eine Neubewertung der frühen afro-amerikanischen Führungsgestalten wie Booker T. Washington, W. E. B. Du Bois und Marcus Garvey. Neigten die Historiker früher rasch dazu, moralische Urteile zu fällen und den einen gegen den anderen auszuspielen, so überwiegt heute der Wille, ihre Handlungsweisen aus dem jeweiligen sozialen Kontext heraus zu erklären und ihre Konzepte – wirtschaftliche Selbsthilfe; Kampf um politische und soziale Gleichberechtigung; schwarzer Nationalismus und Separatismus – als alternative Möglichkeiten auf dem Weg zur schwarzen Selbstverwirklichung zu verstehen.

Die *black experience* im 20. Jahrhundert weist eine Reihe von Widersprüchen und Paradoxien auf, mit denen die Geschichtsschreibung noch lange wird kämpfen müssen: Die *Great Migration* vom Süden in den Norden befreite Millionen Afro-Amerikaner aus den Fesseln des *sharecropping*-Systems, aber sie endete zumeist in segregierten Wohnbezirken der nördlichen Großstädte, wo sich rassische Diskriminierung mit sozialer, klassenmäßiger Benachteiligung verband; im New Yorker Stadtteil Harlem und anderen Ghettos entwickelte sich ein vielfältiges schwarzes Kulturleben *(Harlem Renaissance)*, das jedoch vornehmlich weiße Besucher genossen und das von Weißen kommerziell vereinnahmt wurde; in beiden Weltkriegen bewiesen schwarze Soldaten Patriotismus und Opfermut, nur um nach der Rückkehr sofort wieder auf »ihren Platz« in der Gesellschaft verwiesen zu werden; mit der Bürgerrechtsbewegung gelang endlich der Durchbruch zur rechtlichen Gleichstellung der Afro-Amerikaner, aber der soziale Fortschritt hielt mit dem politischen keineswegs Schritt, und für ein Drittel der schwarzen Bevölkerung, die als »permanent under class« bezeichnet wird, hat sich die Lage seither eher noch verschlechtert; die Zahl der Afro-Amerikaner ist inzwischen auf über 30 Millionen angewachsen, aber wegen der starken Zuwanderung aus Lateinamerika und Asien stagniert ihr relativer Bevölkerungsanteil oder geht sogar leicht zurück.

Das Schlüsselereignis der afro-amerikanischen Geschichte im 20. Jahrhundert war und bleibt die Bürgerrechtsbewegung, die untrennbar mit dem Namen des Baptistenpfarrers Dr. Martin Luther King verbunden ist. Sein Leben und Wirken wird durch eine große Quellenedition dokumentiert, und über ihn liegen bereits umfangreiche Biographien sowie eine Fülle von Einzelstudien und Artikeln vor. Auch die wichtigsten nationalen Organisationen wie SCLC (Southern Christian Leadership Conference), SNCC (Student Non-Violent Coordinating Committee), CORE (Congress of Racial Equality) und NAACP (National Association for the Advancement of Colored People) sind in Monographien dargestellt worden. Der Ehrgeiz der Historiker geht aber dahin, die Bewegung in ihrer ganzen Breite und Tiefe zu erforschen und gerade auch den Bewußtseinswandel der »einfachen Menschen« auszuloten. Deshalb verlagert sich das Interesse neuerdings von der Politik, den Gerichten und Organisationen hin zu den Aktivitäten an der sozialen Basis *(grassroots)*, zu den Aspekten von *gender and class* in der Bewegung, zu regionalen und lokalen Besonderheiten, zu den radikalen Positionen von Black Panthers und Black Muslims, den Rassenunruhen in den Städten, den Reaktionen der weißen Bevölkerung und den Zusammenhängen zwischen dem Kampf um Bürgerrechte und dem Protest gegen Atomrüstung und Vietnamkrieg. Im Vergleich zu früheren Zeiten hat sich die Quellenbasis durch Fernsehbilder, Dokumentarfilme und Zeitzeugenbefragungen *(oral history)* enorm ausgeweitet. Zusammen mit der gewaltigen Fülle an gedrucktem Material bietet sich so die Möglichkeit, den Verlauf der Bürgerrechtsbewegung in allen ihren Phasen und Facetten zu beschreiben und insbesondere ihre subjektiven, bewußtseinsverändernden Wirkungen zu analysieren.

Die großen Reformen der 1960er Jahre, der Civil Rights Act von 1964 und der Voting Rights Act von 1965, haben den von Liberalen erhofften Durchbruch zu einer »farbenblinden« Gesellschaft nicht bewirken können. Ebensowenig sind die Hoffnungen radikaler *African Americans* auf »black liberation« und Selbstbestimmung in Erfüllung gegangen. Dennoch hat die Bürgerrechtsbewegung den gesellschaftlichen Diskurs über »Rasse« und das Selbstverständnis vieler Schwarzer im Zeichen von Parolen wie »black power« und »black is beautiful« einschneidend und dauerhaft verändert. Ein äußeres, aber durchaus signifikantes Zeichen dieses psychologischen Wandels ist die Einführung eines neuen nationalen Feiertags, Martin Luther King Day, der gelegentlich mit Aufklärungsaktionen wie *black history*-Monaten an den Schulen verbunden wird. Die Erforschung des Geschehens nach dem Ende der Bürgerrechtsbewegung befindet sich erst in den Anfängen. Mit der Auseinandersetzung um die staatliche Förderung von Minderheiten, den Beziehungen der Afro-Amerikaner zu den Juden und anderen ethnisch-religiösen Gruppen, dem Wahlverhalten der Schwarzen, der Rückwanderung aus dem Norden in den *sun belt* und den sozialen Zuständen in den schwarzen Wohngebieten zeichnen sich aber schon viele spannende und kontroverse Themen ab. Mit größter Aufmerksamkeit wird die Gratwanderung der afro-amerikanischen Bevölkerung, speziell der schwarzen Mittelschicht, zwischen Assimilationsstreben und Konstruktion einer eigenen ethnisch-kulturellen Identität verfolgt. Auch weiterhin stehen die Historiker vor der Aufgabe, die Schwarzen nicht nur als Opfer der schlechten Zustände zu porträtieren, sondern sie als selbstverantwortlich Handelnde ernst zu nehmen. Damit leisten sie einen Beitrag zur Integration der afro-amerikanischen Geschichte in die umfassenderen politischen, sozialen und kulturellen Zusammenhänge der amerikanischen Nation, die das Prinzip der gleichberechtigten Vielfalt akzeptieren muß, wenn sie eine friedliche Zukunft haben will.

6.3. Geschichte der Einwanderung

Die *immigration history* gehört seit den 1970er Jahren zu den lebendigsten Feldern der amerikanischen Geschichtsschreibung, wohl nicht zuletzt deshalb, weil sie interdisziplinäre Forschung und internationalen Meinungsaustausch geradezu als unumgänglich voraussetzt. In den USA hat dieser historiographische Zweig an Aktualität und akademischer Beachtung in dem Maße gewonnen, wie die Einwanderung nach der Gesetzgebungsreform von 1965/68 angestiegen und eine neue nationale Debatte über Assimilation, nationale Identität und Einwanderungskontrolle in Gang gekommen ist. Man gewinnt den Eindruck, die Historiker hätten eine neue Generation von Amerikanern erst wieder daran erinnern müssen, daß die USA ein Einwanderungsland mit einer langen, wenngleich ambivalenten Tradition der Aufnahme und Eingliederung von »Fremden« *(aliens)* sind. Der seit 1790 alle zehn Jahre durchgeführte Zensus spricht in dieser Hinsicht eine deutliche Sprache. Bereits in den Anfangsjahren ihrer nationalen Existenz verfügten die USA über eine multiethnische Bevölkerung von knapp 4 Millionen, gebildet aus Engländern, Walisern und Schotten (56%), Afrikanern (19%), Iren (8%), Deutschen (7%) sowie Niederländern, Franzosen und Skandinaviern (zusammen 11%). Seit dieser Zeit haben in mehreren »Wellen« oder

»Schüben« ca. 60 Millionen Auswanderer und Flüchtlinge, zuerst vor allem Europäer, später überwiegend Lateinamerikaner und Asiaten den Weg in die USA gefunden. Obwohl der relative Anteil der Neueinwanderer an der Gesamtbevölkerung im Laufe des 20. Jahrhunderts von mehr als 10% auf ca. 3% gesunken ist, hat die legale und illegale Immigration in den 1980er Jahren in absoluten Zahlen wieder den historischen Höchststand von 1901–10 (8,8 Millionen) erreicht oder sogar überschritten. Dies ist die Fortsetzung eines Prozesses, den Bernard Bailyn als »gewaltigste Bevölkerungsbewegung der Neuzeit« und »eines der größten Ereignisse in der Menschheitsgeschichte« bezeichnet hat (*The Peopling of British North America, 1986*). Wie der Sklavenhandel enorme Rückwirkungen in Afrika zeitigte, so ist die Geschichte Europas im 19. und 20. Jahrhundert ohne die Berücksichtigung des Auswanderungsstroms nach Nord- und Südamerika nicht zu verstehen: Allein von 1821 bis 1924 zog es 55 Millionen Europäer nach Übersee, davon 3/5, d. h. 33 Millionen in die USA. Auf diese Weise wurden bis zu 40% des europäischen Bevölkerungswachstums von den Ländern der westlichen Hemisphäre »aufgesogen«. Langfristig trug dieses demographische Ausgreifen der Europäer zum politischen und wirtschaftlichen Bedeutungsverlust ihres Heimatkontinents bei.

»Filiopietistische« Geschichtsschreibung

Die Geschichtsschreibung hat recht lange gebraucht, um Methoden, Konzepte und Begriffe zu entwickeln, die der Tragweite des Geschehens angemessen sind. Bis weit ins 20. Jahrhundert hinein beherrschten Amateurhistoriker das Feld, die in liebevoller, aber unkritischer Kleinarbeit den Beitrag der eigenen ethnischen Gruppe zum Aufstieg der USA dokumentierten und die ihr entstammenden »großen Männer« (seltener Frauen) würdigten, die eine wichtige Rolle in der amerikanischen Politik, Wirtschaft, Wissenschaft oder Kultur spielten. Aus deutscher Sicht waren dies beispielsweise der Baron von Steuben, Washingtons General und »Drillmeister«, im 19. Jahrhundert dann der berühmte »48er« Carl Schurz und die Brauerei-Familien Anhäuser und Busch, sowie – in jüngerer Zeit – der »Vater der Mondlandung«, Wernher von Braun.

Die filiopietistische Geschichtsschreibung war nicht nur elitenfixiert, sondern förderte auch die Mythenbildung: Die meisten Einwanderer kamen angeblich auf der Suche nach religiöser und politischer Freiheit in die USA, wo viele von ihnen innerhalb kurzer Zeit den Aufstieg vom Tellerwäscher zum Millionär schafften, und wo alle Nationalitäten im *melting pot* zu einem neuen Menschentyp, dem Amerikaner, eingeschmolzen wurden. Im öffentlichen Bewußtsein sind solche Mythen wirkungsmächtig geblieben, und selbst in wissenschaftlichen Untersuchungen scheint die filiopietistische Geisteshaltung gelegentlich noch durch.

Die Anfänge der kritischen Geschichtsschreibung

Wichtige Impulse für eine kritische Auseinandersetzung mit dem Thema Einwanderung gingen von Frederick Jackson Turners *Frontier*-These aus, derzufolge die europäischen Einwanderer an der Siedlungsgrenze im Westen besonders schnell und gründlich assimiliert wurden. Turner führte sozialwissenschaftliche Methoden ein und hielt seine Schüler an, bislang vernachlässigte Quellen wie Zensus-Berichte, Geburts- und Sterberegister der Kirchen, Steuerakten und Wirtschaftsstatistiken auszuwerten. Auf diese Weise entstanden erste Detailstudien über den Prozeß der Assimilierung an der *Frontier*, die zu zeigen schienen, daß das Verhalten der Einwanderer stark von der Geographie, der natürlichen Umwelt und den ökonomischen Möglichkeiten determiniert wurde. Psychologische und kulturelle Faktoren blieben dabei jedoch ebenso ausgeklammert wie die Herkunft der Siedler aus der »Alten Welt«.

Dieses Manko bewog den Harvard-Historiker Oscar Handlin, der die Einwanderungsproblematik in einem urbanen Kontext studierte, Geographie als zentrale Disziplin durch Soziologie und Psychologie zu ersetzen. Er lenkte den Blick auf die Konflikte zwischen irischkatholischen Neuankömmlingen und anglo-puritanischen Einheimischen in Boston sowie auf die Hindernisse, die der Einzelne und die ethnische Gruppe beim Streben nach Anpassung und Assimilation überwinden mußten (*The Uprooted*, 1951). Der Begriff *uprooted* signalisierte, daß die Einwanderer nach Handlins Meinung in den USA zunächst ihrer irisch-europäischen Identität beraubt und dann zu angepaßten Amerikanern umgeprägt wurden.

Handlin bekannte, er habe die Geschichte der Einwanderung schreiben wollen, dabei aber festgestellt, daß dies die Geschichte Amerikas sei. Im Endergebnis näherte er sich wieder der Turner-These an, die allerdings um diese Zeit bereits stark in die Kritik geraten war. Gegen eine Verallgemeinerung des »Entwurzelungs«-Befunds sprach u. a. die Existenz von Wohngebieten wie »Little Italy«, »Kleindeutschland« und den jüdischen Vierteln der New Yorker Lower East Side, ganz zu schweigen von den Chinatowns an der Westküste, wo Einwanderer ihre ethnisch-religiöse Identität offensichtlich über lange Zeiträume hinweg wahren konnten. In ähnliche Richtung wiesen Studien zum Wahlverhalten im 19. Jahrhundert, die belegten, daß ethnische und religiöse Faktoren die Wahlentscheidung ebenso beeinflußten wie klassenmäßige und weltanschauliche Unterschiede. Zumindest leitete sich hieraus die Notwendigkeit für die Forscher ab, genauer zu differenzieren zwischen einzelnen Immigrantengruppen, zwischen verschiedenen Einwanderungsperioden und zwischen den Verhältnissen in Großstädten, in ländlichen Gebieten und an der Siedlungsgrenze.

Einwanderungsgeschichte aus transatlantischer Perspektive

Pionierarbeit bei der Überwindung der provinziellen, rein auf die USA ausgerichteten Perspektive leistete Marcus Lee Hansen, ein Nachkomme skandinavischer Einwanderer, indem er den »mikroskopischen« Ansatz der Turner-Schüler durch einen weiträumigen »teleskopischen« Ansatz ergänzte. Schon 1927 veröffentlichte er einen wegweisenden Aufsatz unter dem Titel »The History of American Immigration as a Field for Research«.[2] Seine 1940 erschienenen Bücher *The Immigrant in American History* und *The Atlantic Migration,* die der Phase von 1820 bis 1914 gewidmet waren, schilderten die Amerika-Auswanderung erstmals als Teil einer weltweiten Migrationsbewegung. Darüber hinaus stellte Hansen das Assimilierungsdogma in Frage, wenn er beklagte, daß seine Landsleute bewußt oder unbewußt allein anglo-amerikanische Standards als Grundlage der nationalen Kultur gelten ließen. Das klang nach »kulturellem Pluralismus«, einem Begriff, den Horace M. Kallen bereits 1915 als Antwort auf das Verlangen nach »100prozentigem Amerikanismus« geprägt hatte. Ein früher Tod hinderte Hansen aber daran, dieses Konzept für die Einwanderungsgeschichte fruchtbar zu machen.

Frischen Wind in die Debatte brachte Frank Thistlethwaite mit dem Vortrag zum Thema »Migration from Europe Overseas in the 19th and 20th Centuries«, den er 1960 auf einem internationalen Historikerkongreß in Uppsala hielt. Der bisherigen Forschung warf er vor, daß sie sich nicht bemüht habe, die Einwanderung als einen Gesamtprozeß zu verstehen, der die Verhältnisse im Herkunftsland, die Bedingungen der Überfahrt und die Assimilation im Zielland beinhaltet. Nach Thistlethwaite wirkte eine Vielzahl von Faktoren auf den Wanderungsvorgang ein, die man unter den Begriffen *push, pull* und *means* zusammenfassen kann: *Push*-Faktoren sind diejenigen Verhältnisse, Kräfte und Bedingungen, die Menschen zum Verlassen ihrer Heimat ermutigen, veranlassen oder zwingen (religiöse oder politische Verfolgung; Überbevölkerung, wirtschaftliche Not, Kriege und Katastrophen etc.); *pull*-Faktoren sind die realen oder imaginären Vorzüge, die das Zielland für den Auswanderer attraktiv ma-

---

[2] Marcus Lee Hansen, »The History of American Immigration as a Field for Research«, in: *American Historical Review* 32 (1927), S. 500–518.

chen (politische und religiöse Freiheit, Landreichtum, Arbeitsplätze, hohe Löhne etc.); *means* bezieht sich auf die praktische Möglichkeit der Migration, d. h. insbesondere auf die Transportbedingungen und Reisekosten sowie auf die gesetzlichen Regelungen im Herkunfts- und im Zielland. Thistlethwaite verwies auch auf die bis dahin völlig unerforschten Phänomene der Kettenwanderung, Rückwanderung und Arbeitsmigration, die den Kontakt zwischen Herkunftsland und Zielland niemals ganz abreißen ließen. Aus dieser Sicht erschienen die Einwanderergemeinden der USA als Produkte einer Interaktion zwischen dem »kulturellen Gepäck« *(cultural baggage)*, das die Immigranten aus der Heimat mitbrachten, und der physischen wie sozialen Umgebung in Amerika.

Einflüsse der Sozialgeschichte und Frauengeschichte

Diese methodischen und konzeptionellen Impulse wurden von der *new social history* der 1960er und 1970er Jahre begierig aufgegriffen und in zunehmend differenzierte und spezialisierte Einzeluntersuchungen umgesetzt. Besonders enge Verbindungen ergaben sich zur *labor history*, da die Masse der Einwanderer seit Beginn der Industrialisierung ihr erstes Auskommen als Arbeiter fand. Bei diesen Studien stand häufig die Frage im Vordergrund, welche Bedeutung der Einwanderung für die Entstehung bzw. die schwache Ausprägung eines proletarischen Klassenbewußtseins zukam, und ob der Zustrom von Immigranten eine Radikalisierung der amerikanischen Arbeiterbewegung hemmte oder sogar verhinderte. Mit ihren Projekten zur deutsch-amerikanischen Arbeiterschaft Chicagos und zur transatlantischen Arbeitermigration aus Mittel- und Osteuropa leisteten auch deutsche Historiker wie Hartmut Keil und Dirk Hoerder vielbeachtete Beiträge zu dieser Forschungsrichtung.

Einen anderen Ansatzpunkt bot die *urban history*, in deren Rahmen man nun das »ethnische Mosaik« der großen Städte vermaß, das Verhalten einzelner Gruppen gegenüber Einheimischen und Neuankömmlingen unter die Lupe nahm und über längere Zeiträume die Integration und Assimilierung immer neuer Einwandererschübe verfolgte. In vorbildlicher Weise gelang dies Cathleen N. Conzen für die Deutschen in Milwaukee, die trotz vielfältiger interner Differenzen ihre kulturelle Identität und »Gemütlichkeit« gegen alteingesessene Anglo-Amerikaner und nachrückende Osteuropäer verteidigten (*Immigrant Milwaukee*, 1976). Auch bei solchen Lokal- und Regionalstudien wurde es üblich, den Ursprung der Immigration in der Alten Welt mit zu beleuchten, um dem Verhältnis zwischen Traditionswahrung und Anpassung an die Bedingungen der neuen Heimat besser auf die Spur zu kommen. Subjektive Zeugnisse tragen wesentlich zur Erhellung dieser Zusammenhänge bei, in erster Linie Einwandererbriefe, wie sie Wolfgang J. Helbich für die deutsche Seite sammelte, aber auch Tagebücher, Testamente, Vereinsprotokolle und natürlich die außerordentlich lebendige ethnische Presse.

Im Zuge des Aufkommens der *women's history* wuchs schließlich das Interesse an der spezifischen Rolle von Frauen im Prozeß der Migration und bei der Assimilation in den USA. Man begnügte sich nicht mehr mit der statistischen Berechnung des Anteils von Mädchen und Frauen an der jeweiligen Einwanderung, sondern untersuchte – immer häufiger vergleichend – ihren konkreten Beitrag, ihre Stellung in der Familie, ihre soziale und kulturelle Funktion in der Gemeinde und ihre Kontakte zur Welt jenseits der ethnischen Grenzen. Dabei zeigte sich, daß es – etwa zwischen Italienerinnen und Irinnen – mindestens soviele Unterschiede wie Gemeinsamkeiten gab. Den Übergang von der *women's* zur *gender history* hat auch die Einwanderungsgeschichte mitvollzogen, die nun die Geschlechterbeziehungen und die Sexualität innerhalb einzelner ethnischer Gruppen ebenso thematisiert wie die kulturell besonders interessante Exogamie, d. h. das Heiratsverhalten zwischen den einzelnen Gruppen.

Durch die Fortentwicklung der Ansätze von *Handlin, Hansen* und *Thistlethwaite* sowie durch produktive Anleihen bei der Arbeiter-, Stadt- und Frauengeschichte ist die *immigration history* zu einem eigenständigen Zweig mit enger Bindung an die neue ethnische Geschichte geworden. Sie rekonstruiert möglichst vollständig den Weg der einzelnen Einwanderergruppen vom Ursprungsort nach Amerika, untersucht möglichst vergleichend die Siedlungs-, Organisations-, Lebens- und Arbeitsformen und schätzt die Folgen ab, die sich aus der Konfrontation mit der dominierenden Kultur des Ziellandes *(mainstream culture)* ergaben. Statt von Assimilierung spricht man nun häufiger von Akkulturation, um zu verdeutlichen, daß es sich bei diesem Prozeß weniger um passive Anpassung als um aktive Mitbeeinflussung und Mitgestaltung der amerikanischen Kultur handelt, die sich im Laufe der nationalen Geschichte beständig veränderte.

Neueste Tendenzen und erste Syntheseversuche

War *Maldwyn Allen Jones'* Buch *American Immigration* (1960) noch ganz im *Turner*schen Sinne geschrieben, so läßt die Überschrift des in die zweite Auflage von 1992 neu aufgenommenen elften Kapitels (»The New American Mosaic, 1960–1991«) bereits die intellektuelle Umorientierung in Richtung einer *ethnic history* erkennen, die sich in den letzten dreißig Jahren vollzogen hat. Ähnliches gilt für die

Titel der Gesamtdarstellungen von Thomas J. Archdeacon (*Becoming American: An Ethnic History*, 1983) und Roger Daniels (*Coming to America: A History of Immigration and Ethnicity in American Life*, 1990), die eine erste Bilanz der neueren Forschung ziehen. Im Mittelpunkt stehen nicht staatliche Autoritäten und Bürokratien, wiewohl es nach wie vor unerläßlich ist, die gesetzlichen Voraussetzungen der Aus- und Einwanderung, der Naturalisierung und der Staatsbürgerschaft zu kennen. Im Zentrum des Interesses stehen auch nicht bedeutende Individuen, die es zu feiern gilt, oder anonyme »Ströme« und »Wellen« von Migranten, die statistisch erfaßt und interpretiert werden. Das Hauptaugenmerk gilt vielmehr überschaubaren Gruppen von – legalen wie illegalen – Immigranten und Immigrantinnen, deren Herkunft und Reiseweg bekannt sind, die eine *ethnic community* bilden und die sich gemeinsam in einer neuen politischen, sozialen und kulturellen Umwelt zurechtfinden müssen. Leitfragen der neuen Einwanderungsgeschichte betreffen die Binnenstruktur der ethnischen Gruppe, die homogen oder eher divers sein kann; ihre – enge oder lockere – Verbindung zum Ursprungsland; den Charakter des politischen, religiösen und kulturellen Lebens innerhalb der Gruppe, einschließlich ihrer Vereine, Feste und Medien; den »Kulturtransfer« aus der Heimat in Form alltäglicher Dinge wie Kleidung, Essen und Trinken; Stabilität oder Wandel der Geschlechterrollen im Zuge der Akkulturation; die harmonischen oder konfliktreichen Beziehungen der Gruppe zur dominanten Kultur und zu anderen ethnischen Gruppen; die Erfahrung und Konstruktion von ethnischer Identität und deren Spannungsverhältnis zur nationalen amerikanischen Identität; die Abwehrmechanismen gegen Fremdenfeindlichkeit und Nativismus, mit denen sich fast jede Gruppe konfrontiert sah; und schließlich das aktive Einwirken der Gruppe auf die fremde Umgebung, das langfristig zur Symbiose und völligen Assimilierung führen konnte, das aber immer auch zur Veränderung der gesamtamerikanischen Identität und Kultur beitrug. Mit solchen Themen und Fragestellungen öffnet sich die Einwanderungsgeschichte hin zur *new cultural history*, deren Methoden und Ansätze, beispielsweise die Diskurstheorie und die Semiotik, derzeit den größten zusätzlichen Erkenntnisgewinn versprechen. Ethnische Identität wird nicht mehr als eine feste Größe angesehen, die man bewahren kann oder auf dem Altar der Amerikanisierung opfern muß; sie erscheint vielmehr als ein elastisches, flexibles Konstrukt, das in ständigem Wandel begriffen ist und im Extremfall manipuliert und sogar künstlich erzeugt werden kann.

Die Historiographie der 1980er und 1990er Jahre zeigt, daß sich die neuen Erkenntnisse mit Gewinn auf alle Epochen der Amerika-Einwanderung anwenden lassen. Bemerkenswert innovative Beiträ-

ge leisten hispano-amerikanische und aus Asien stammende Historiker, deren Interessengebiete, die lateinamerikanische und asiatische
Immigration, lange Zeit im Schatten der transatlantischen Migrati-
onsforschung standen. So erweiterte beispielsweise Ramón Gutiérrez den Horizont der Kolonialgeschichtsschreibung, indem er die
ethnischen Kontakte und Konflikte an der spanischen Siedlungsgrenze in Nordamerika im Prisma von Macht, Religion und Sexualität behandelte (*When Jesus Came, the Corn Mothers Went Away*,
1991). Überhaupt scheinen die spanisch-mexikanischen *borderlands*
von Texas bis Kalifornien, die 1848 an die USA fielen und in denen
die Präsenz von Spaniern, Mexikanern und Indianern immer stark
blieb, derzeit zu einem der lohnendsten Gegenstände der *ethnic history* zu werden. Hier ergeben sich auch Berührungspunkte zur Re-
gionalgeschichte und speziell zur *Western history*, die ebenfalls weit
in die spanische Kolonialzeit zurückgreift.

Die zweite Phase der Einwanderung, in der von 1820 bis 1880
über 10 Millionen Menschen in die USA gelangten, stand bislang
ganz im Zeichen der Beschäftigung mit Deutschen, Iren und Skandinaviern und deren Reaktionen auf den anglo-protestantischen
Nativismus. Erst in jüngster Zeit hat man wahrgenommen, daß es
außer dieser sog. *Old Immigration* aus West- und Nordeuropa eine
zahlenmäßig beachtliche chinesische Einwanderung und eine wachsende mexikanische Minderheit im amerikanischen Südwesten gab.
Die Chinesen waren die erste ethnische Gruppe, die 1882 völlig
von der Einwanderung ausgeschlossen wurde, und auch die Chicanos galten bis in unsere Zeit als schwer, wenn überhaupt assimilierbar.

Die sogenannte *New Immigration* brachte zwischen 1880 und 1924
ca. 27 Millionen vornehmlich ost- und südosteuropäische Einwanderer, unter ihnen viele Juden, in die USA. Nun bestimmte die Industrialisierung mit ihren Konjunkturzyklen, Kapital- und Arbeits-
märkten die Rahmenbedingungen der Migration. Der Zustrom
löste allerdings eine heftige innenpolitische Debatte aus, die über
zahlreiche restriktive Einzelmaßnahmen zu der generellen Einwan-
derungsbeschränkung durch die Quotengesetzgebung der 1920er
Jahre hinführte. Aus der Rückschau verwundert dabei weniger die
Tatsache, daß die Epoche der »freien Einwanderung« im 20. Jahrhundert zu Ende ging, als vielmehr die Art und Weise, in der rassische Stereotypen und Vorurteile die Entscheidungen der Regierungen, des Kongresses und der Parteien bestimmten. Dieser politische
Nativismus, der auch wirksamere Hilfeleistungen für die von den
Nationalsozialisten verfolgten europäischen Juden verhinderte und
maßgeblich für die Internierung der Amerikaner japanischer Herkunft während des Zweiten Weltkriegs verantwortlich war, wurde

erst unter dem Eindruck der Bürgerrechtsbewegung durch den Hart-Celler Act von 1965 grundlegend korrigiert.

Die nach Inkrafttreten des Reformgesetzes 1968 wieder einsetzende Masseneinwanderung hat die historischen Begriffe *Old Immigration* und *New Immigration* eigentlich obsolet gemacht. Die wirklich »neuen« Immigranten stammen hauptsächlich aus der »Dritten Welt«, z. B. aus Vietnam, den Philippinen, Korea, Taiwan, Indien, Mexiko, aus den Ländern Zentralamerikas und von den Inseln der Karibik. Die Folgen, die diese Schwerpunktverlagerung für die amerikanische Gesellschaft des 21. Jahrhunderts zeitigen wird, lassen sich bislang nur vage abschätzen. Aus der Sicht der Einwanderungsforschung ergibt sich aber ein fast unüberschaubares neues Betätigungsfeld, auf dem die bisherigen Hypothesen und Ergebnisse in vergleichender, interdisziplinärer Arbeit überprüft werden können. Der Schmelztiegel ist längst durch Metaphern wie die Salatschüssel, das Mosaik oder das Kaleidoskop abgelöst worden. Sie sollen signalisieren, daß es nicht eines völligen Umwandlungsprozesses bedarf, um aus einzelnen Bestandteilen eine neue Einheit zu formen. Die Wissenschaft wird das »amerikanische Mosaik« auch in Zukunft immer wieder neu zusammensetzen müssen, wenn sie dem raschen demographischen, gesellschaftlichen und kulturellen Wandel auf der Spur bleiben will. Darüber hinaus stehen die Einwanderungshistoriker vor der permanenten Aufgabe, die weltwirtschaftliche Entwicklung und die globalen Migrationsbewegungen mit dem Immigrationsgeschehen auf der regionalen und lokalen Ebene in eine organische Beziehung zu bringen.

7.

Von der Frauengeschichte zu den *gender studies*

Obgleich die *women's history* in den USA mittlerweile allgemein anerkannt und in Form von *women's studies*-Instituten fest an den meisten Universitäten verankert ist, sind führende Historikerinnen[1] noch keineswegs zufrieden: Sie streben das Ziel an, die amerikanische Geschichtsschreibung grundsätzlich zu erneuern und zu verändern. Es geht ihnen nicht darum, in einer separaten Nische immer mehr Informationen über Frauen anzuhäufen, sondern sie wollen einen integrativen Blickwinkel entwickeln und Fragestellungen verfolgen, die Männer und Frauen gleichermaßen angehen.

Nicht zufällig erlebte das akademische Interesse an der Frauengeschichte in den 1960er Jahren einen starken Aufschwung. Viele der ersten Historikerinnen, die sich an den Universitäten mit der Geschichte amerikanischer Frauen auseinandersetzen, gehörten der Frauenbewegung an und verfolgten einen feministischen Ansatz. Ausgehend von der Erkenntnis, daß das, was zu dieser Zeit als Geschichte Amerikas galt, in erster Linie die Handlungen weißer Männer betraf, versuchten die Forscherinnen zunächst, die Schicksale von Frauen sichtbar zu machen. Da sich in den Überblickswerken zur amerikanischen Geschichte kaum Informationen über Frauen fanden, behaupteten sie provokativ, daß bislang nicht »history« gelehrt worden sei, sondern »his-story«: seine Geschichte; nun sei es an der Zeit, »her-story«, ihre Geschichte, zu erforschen.

Die historische Frauenforschung der 1960er Jahre

Die ersten Untersuchungen waren noch von traditionellen Einschätzungen darüber beeinflußt, was historisch relevant sei und wie man methodisch vorzugehen habe. Da Frauen in der Politik jahrhundertelang fast keine Rolle gespielt hatten, waren sie in Geschichtsbüchern übergangen worden. Bis ins 19. Jahrhundert besaßen amerikanische Frauen keine politischen und nur geringe zivile Rechte. Verheiratete Frauen gingen mit ihrer Eheschließung in der Rechtsperson des Mannes auf, der vor dem Gesetz beide repräsentierte.

---

[1] In diesem Kapitel wird von Historikerinnen gesprochen, da sie die Mehrheit derjenigen ausmachen, die sich mit Frauengeschichte beschäftigen.

Ehefrauen konnten kein Eigentum besitzen und keine Verträge schließen, sie mußten ihren Männern gehorchen und durften nicht wählen. Um Frauenerfahrungen sichtbar zu machen, erforschten Historikerinnen daher zunächst die Geschichte des Kampfes um das Frauenwahlrecht und den Beitrag von Frauen zur Gewerkschaftsbewegung. In dem Aufsatz »Where Are the Organized Women Workers?«[2] argumentierte *Alice Kessler-Harris*, daß die niedrige Zahl weiblicher Gewerkschaftsmitglieder auf Strategien von Männern zurückzuführen sei, die der gewerkschaftlichen Organisation von Arbeiterinnen skeptisch gegenüberstanden.

Typisch für diese erste Phase der *women's history* waren auch Lebensbeschreibungen außergewöhnlicher Frauen, die durch politische und wirtschaftliche Leistungen beeindruckten. Historische Persönlichkeiten wie *Elizabeth Cady Stanton, Susan B. Anthony, Carrie Chapman Catt, Charlotte Perkins Gilman* und *Frances Willard*, die als »Suffragetten« für das Frauenwahlrecht gekämpft oder Pionierrollen in der frühen Frauenbewegung gespielt hatten, wurden zu Vorbildern für das *women's movement* in den 1970er Jahren. Diese Forschungen waren im wesentlichen »additiv« und »kontributorisch«, da sie keine neuen Methoden oder Fragestellungen entwickelten, sondern lediglich bislang vernachlässigte Leistungen von Frauen auf konventionelle Weise publik machten.

Frauengeschichte im Rahmen der new social history

In den 1970er und 1980er Jahren wurde Frauengeschichte vor allem als Teil der Sozialgeschichte und der Geschichte »von unten« betrieben. Diese Spielart der *new social history* beschäftigte sich mit Quellen wie den Akten von Krankenhäusern oder Erziehungsinstitutionen, Gerichtsurteilen, Tagebüchern oder Briefen, um Genaueres über die Lebensumstände und Motivationen durchschnittlicher Frauen herauszufinden. Vage vorausgesetzt wurde meist, daß Frauen im 19. und 20. Jahrhundert als Angehörige unterschiedlicher sozialer Schichten und in einer gänzlich »patriarchalischen« Gesellschaft agiert hätten. Außerdem beschäftigte man sich nun intensiver mit den privaten Erfahrungen von Frauen. Insgesamt blieb die Frauenforschung dieser Zeit aber den Grundannahmen der *new social history* verhaftet; sie entwickelte kein eigenes Profil, sondern untersuchte lediglich Frauen anstelle von Männern.

Die sozialgeschichtliche Frauenforschung rückte die wirtschaftlichen Tätigkeiten von Frauen in den Mittelpunkt. Der von *Rosalyn*

---

[2] Alice Kessler-Harris, »Where Are the Organized Women Workers?«, in: *Feminist Studies* 3 (1975), S. 92–110.

Baxandall und *Linda Gordon* herausgegebene Band *America's Working Women* (1976) dokumentiert, daß Frauen in vielerlei Hinsicht essentielle, wenn auch unbezahlte Arbeit leisteten. So trugen sie neben der Hausarbeit ganz wesentlich zur gesundheitlichen Versorgung und zur Produktion von Nahrung und Kleidung bei. Da es noch keine Trennung von Haus und Arbeitsstätte gab und die Mitwirkung von Frauen das Überleben der Familie sicherte, hatten Frauen eine wichtige wirtschaftliche Funktion. Solche Themenstellungen erwiesen sich vor allem für die Kolonialzeit, an der *Frontier* aber auch bis ins 19. Jahrhundert hinein als sehr ergiebig.

Da weibliche Tätigkeiten mit dem steigenden Angebot an Fertigwaren und Konsumgütern an Bedeutung verloren, sank das Ansehen von Frauen im späten 18. Jahrhundert ab. Das Auslagern der Arbeitsstätte aus dem Haus hatte außerdem zur Folge, daß Ehefrauen von Handwerkern oder Händlern immer weniger Kenntnisse über die Arbeit ihres Ehemannes besaßen. In der Kolonialzeit konnten Frauen, wie *Laurel Ulrich* in *Good Wives* (1980) darlegte, noch als »deputy husbands« fungieren; später waren Witwen hingegen kaum noch in der Lage, das Geschäft des Mannes selbständig weiterzuführen. Obgleich *Mary Beth Norton* in »The Myth of the Golden Age«[3] zurecht betonte, daß Frauen in der Kolonialzeit nicht in einem »goldenen Zeitalter« lebten, verschlechterte sich ihre Stellung im Zuge der beginnenden Industrialisierung zumindest in einigen Bereichen. So verloren Frauen mit der Professionalisierung einzelner Berufe sogar Tätigkeitsbereiche, die früher als weibliche Domäne galten. Selbst die Arbeit von Hebammen übernahmen nun häufig männliche Ärzte. Die verbesserten wirtschaftlichen Aufstiegschancen und politischen Partizipationsmöglichkeiten von Männern aus den Mittel- und Unterschichten gingen daher mit einer Einschränkung des Wirkungskreises von Frauen einher.

Die relative Bedeutung von Frauen wurde in den frühen 1980er Jahren auch in bezug auf die Auswirkungen der Amerikanischen Revolution und die Ideologie des *republicanism* diskutiert. Obgleich sich der rechtliche Status von Frauen in der Revolutionsepoche nicht änderte, profitierten sie *Linda Kerber* zufolge von der in dieser Zeit ausgeprägten Vorstellung der *republican motherhood*. In *Women of the Republic* (1980) argumentierte Kerber, daß der Status von Müttern stark aufgewertet wurde, da sie mit der Erziehung junger Bürger den Schlüssel für einen dauerhaften Erfolg des republikanischen Experiments in Händen hielten. An der politischen und wirtschaftli-

---

[3] Mary Beth Norton, »The Myth of the Golden Age«, in: *Carol R. Berkin* and *Mary B. Norton* (Hrsg.), *Women of America: A History*. Boston, MA, 1979, S. 37–46.

chen Benachteiligung von Frauen änderte diese ideologische Anerkennung vorerst aber wenig.

Das Konzept der separate spheres

Bei der Suche nach Kategorien, die für die Erfahrungen von Frauen relevant waren, griffen Historikerinnen auf die Metapher der *separate spheres,* der »getrennten Sphären« zurück, die schon Alexis de Tocqueville für die Beschreibung amerikanischer Frauen im 19. Jahrhundert verwendet hatte. Frauen lebten demnach in einer eigenen Welt, die um Ehemann und Kinder kreiste und von ganz anderen Regeln bestimmt war als die Welt der Männer, die in der Öffentlichkeit agierten. Diese Aufgabenteilung erweckte den Anschein, als sei der weibliche Handlungsbereich dem männlichen gleichwertig. Da sich die Ehefrauen jedoch tatsächlich in einer untergeordneten Position befanden, betonten Historikerinnen, die diese Vorstellung der Trennung von »privatem« und »öffentlichem« Bereich auf die Frauengeschichte anwandten, die damit verbundene Unterdrückung, die *victimization* von Frauen. In ihrem Aufsatz »The Cult of True Womanhood«[4] hob Barbara Welter hervor, daß es sich bei der Trennung der Sphären um eine Ideologie handelte, die den Ausschluß von Frauen aus dem öffentlichen Leben und die Einschränkung des weiblichen Handlungsspielraums legitimiert habe.

Bald fand man aber Hinweise darauf, daß die Vorstellungen von den *separate spheres* vor allem auf Verhaltensratgebern oder Erziehungsschriften beruhte, die darlegten, wie Frauen sein sollten, nicht jedoch, wie sie tatsächlich handelten. Offenbar wurden Frauen gerade deshalb so nachdrücklich dazu aufgefordert, sich aus öffentlichen Angelegenheiten herauszuhalten, weil sie in der Praxis nicht dazu bereit waren. Außerdem trugen Frauen aus der Mittelschicht zur Idealisierung des »privaten Bereichs« bei, da dies ihren Status gegenüber Arbeiterfrauen aufwertete. Caroll Smith-Rosenberg vertrat in ihrem Aufsatz »The Female World of Love and Ritual«[5] die Ansicht, Frauen hätten von der Trennung der Sphären profitiert, weil sie ihnen einen autonomen kulturellen Bereich eröffnete, in dem sie eigene Vorstellungen entwickeln und umsetzen konnten.

In den 1980er Jahren setzte sich dann die Auffassung durch, daß die Trennung der Sphären eine wichtige Voraussetzung für die Entstehung von Frauenorganisationen bildete. Im 19. Jahrhundert

---

[4] Barbara Welter, »The Cult of True Womanhood: 1820–1860«, in: *American Quarterly* 18 (1966), S. 151–175.

[5] Caroll Smith-Rosenberg, »The Female World of Love and Ritual: Relations between Women in Nineteenth-Century America«, in: *Signs* 1 (1975), S. 1–29.

nutzten Frauen der mittleren und oberen Schichten die ihnen zugeschriebenen mütterlich-fürsorglichen Eigenschaften dazu, ihre Moralvorstellungen verbindlich zu machen und ihren Einsatz für soziale Reformen zu rechtfertigen. In den Nordstaaten gründeten Frauen eine Vielzahl von Organisationen, die gegen Sklaverei und Alkoholkonsum sowie für Reformen des Bildungs- und Sozialwesens eintraten. Dieses Engagement wurde so stark, daß Frauenorganisationen um die Jahrhundertwende größeren Einfluß auf die Sozialgesetzgebung ausübten als die Arbeiterbewegung.

Die Metapher der »separaten Sphären« war aber problematisch, weil unklar blieb, ob man mit dem »privaten« Bereich eher eine Ideologie oder einen konkreten Freiraum meinte, in dem sich Frauen entfalten konnten. Auf die Lebensweise von Sklavinnen oder Indianerinnen ließ sich das Konzept ebensowenig anwenden wie auf Farmersfrauen und Fabrikarbeiterinnen, die im angeblich »männlichen« Bereich agierten. Die hitzige Debatte über die Beziehungen zwischen Rassen, sozialen Schichten, ethnischen Gruppen, Sexualität und Geschlecht machte deutlich, daß die Trennung in *separate spheres* der komplexen Sachlage nicht gerecht wurde.

Das Problem der Differenzen

Bis in die 1980er Jahre blieb die Frauenforschung der *new social history* eng verbunden. Das Interesse an Alltagsgeschichte, interdisziplinäre Anleihen bei Soziologie und Demographie sowie die Hinwendung zu Phänomenen wie Familienbeziehungen und Sexualität sind auf die *new social history* zurückzuführen. Der Blickwinkel »von unten« wirkte zwar inspirierend, aber er täuschte darüber hinweg, daß Frauen in allen sozialen Schichten und ethnischen Gruppen vertreten sind und nicht zu den Minoritäten gezählt werden dürfen.

Folglich mußte die Frauengeschichte zumindest nach sozialen Schichten, Ethnien und Regionen differenzieren. Die Bedeutung von Differenzen zeigte sich in eklatanter Weise bei der Untersuchung von Frauen aus dem Süden. Sicherlich wäre es geradezu grotesk, die Erfahrungen von *Southern Ladies* und Sklavinnen nur deshalb über einen Kamm zu scheren, weil beide dem weiblichen Geschlecht angehörten. So konnte Elizabeth Fox-Genovese in *Within the Plantation Household* (1988) nachweisen, daß die Ehefrauen von Plantagenbesitzern den schwarzen Sklavinnen gegenüber eher noch rassistischer eingestellt waren als ihre Männer. Auch die Erforschung von Frauenorganisationen hat mit dem Problem zu kämpfen, daß Frauen immer auf beiden Seiten standen. So waren beileibe nicht alle Frauen im 19. Jahrhundert Befürworterinnen des Abolitionismus und der Frauenbewegung; vielmehr gab es auch weibliche Organisationen, die sich für die Sklaverei und gegen das Frauenwahlrecht aussprachen.

Ein weiteres Problem bildet die Periodisierung der *women's history*. In der Frauenforschung wird bestritten, daß wichtige Wendepunkte in der traditionellen Nationalgeschichte bedeutende Wandlungen für Frauen mit sich brachten. Eine neue Epocheneinteilung wird aber durch die Differenzen zwischen unterschiedlichen Frauengruppen fast unmöglich gemacht. So vollzog sich der Rückgang der Geburtenrate, der als eine Voraussetzung für die weibliche Beschäftigung mit kulturellen oder politischen Phänomenen gilt, zu unterschiedlichen Zeiten: Weiße Frauen aus der Mittelschicht konnten sich schon im 19. Jahrhundert für die Erweiterung ihrer Rechte und für soziale Reformen einsetzen, weiße Frauen aus den Unterschichten und schwarze Frauen dagegen erst im 20. Jahrhundert.

Heute wird allgemein anerkannt, daß »Differenz« ein bedeutendes Merkmal der Frauengeschichte ist. Ein einheitlicher, auf die Erfahrungen von »gewöhnlichen« weißen Frauen gründender Ansatz gilt mittlerweile als überholt. Vielmehr ist Frauengeschichte pluralistisch oder »multikulturell« zu konzipieren: Die Erfahrungen von afroamerikanischen oder indianischen Frauen sind ebenso wichtig wie die von Einwanderinnen aus verschiedensten Kulturen, die jeweilige Region und soziale Schicht müssen berücksichtigt werden, und auch lesbische Frauen sollten nicht marginalisiert werden.

Gender studies und die kulturgeschichtliche Umorientierung der Frauengeschichte

Die sozialgeschichtlich ausgerichtete Historiographie zu Frauenfragen hat zweifellos das Problembewußtsein geschärft und eine Fülle von Informationen über einen früher »unsichtbaren« Teil der amerikanischen Geschichte zutage gefördert. Das Interesse an regionaler und ethnischer Diversifizierung kennzeichnet auch die Forschung der späten 1980er und frühen 1990er Jahre. Dennoch haben sich in mehrfacher Hinsicht einschneidende Änderungen ergeben: Durch die intensive Untersuchung der Kulturen von weißen Frauen und Sklavinnen, den Versuch, die subjektiven *mental worlds* von »durchschnittlichen« Individuen zu verstehen, und die Etablierung der *gender studies*. Die regionalen Unterschiede zwischen den Erfahrungen von Sklavinnen auf dem Festland und in der Karibik stehen im Mittelpunkt des von David B. Gaspar und Darlene C. Hine herausgegebenen Sammelbandes *More than Chattel: Black Women and Slavery in the Americas* (1996). Verschiedene Artikel erörtern Fragen der Fruchtbarkeit und Kindersterblichkeit, geben Einblick in die unterschiedlichen Tätigkeitsbereiche schwarzer Sklavinnen z. B. als Marktfrauen oder Haussklavinnen und analysieren ihren Beitrag zu einer *culture of resistance*. In ihrer Rekonstruktion der Erfahrungen Martha Ballards gelingt es Laurel Ulrich, gleichzeitig Einblicke in die »mentale Welt« einer Hebamme und die sich wandelnden sozialen Verhältnisse an der *Frontier* von Maine gegen Ende des 18. Jahrhunderts zu vermitteln. Durch die vorbildliche Analyse von Ballards Tagebuch beleuchtet *A Midwife's Tale* (1990) sowohl die alltägliche Routine einer »durchschnittlichen« Frau als auch Veränderungen in Hauswirtschaft und Geburtshilfe sowie die religiöse Vielfalt in den neuenglischen Kolonien.

Die Hinwendung zu kulturgeschichtlichen Betrachtungsweisen hat auch in der Frauenforschung ganz neue Blickwinkel eröffnet. Seit den späten 1980er Jahren treten eine Reihe von Historikerinnen mit dem Anspruch auf, die Geschichte insgesamt umschreiben zu wollen. Es reiche nicht aus, sich auf die Untersuchung der einen Hälfte der Menschheit zu beschränken. Frauen konstituierten ihre Lebenswelt vielmehr gemeinsam mit Männern; zusammen bestätigten oder modifizierten sie bestehende Werte und Normen und handelten die Machtverhältnisse zwischen den Geschlechtern immer wieder neu aus. Sich nur auf den Beitrag eines Geschlechts zu beschränken, führe deshalb zu einseitigen und verzerrenden Urteilen und Darstellungen.

Dieser grundlegende Orientierungswandel kommt in dem neuen Begriff der *gender studies* zum Ausdruck. *Gender* bezeichnet in der Grammatik das Geschlecht von Wörtern, das konventionell festgelegt ist und nicht immer der »Natur« des Gegenstands entspricht. Die Wahl des Begriffs *gender studies* soll verdeutlichen, daß es nicht um die Natur von Mann und Frau, sondern um die sozialen Konstrukte von Männlichkeit und Weiblichkeit geht. Gegenstand der *gender studies* sind die jeweiligen Annahmen über »natürliche« Eigenschaften und Tätigkeitsbereiche der Geschlechter, die prägende Kraft geschlechtsspezifischer Symbole und die daraus resultierenden Normen und Gesetze. Biologische Unterschiede werden nicht bestritten, doch man wendet sich gegen jede Form von biologischem Determinismus, da »Männlichkeit« und »Weiblichkeit« kulturspezifisch und historisch wandelbar seien.

Wegweisend für diese Entwicklung war der Artikel »The Traffic in Women«[6], in dem Gayle Rubin behauptete, daß die Dichotomie zwischen »Mann« und »Frau« ein Produkt der jeweiligen Kultur und

---

[6] Gayle Rubin, »The Traffic in Women: Notes on the ›Political Economy‹ of Sex«, in: Rayna R. Rayter (ed.), *Toward an Anthropology of Women* (1975), S. 157–210, 180.

das Ergebnis gesellschaftlicher Sinnstiftung ist. Die Trennung der Geschlechter wird demnach geschaffen und aufrechterhalten durch soziale Ordnungen und kulturelle Vereinbarungen, die Männern und Frauen geschlechtliche Identitäten auferlegen und ihre wechselseitigen Beziehungen strukturieren. Die Bezeichnung *gender studies* postuliert, daß die Frauengeschichte nicht isoliert erforscht werden kann. Was in einer Gesellschaft als »weibliche« Eigenschaft oder Aufgabe angesehen wird, ist nur vor dem Hintergrund dessen zu verstehen, was als »männlich« gilt. Beide Kategorien sind aufeinander bezogen und erhalten ihre Bedeutung erst dann, wenn man den Blick auf die Differenzen richtet.

Die neue Forschung bemüht sich um die Rekonstruktion der jeweils geltenden *gender systems,* jener sozialen Arrangements, die bei der Schaffung von »Männlichkeit« und »Weiblichkeit« mitwirken. Als Teil des gesellschaftlichen Lebens beeinflußt das *gender system* die Produktionsverhältnisse, die Ehe- und Familienbeziehungen sowie die Erziehung und Sozialisation. Das *gender system* ist aber weder widerspruchsfrei noch unveränderlich. Zum einen gibt es immer Frauen, die sich »männlich«, und Männer, die sich »weiblich« verhalten und damit den artifiziellen Charakter der Geschlechtsidentitäten offenlegen; zum anderen handelt jede Generation von Frauen und Männern die Bestimmungen von *gender* – unter Vorgabe der bestehenden Strukturen – neu aus. Frauen hatten zwar meist weniger Macht und Einfluß als Männer, aber sie waren zu keiner Zeit lediglich passive Opfer männlicher Unterdrückung.

Auch die *gay* und *lesbian studies* stützen sich auf die Grundannahmen der *gender*-Forschung. Sie wollen klären, seit wann und aus welchen Gründen Kategorien wie Homosexualität und Heterosexualität entstanden und inwiefern ihr Verständnis von politischen und sozialen Bedingungen beeinflußt wurde. Bis zum Ende des 19. Jahrhunderts galten intensive Freundschaften zwischen Frauen, die auch körperlich ausgedrückt wurden, als normal. In ihrem Werk *Intimate Matters: A History of Sexuality in America* (1988) weisen John D'Emilio und Estelle Freedman jedoch nach, daß diese Toleranz allmählich abnahm und homosexuelle Beziehungen um die Jahrhundertwende stigmatisiert wurden. Erst seit dieser Zeit erschienen populäre medizinische und politische Schriften, die Heterosexualität als Norm festlegten und Homosexualität als krankhaft definierten. Die Kategorisierung als »normal« bzw. »abweichend« oder »krank« hing zunächst von den angeblich geschlechtsspezifischen Eigenschaften der Betroffenen ab: Zu Beginn des Jahrhunderts galten »maskuline« Männer und »feminine« Frauen als »normal«, gleichgültig, ob sie gleichgeschlechtliche oder heterosexuelle Beziehungen hatten. Die Anfänge einer homosexuellen Subkultur in den 1940er

Jahren und die Auflehnung gegen gesellschaftliche Konventionen
Verdrängung und Doppelmoral durch das *gay* und *lesbian movemen*
im Zuge der Bürgerrechtsbewegung bilden weitere Themen-
schwerpunkte der *gay* und *lesbian studies.*

Gender, Gesellschaft und Politik

Der Gegenstandsbereich der *gender studies* beschränkt sich nicht auf
Geschlechtsidentitäten und intentionale Handlungen von Männern
oder Frauen. Vielmehr soll ermittelt werden, inwiefern das, was als
»weiblich« oder »männlich« galt, gesellschaftliche und politische
Strukturen prägte. In welcher Weise Auffassungen von *gender* zur
Aufrechterhaltung sozialer Hierarchien benutzt wurden, ist bislang
vor allem in bezug auf die ethnische Zugehörigkeit untersucht worden. So wurde die angebliche »Laszivität« mexikanischer und
schwarzer Frauen benutzt, um ihre sexuelle Ausbeutung zu rechtfertigen; in ähnlicher Weise diente das Bild des vermeintlich auf die
Vergewaltigung von weißen Frauen versessenen Schwarzen dazu,
Lynchmorde zu legitimieren und weiße Frauen von ihren männlichen Beschützern abhängig zu halten. Die Untersuchung von *gender*
muß daher in bezug auf Ethnien und soziale Schichten differenziert
werden; was »Männlichkeit« für einen weißen Mann hieß, war nicht
identisch mit dem, was es für einen Schwarzen, Indianer oder Asiaten bedeutete. Außerdem sollte die Analyse von *gender* nicht losge-
löst von konkreten Machtverhältnissen erfolgen. Die Definitionen
von Geschlechtsidentitäten erfolgen stets in einem bestimmten historischen Kontext; die jeweiligen wirtschaftlichen und politischen
Institutionen, Wertesysteme, Diskurse und Metaphern bilden die
Rahmenbedingungen für die Bestimmungen von Männlichkeit und
Weiblichkeit.

Es gibt bislang keine einheitliche Theorie oder allgemein akzeptierte Methode der *gender studies.* Einige Historikerinnen greifen
weiterhin auf Theorien vom Patriarchat zurück, andere suchen *gender* aus den materiellen gesellschaftlichen Bedingungen zu erklären
oder setzen eine Interaktion zwischen ökonomischen und *gender*-
Systemen voraus. Häufig werden auch Einsichten aus psychoanaly-
tischen oder poststrukturalistischen Theorien übernommen und auf
gender-Themen angewendet. Obgleich die von Poststrukturalisten
geforderte differenzierte Betrachtung von Sprache zu neuen Erkenntnissen geführt hat, gibt es bislang kaum Historikerinnen, die sich
gänzlich innerhalb poststrukturalistischer Theorien bewegen; meist
werden lediglich einzelne Thesen oder Kategorien übernommen.

Ähnlich vielfältig wie die Methoden sind die Gegenstände der
gender studies. Frauenkulturen und -tätigkeiten lassen sich nunmehr

in ihrer Interaktion mit männlichen Handlungsweisen untersuchen und in einen größeren Kontext einordnen. Die symbolischen Repräsentationen der Geschlechtsdifferenzen, intellektuelle Vorstellungen und konkrete politische sowie ökonomische Umstände, die das Frauen-Männer-Verhältnis prägten, werden in die Analyse einbezogen. Außerdem befaßt man sich mit den Auswirkungen von »Männlichkeit« und »Weiblichkeit« auf Handlungsspielräume von Männern und Frauen. Inwiefern beeinflußte das, was als die Natur der Frau galt, etwa die gesetzlichen Regelungen des Vermögensrechts, der Sozialhilfe oder des Arbeitsschutzes, in denen fast immer Unterschiede zwischen den Geschlechtern gemacht wurden? Ein weiterer Schritt ist die Einbeziehung der politischen Geschichte in die *gender studies* mit dem Ziel, die Verflechtung zwischen Geschlechterrollen und politischer Macht aufzudecken. In *Good Wives, Nasty Wenches, and Anxious Patriarchs* (1996) breitet Kathy Brown viele Belege für ihre These aus, daß *gender* die politischen Institutionen, sozialen Beziehungen und die Entwicklung der Sklaverei in Virginia prägte. Besonders die Konstruktion der »Weiblichkeit« von Afro-Amerikanerinnen beeinflußte die Abfassung der Sklaverei-Gesetze und trug entscheidend zur Legitimierung der Machtverhältnisse im Süden bei.

Trotz einiger Unkenrufe hat die Ausweitung der Frauengeschichte hin zu den *gender studies* insgesamt eine sehr positive Resonanz gefunden. Erstmals haben Historikerinnen einen integrativen Ansatz vorgestellt, der die Möglichkeit bietet, die Erfahrungen von Männern und Frauen unterschiedlicher ethnischer Gruppen und sozialer Schichten in einem übergeordneten Rahmen zu untersuchen. Damit ist *gender* in der amerikanischen Geschichtsforschung zu einer festen Analysekategorie geworden.

8.

Kulturgeschichte

Im traditionellen Sinne beschäftigt sich Kulturgeschichte vornehmlich mit Werken der »schönen Künste« wie Literatur, Musik und Malerei oder der Wissenschaften. Deren Geschichte wird heute allerdings meist im Rahmen der jeweiligen Fachdisziplinen untersucht. *New cultural history* meint demgegenüber die Erforschung der Gesamtheit lebensweltlicher Wirklichkeitserfahrungen, Wirklichkeitsdeutungen und Wirklichkeitsgestaltungen. Der klassischen Sozialgeschichte lag die Annahme zugrunde, daß kulturelle Phänomene nur durch ihre Beziehungen zu sozialen Strukturen erklärt werden können, und daß kulturelle Veränderungen demnach Folgen von sozialem Wandel sind. Diesen Ansatz läßt die neue Kulturgeschichte insofern hinter sich, als sie davon ausgeht, daß Kultur soziale und politische Strukturen gleichermaßen prägen kann, wie sie von ihnen geprägt wird. Die *religious history* und die *intellectual history,* die in den USA bereits über eine längere Tradition verfügen, werden in diesem Überblick der *cultural history* zugeordnet. Das trägt der Erkenntnis Rechnung, daß religiöse Vorstellungen, politische Ideen und Ideologien keineswegs nur soziale Zustände »reflektieren«, sondern die gesellschaftliche Wirklichkeit selbst beeinflussen und verändern.

8.1. Religionsgeschichte

Das Studium des religiösen Lebens und der Zusammenhänge zwischen Religion, Politik, Wirtschaft und Kultur in den USA übt seit jeher große Faszination insbesondere auf Europäer aus, die von ihren Heimatländern her völlig andere Zustände gewohnt sind. So betrachtete Alexis de Tocqueville die auf Freiwilligkeit beruhenden Gemeinden als Urformen der egalitären amerikanischen Demokratie, und zu Beginn des 20. Jahrhunderts erklärte der deutsche Soziologe Max Weber den Aufstieg des Kapitalismus aus der »innerweltlichen Askese« des Puritanertums. Andererseits nahm Weber aber wie viele seiner Zeitgenossen an, die Religiosität würde im Zuge der fortschreitenden »Modernisierung« auch in den USA immer mehr an Bedeutung verlieren. Solche Vorstellungen von einer unaufhaltsamen Säkularisierung blieben nicht ohne Einfluß auf die amerikanischen Historiker, die religiöse Überzeugungen als »falsches Bewußtsein« im Sinne von Marx oder als psychologische Konstrukte im Sinne von Freud zu deuten begannen. Bis in die 1950er Jahre war die Situation in den USA deshalb von einer Art Schisma zwischen den Vertretern der kritischen Geschichtswissenschaft *(secular historians)* und den theologisch geschulten Kirchenhistorikern *(church historians)* gekennzeichnet. Erst als klar wurde, daß die Religionen keineswegs aus dem öffentlichen Leben verschwanden, fanden beide Seiten in dem Bemühen zueinander, religiöse Phänomene der amerikanischen Geschichte ernst zu nehmen und ebenso kritisch wie unvoreingenommen zu studieren.

Solche Phänomene waren neben dem stets aktuellen Puritanismus zunächst die Erweckungsbewegungen *(awakenings, revivals)* des 18. und 19. Jahrhunderts sowie das christliche Missionswesen, das eine wichtige Rolle bei der amerikanischen Expansion in Übersee gespielt hatte. Nach diesen Anfangserfolgen proklamierte Henry F. May 1964 »The Recovery of American Religious History«[1], und drei Jahre später erregte Robert N. Bellah großes Aufsehen mit seiner These, das amerikanische politische Leben habe seit der Kolonialzeit eine »religiöse Dimension« besessen.[2] Fast gleichzeitig schrieb Sidney W. Mead der religiösen Tradition eine zentrale Rolle im amerikanischen Geistesleben zu.[3] In der Folge kam es zu einer wahren Explosion des Interesses an religionsgeschichtlichen Themen sowie zur Auffächerung in mehrere Subdisziplinen wie Geschichte der kirchlichen Institutionen, koloniale Religionsgeschichte, Geschichte des Protestantismus, des Katholizismus, des Judentums und der religiösen Utopien und Reformbewegungen. Das liberale Klima der Bürgerrechtsepoche förderte die Ausweitung des Religionsbegriffs auf viele Erscheinungsformen, die man bis dahin als »Sekten« abgetan oder nur in einem anderen Zusammenhang wahrgenommen hatte – beispielsweise die Religionen der Ureinwohner durch die Brille der christlichen Indianermissionare. Überdies entdeckten nun auch zahlreiche andere Forschungszweige wie *intellectual history,* Einwanderungsgeschichte, Stadtgeschichte, *African American history* und Frauengeschichte die Bedeutung religiöser Institutionen und Motivationen, was eine steigende Flut von Einzelstudien zur Folge hatte. Die Begriffe *religion, ethnicity, gender* und *culture* rückten bald so

---

[1] Henry F. May, »The Recovery of American Religious History«, in: *American Historical Review* 70 (1964), S. 79–92.

[2] Vgl. Robert N. Bellah, »Civil Religion in America«, in: *Daedalus* 96 (1967), S. 1–21.

[3] Sidney W. Mead, »The Nation With the Soul of A Church«, in: *Church History* 36 (1967), S. 275–283.

eng zusammen, daß man das eine nicht mehr ohne das andere verstehen zu können glaubte.

Gegen diese Tendenz eines Aufgehens der Religionsgeschichte in die allgemeine Geschichte versuchten die Fachleute die Integrität ihres Arbeitsgebiets zu verteidigen. Dabei lehnten sie die Einbeziehung möglichst vieler Formen des religiösen Lebens ebensowenig ab wie die Anwendung neuer Methoden und Ansätze aus den Nachbardisziplinen oder aus anderen Wissenschaften wie Soziologie, Psychologie und Anthropologie. Sie bestanden jedoch auf der Notwendigkeit eines interpretativen Gesamtrahmens, in dem die Einzelergebnisse der Forschung Sinn machten und zu vorläufigen Synthesen zusammengefaßt werden konnten. Den Weg in diese Richtung wies Sydney E. Ahlstroms monumentale *Religious History of the American People* (1972), die nicht nur eine Bilanz aller bisherigen Arbeit zog, sondern auch mit der üblichen Vorzugsbehandlung der protestantischen Glaubensrichtungen – Baptisten, Methodisten, Presbyterianer, Kongregationalisten, Lutheraner, Reformierte – brach und auf nahezu der Hälfte des Textes sogenannte »nichttraditionelle« Themen wie Katholizismus, Judentum, Evangelikalismus und Mormonentum behandelte.

Im Gefolge von Ahlstroms Werk hat sich das Konzept des »religiösen Pluralismus« als verbindende Leitlinie und Orientierung gebender »Kompaß« der neuen Religionsgeschichte durchgesetzt. Damit ließen die Historiker den »protestantischen Triumphalismus«, der alle anderen Glaubensrichtungen im Prinzip als »unamerikanisch« ansah, ebenso hinter sich wie das eindimensionale säkulare Fortschrittsverständnis, das für Religionen wenig Raum hatte. Das Hauptaugenmerk galt von nun an der Entwicklung der Glaubens-, Gewissens- und Religionsfreiheit in Amerika, die zunehmend mit der Situation in anderen Ländern der Erde verglichen wurde. Trotz allem berechtigten Stolz auf die amerikanische Vorreiterrolle seit der Kolonialzeit, spätestens aber seit der Trennung von Kirche und Staat in der Revolutionsepoche, blickt man jetzt der Tatsache ins Auge, daß auch in den USA große praktische und mentale Hindernisse überwunden werden mußten, bevor sich ein echter religiöser Pluralismus etablieren konnte. Das 19. Jahrhundert stand noch ganz im Zeichen der protestantischen Vorherrschaft, die durch die interne Zersplitterung in über 200 Gruppierungen allenfalls gemildert wurde. Infolge der Erweckungs- und Missionierungsbewegungen gehörten 1900 prozentual wesentlich mehr Amerikaner einer Kirche oder sonstigen Glaubensgemeinschaft an als 1800. Im 20. Jahrhundert kam es zunächst zu einer Art protestantisch-katholisch-jüdischem Triumvirat, bevor sich in den letzten Jahrzehnten ein radikal-liberales Religionsverständnis Bahn brach. Wichtige Beiträge hierzu leisteten zweifellos die Gerichte, die gegen zuweilen heftige öffentliche Proteste die von Jefferson geforderte »Trennmauer« *(wall of separation)* zwischen der staatlichen und der religiösen Sphäre strikt aufrechterhielten. Noch bestimmender dürfte aber die demographische Entwicklung seit den 1960er Jahren gewesen sein, die eine erneute dramatische Ausweitung des religiösen Spektrums um Islam, Hinduismus, Buddhismus und andere Weltreligionen und Kulte mit sich brachte. Während die meisten Amerikaner diese Entwicklung akzeptieren, formiert sich seit einiger Zeit in politisch aktiven fundamentalistischen Kreisen Widerstand gegen die befürchtete Auflösung des judeo-christlichen Kerns der amerikanischen Identität. Bislang stellen aber nicht einmal die radikalen Fundamentalisten das Prinzip des religiösen Pluralismus in Frage, das zum hervorstechenden Merkmal der amerikanischen Zivilgesellschaft geworden ist. Ebensowenig wie früher die Trennung von Kirche und Staat einem lebendigen Gemeindeleben und dem Zusammenspiel von Religion und Politik auf der lokalen Ebene abträglich war, scheint der heutige Pluralismus einen Rückgang der Religiosität in der Bevölkerung bewirken zu können. Bei Meinungsumfragen bekennen gut 90 Prozent der Amerikaner, d. h. weit mehr als in den meisten anderen Ländern, ihren Glauben an ein höheres Wesen. Als übergreifende Klammer für die multiethnische und multireligiöse Bevölkerung dient weiterhin die *civil religion,* die mit ihren nationalen Symbolen, Ritualen und »heiligen Orten« den Bezug zu einer transzendenten Wahrheit jenseits aller Glaubensbekenntnisse herstellt.

8.2. Intellectual history

Eine allgemein akzeptierte Definition der amerikanischen Geistesgeschichte oder auch nur ein präzises Äquivalent zum deutschen Begriff »Geistesgeschichte« gibt es nicht. In den USA werden die Begriffe *intellectual history, history of ideas* und neuerdings *history of mentalities* verwendet; manche Forscher benutzen *intellectual history* als Oberbegriff, der sogar die gesamte Kulturgeschichte abdeckt.

Mit den Ideen »großer Männer« und dem Fortschritt der Zivilisation beschäftigt sich die amerikanische Geschichtsschreibung zwar schon seit dem 18. Jahrhundert, aber an Kontur und Bedeutung gewann die *intellectual history* erst in den 1920er Jahren. Vernon L. Parringtons dreibändiges Werk *Main Currents in American History* (1927–1930), das die gesamte Geschichte der USA auf den Widerstreit zweier ideologischer Strömungen, der demokratisch-egalitären »Jeffersonschen« und der konservativ-elitären »Hamiltonschen« zurückführte, kann als klassisches Werk der frühen *intellectual history* betrachtet werden. Ähnlich einflußreich war *Carl Beckers* Studie *The Heavenly City* (1959), die sich mit dem Wirken aufklärerischer Ideen im Amerika des 18. Jahrhunderts beschäftigt.

Zur Zeit des Zweiten Weltkrieges beherrschten zwei unterschiedliche Ansätze das Feld: Einige Historiker verbanden im Gefolge von *Merle Curtis The Growth of American Thought* (1943) Fragen der geistigen und der sozialen Entwicklung; andere orientierten sich an einer *history of ideas,* wie sie *Arthur Lovejoy* in *The Great Chain of Being* (1936) vorgestellt hatte, und verfolgten die Geschichte einzelner zentraler Ideen oder Vorstellungen. Diese »reine« Ideengeschichte, die politische und soziale Faktoren ebenso unbeachtet ließ wie die Motive und Intentionen der Autoren, wurde zwar in der USA entwickelt, aber vor allem auf die europäische Geschichte angewendet.

In den 1950er Jahren erhielt die *intellectual history* neue Impulse von der *American Studies*-Bewegung. *Arthur Schlesinger Jr.* und *Louis Hartz* maßen Ideen große Bedeutung für die Politik bei; *Richard Hofstadter,* der ebenfalls dieser Richtung zuzuordnen ist, legte in *The Age of Reform* (1955) dar, inwiefern der *agrarian myth,* die Vorstellung von einer idealisierten Gemeinschaft kleiner unabhängiger Farmer, die amerikanische Geschichte beeinflußt hatte. In ähnlicher Weise, aber stärker literaturwissenschaftlich orientiert, erforschten Historiker unter Hinzuziehung von »schöner Literatur« zentrale Mythen und Symbole. In *Virgin Land* (1950) ging *Henry Nash Smith* der Frage nach, welchen Einfluß der Mythos vom amerikanischen Westen auf das amerikanische Bewußtsein im 19. Jahrhundert ausgeübt hatte.

Eine umfassende Fragestellung verfolgte *Perry Miller* in seinem einflußreichen Werk *The New England Mind.* Im ersten Band – mit dem Untertitel *The Seventeenth Century* (1939) – lieferte Miller eine systematische Analyse des Gedankengebäudes einer Gruppe von puritanischen Geistlichen, die zu dieser Zeit die geistige und soziale Elite der neuenglischen Kolonien bildete. Im zweiten Band, *From Colony to Province* (1953), zeigte er, wie sich dieses ursprünglich aus England stammende Weltbild aufgrund der besonderen amerikanischen Bedingungen veränderte. Indem Miller die methodischen Ansätze von Curtis und Lovejoy miteinander verband, legte er wesentliche Ursprünge der amerikanischen Identität offen. Da Millers Werk gut in das Klima der konsensorientierten, auf den Nachweis der Sonderstellung Amerikas bedachten Geschichtsschreibung paßte, fanden seine Thesen viel Zuspruch.

Wie sehr die Diskussion um *The New England Mind* die Forschung prägte, läßt sich daran ablesen, daß nach 1960 weit über 1000 Artikel und Monographien zum Puritanismus in Neuengland erschienen, die auf Miller Bezug nahmen. Allmählich wuchs jedoch die Kritik an der Beschränkung auf die Gedankenwelt der Elite, und es wurden Zweifel laut, ob selbst diese kleine Gruppe eine kohärente Weltanschauung gehabt habe. Sobald man das Verhältnis zwischen Theorie und Praxis der Geistlichen studierte, erst recht aber bei einer Berücksichtigung von Laien und anderen Glaubensgruppen, gelangte man zu differenzierten Forschungsergebnissen. Auch die Spezialstudien zu einzelnen Gemeinden *(towns)* ließen erkennen, daß die Geschichte Neuenglands nicht als bloße Konkretisierung puritanischer Ideen und Weltbilder geschrieben werden konnte.

In den bewegten 1960er und 1970er Jahren verlor die *intellectual history* nicht nur ihre Vorrangstellung, sondern geriet sogar in einen schlechten Ruf. Mit dem Bewußtsein, in einer pluralistischen, konfliktreichen Gesellschaft zu leben, schwand der Glaube an eine konsistente und homogene nationale Tradition. Selbst die vergleichsweise weniger ambitiösen Darlegungen über den »Zeitgeist« einzelner Epochen fanden im aufgewühlten Klima der Bürgerrechtsepoche wenig Anklang. Hinzu kam ein verbreitetes Mißtrauen gegenüber sozialen und politischen Eliten, auf die sich geistesgeschichtliche Untersuchungen häufig beschränkt hatten. Historiker der jüngeren Generation stellten den repräsentativen Charakter und teilweise sogar die Relevanz früherer Arbeiten in Frage. Über die in der *new social history* betonten Differenzen zwischen ethnischen Gruppen, sozialen Schichten, Geschlechtern und Regionen gaben ältere geistesgeschichtliche Studien wenig Auskunft. Darüber hinaus eignete sich die traditionelle Form der Geistesgeschichte nicht für eine Untersuchung der Geschichte »von unten«. Die *intellectual history* wurde deshalb von der neuen Historikergeneration als elitär gebrandmarkt und weitgehend außer acht gelassen.

Seit den späten 1970er Jahren erlebte die häufig totgesagte Geistesgeschichte aber eine Renaissance und entwickelte Fragerichtungen, die den Erkenntnissen der *new social history* Rechnung trugen. Ihr Hauptaugenmerk richtete sich nicht mehr auf die Inhalte philosophischer und literarischer Werke, sondern auf die Rezeption von Ideen und Ideologien durch die breite Bevölkerung. In dem Zusammenhang schenkte man auch den Institutionen, die für die Verbreitung von Ideen sorgten, wie Medien, Schulen und Universitäten, große Aufmerksamkeit. Von hier her rückte die große Wirkung von Sprache, von Denkmustern und von Konventionen, die eingrenzten, was zu bestimmten Zeiten denk- und sagbar war, in den Mittelpunkt des Interesses.

Die Einsicht in die Vielfalt der amerikanischen Gesellschaft führte dazu, daß man nicht weiter nach »der« amerikanischen Tradition oder »dem« amerikanischen Bewußtsein suchte, sondern überschaubare, klar definierte Themen wie die Ideen- und Wirkungsgeschichte einer soziologischen »Schule« in Angriff nahm. Außerdem fand der Zusammenhang zwischen mentalen Dispositionen und sozialen Gegebenheiten mehr Berücksichtigung. So untersuchte Bruce Kuklick in *The Rise of American Philosophy* (1977) den Pragmatismus nicht unter rein ideengeschichtlichen Gesichtspunkten, sondern analysierte seine Verankerung und Entwicklung an den amerikanischen Universitäten. Neuere intellektuelle Biographien stellen Bezüge zwischen dem individuellen Gedankengebäude und dem sozialen und kulturellen Umfeld her und zeigen beispielhaft auf, inwiefern das jeweilige Weltbild von äußeren Faktoren, Werten und Normen, institutionellen Rahmenbedingungen und sozialen Begebenheiten geprägt war. Das Bemühen um die exemplarische Beleuchtung größerer Zusammenhänge zeigt sich häufig schon am Untertitel solcher Biographien, so etwa bei Kathryn Sklars Biographie zu Florence Kelley: *The Rise of Women's Political Culture*, 1830–1900 (1995).

Einen bedeutenden Zweig der *intellectual history* bildet die Analyse von Diskursen, unter denen man im weitesten Sinne Gruppen von Texten und Äußerungen versteht, die sich auf bestimmte Fragen oder Themen beziehen. Die Untersuchung von Diskursen nahm ihren Ausgang von der politischen Philosophie, in der dem jeweiligen Kontext eine große Bedeutung für das Verständnis der Texte zukommt. Nicht auf die zeitübergreifende Bedeutung eines Texts kam es an, sondern auf die Interpretation einzelner Aussagen in ihren geistigen und sprachlichen Zeitbezügen.

Zu den Diskursen, die seit den 1970er Jahren besonders intensiv analysiert worden sind, gehört die Ideologie und politische Sprache des Republikanismus. Daß das amerikanische politische Denken vornehmlich von John Locke und dem Liberalismus geprägt sei, wurde erstmals von John Pocock in Frage gestellt, der in seinem bahnbrechenden Werk *The Machiavellian Moment* (1975) die große Bedeutung des Republikanismus für die amerikanische Kultur des 18. Jahrhunderts nachwies. Diese in Renaissance und Klassik zurückreichende Tradition wertete das Gemeinwohl *(common good)* als das höchste Gut, für das der Bürger notfalls sein Leben und sein Vermögen opfern mußte. Historiker wie Bernard Bailyn und Gordon Wood legten im Gefolge Pococks dar, wie diese geistige Strömung mitsamt ihren Vorbehalten gegen kommerzielle Werte das politische Denken und Handeln im Nordamerika der Revolutionszeit prägte. Sie konnten zeigen, daß republikanische Ideen und Konzepte den Erfahrungshorizont für die Perzeption und Bewertung des Geschehens lieferten: Auch einfache Bürger deuteten die Revolution und ihr eigenes Handeln mit Hilfe republikanischer

Denk- und Sprachmuster. Von anderen Historikern wurde die Rekonstruktion dieser politischen Tradition dazu genutzt, so heterogene Phänomene wie die Interessensartikulation von Handwerken
oder das Ansehen von »republikanischen Müttern« zu beleuchten.
Die »Wiederentdeckung« des *republicanism* löste eine heftige Debatte
darüber aus, welche Anteile von liberalem, republikanischem und
protestantischem Gedankengut in einer konkreten historischen Situation genau zu bestimmen sind und welche wechselseitigen Beziehungen zwischen diesen Elementen bestehen.

Zur Rekonstruktion von Diskursen ziehen Historiker nicht nur
Texte, sondern auch Quellen wie Gemälde oder Karikaturen heran.
Beispielsweise hat John Kasson in *Civilizing the Machine* (1976) anhand von Bildern und Kupferstichen deutlich gemacht, daß republikanische Denktraditionen bis ins späte 19. Jahrhundert hinein fort-
wirkten und die Einstellung vieler Amerikaner zum technischen
Fortschritt beeinflußten. Gleichsam im Gegenzug hat die neuere
amerikanische Kunstgeschichte dem politischen und sozialen Gehalt
von Gemälden größere Beachtung geschenkt.

Seit den 1960er Jahren werden nicht nur formale Denksysteme,
sondern auch kollektive Mentalitäten analysiert. Die *histoire des
mentalités* französischer Provenienz übte allerdings nur wenig Einfluß
auf amerikanische Historiker aus. Sie kritisierten, daß der mentali-
tätsgeschichtliche Ansatz den falschen Eindruck von Einheitlichkeit
vermittele und Veränderungen nur unzureichend erklären könne.
Traditionelle Themen der Mentalitätsgeschichte wie das Verhältnis
der Menschen zum Tod sind zwar aufgegriffen worden, doch das
Interesse gilt vornehmlich materialen Zeugnissen, etwa der Entwicklung von Friedhöfen, Grabmälern und Beerdigungsritualen.
Fragen nach dem Sinn, den Menschen ihrem Verhalten gaben, sowie nach bewußten oder unbewußten Werten und Normen gesellschaftlicher Gruppen und Schichten werden meist nicht unter Bezug auf Konzepte der Mentalitätsgeschichte, sondern im Rahmen
der »neuen Kulturgeschichte« untersucht.

8.3. Die *new cultural history*

Unter dem Begriff *new cultural history* werden unterschiedliche Ent-
wicklungstendenzen der Kulturgeschichte zusammengefaßt. Als
Schlagwort taucht der Begriff *culture* heute in so vielen Studien aus
verschiedenen Disziplinen auf, daß es sehr schwer geworden ist, die
Kulturgeschichte von anderen Teilbereichen der Geschichtsschreibung abzugrenzen. »Kultur« im weitesten Sinne wird etwa in Form
der Kultur des Markts, Kultur des Konsums, *business culture, black*

culture, Indian culture oder *women's culture* untersucht. Kultur meint hier die gesamte Wahrnehmung und Deutung der Lebenswirklichkeit, die ihrerseits das Handeln von Menschen strukturiert. Nach einem von Clifford Geertz verwendeten Bild ist Kultur das von den Menschen selbst gesponnene »Netz der Bedeutungen«, das sich in materialen Aspekten wie Gebrauchsgegenständen, Kunstwerken oder Texten ebenso manifestiert wie in sozialen Institutionen und im menschlichen Verhalten. Manche Kulturdefinitionen beschränken sich auf den »geistigen« Aspekt, auf das kollektive Denkmuster, die Arten der Sinnstiftung und des Werte- und Normensystems. Andere Definitionen des Kulturbegriffs schließen auch kollektive Handlungen, rituelle Praktiken, soziale Institutionen und materielle Objekte mit ein. *Folk songs* schwarzer Sklaven, von Frauen gefertigte Quilts oder die Verhandlungspraktiken von Managern sind demzufolge Bestandteile der jeweiligen Kultur.

Insgesamt geht es der »neuen Kulturgeschichte« um das Verständnis von menschlichem Verhalten und Erleben, um die Ermittlung von Mustern der Wahrnehmung und Deutung sowie um die historische Veränderung von Erfahrungen, Gefühlen und Handlungsweisen. Die in Großbritannien entwickelte und marxistisch ausgerichtete Form der *cultural studies,* die sich meist auf die Analyse zeitgeschichtlicher Phänomene beschränkt, hat in den USA relativ wenig Einfluß gehabt. Größere Wirkung auf die *new cultural history* übten dagegen literaturwissenschaftliche und anthropologische Konzepte aus. Obgleich eine Untergliederung der Kulturgeschichte schwierig ist, werden im folgenden einige wesentliche Bereiche herausgegriffen und kurz vorgestellt.

Das Aufbrechen von Gegensätzen: folk culture, popular culture, mass culture und die Kulturen der Elite

Unter *folk culture* versteht man traditionelle, häufig rituelle Ausdrucksformen der unteren Schichten, deren Hauptmerkmale Mündlichkeit und *face-to-face*-Kommunikation sind. Meist wird die *folk culture* mit der vorindustriellen Gesellschaft oder mit Minderheiten und Ethnien assoziiert, die außerhalb der marktwirtschaftlichen Strukturen leben. Von ihrer Untersuchung verspricht man sich einen besseren Zugang zu den genuinen Werten und Einstellungen der jeweiligen Gruppe.

Die *popular culture* wird demgegenüber meist negativer eingeschätzt. Im Gegensatz zur *folk culture* gilt sie nicht als Ausdruck der Mentalitäten der unteren Schichten, die häufig nur als Konsumenten dieser Kultur angesehen werden. Als die eigentlichen Urheber der *popular culture* gelten Angehörige der höheren Schichten, die damit eigene wirtschaftliche Interessen oder ideologische Ziele verfolgten. Die nur scheinbar neutrale Bestimmung von *popular culture* als Gegenstück zur sogenannten *high culture* geht oft mit negativen Wertungen einher. Schlager, »Seifenopern« und andere populäre Genres werden häufig als repetitiv, ästhetisch und inhaltlich simpel, kurz als »Kitsch« eingeschätzt. Kritiker solcher Wertungen verweisen jedoch darauf, daß auch die *folk culture* viele negative Züge besitze und etwa Gewalt glorifiziere.

Aufgrund der fortschreitenden Kommerzialisierung wird *popular culture* teilweise mit *mass culture* gleichgesetzt. Dies ist aber deshalb problematisch, weil nicht alle Produkte der Massenkultur auch populär waren: Von Groschenromanen bis zu Kinofilmen wurde viel produziert, was bei der Bevölkerung schlecht oder gar nicht »ankam«. Auch die Grenzen zwischen *folk culture* und *popular culture* lassen sich nicht eindeutig bestimmen. So übernahmen *folk*-Sänger zu Beginn des 20. Jahrhunderts Motive und Stile der ersten Schallplatten, während die Plattenindustrie *folk songs* adaptierte.

Besonders umstritten sind die Beziehungen zwischen *popular culture* und der Kultur der Eliten. Eine Zeitlang neigte man zu der Auffassung, Themen und Motive der »hohen Kultur« würden in vereinfachter Form »nach unten durchsickern«. Andererseits hat gerade in den USA die »hohe« Kultur Motive aus der »niederen« Kultur übernommen; meist geht man daher von einer Interaktion aus.

Manche Historiker stellen die klare Trennung von »hoher« und »populärer« Kultur in Frage. Zum einen hat sich eine beschreibende Definition von *pop culture* durchgesetzt: *popular* ist das, was weit verbreitet war; ob es auch von den Eliten geschätzt und rezipiert wurde, spielt für diese Definition der *popular culture* keine Rolle. Die Elitekultur kann daher auch als Teil der *popular culture* aufgefaßt werden. Zum anderen ist die Abgrenzung zwischen elitären und populären Kulturen ein Produkt des späten 19. Jahrhunderts, also selbst historisch bedingt. In dem einflußreichen Werk *Highbrow/Lowbrow* (1988) hat Lawrence Levine gezeigt, daß es zuvor kein derartiges hierarchisches Kulturverständnis gab; so gehörten die Dramen Shakespeares zum allgemeinen Kulturgut und wurden in Minstrel-Shows und in volkstümlichen Vergnügungen ebenso verarbeitet wie in »hoher« Literatur.

Die Suche nach Bedeutungen: Anthropologische Methoden in der Kulturgeschichte

Die Anwendung von Konzepten der kulturellen Anthropologie ist zum zentralen Merkmal der amerikanischen *new cultural history* geworden. Unter ihrem Einfluß begannen Historiker damit, Rituale und Verhaltensweisen wie Texte zu deuten, aus denen Aufschluß über die Werte und Einstellungen der Handelnden gewonnen werden konnte. Außerdem wurde die Sprache der vorhandenen schriftlichen Quellen – insbesondere Metaphern und Symbole – einer genaueren Analyse unterzogen. Großen Einfluß übten seit den 1970er Jahren vor allem die Werke der Kulturanthropologen Clifford Geertz, Marshall Sahlins, Victor Turner und Mary Douglas aus. Trotz mancher interner Differenzen gehen diese Autoren davon aus, daß Kultur als historisch überliefertes Netz von Bedeutungen prägt, was Menschen wahrnehmen, fühlen und tun. Besonders wichtig sind Symbole, mittels derer die Mitglieder einer Gesellschaft ihre Weltsicht kommunizieren. Solche Symbole können aus einfachen Gesten bestehen – etwa in einem Augenzwinkern, daß je nach kulturellem Kontext Komplizenschaft, Spott oder eine Aufforderung bedeuten kann – oder aus komplexeren Einheiten wie Legenden. Amerikanische Historiker entnahmen solchen Theorien vor allem Hinweise auf diejenigen Faktoren, die zur Veränderung von Kulturen beitrugen oder die Beziehungen zwischen verschiedenen Subkulturen beeinflußten.

Schon früh fanden die Methoden der Anthropologie Eingang in die *African American history*. Wie fruchtbar die Analyse von Quellen wie Sprichwörtern, Witzen, Legenden, *folk songs,* Trinksprüchen, linguistischen Belegen und *oral histories* sein kann, bewies Lawrence Levines Studie *Black Culture and Black Consciousness* (1977). Sie zeichnet die Veränderungen schwarzer Kulturen im Übergang von der Sklaverei zur Emanzipation sowie vom Land- zum Stadtleben nach. Levine wies den afrikanischen Einfluß und die Vermischung von christlichen und afrikanischen Traditionen ebenso nach wie die Bezüge zwischen religiösen Überzeugungen und dem Alltagsleben. Religion, Musik und das Erzählen von Geschichten boten Möglichkeiten der Identitätsstiftung und fungierten als Medien, die Ärger, Haß und Frustrationen kanalisieren konnten. Die Kontinuität der schwarzen Kultur lag nicht in den Themen, sondern in den Formen, die im Kontext der Sklaverei mit anderen Inhalten gefüllt wurden.

Ein zweites wichtiges Anwendungsfeld anthropologischer Konzepte und Methoden bildet die Frauengeschichte. In ihrer Aufsatzsammlung *Disorderly Conduct* (1985) versuchte Caroll Smith-Rosenberg die kulturellen Grenzen zwischen männlichen und weiblichen Lebenswelten im 19. Jahrhundert aufzuzeigen, indem sie Rituale und Symbole als Ausdruck von Konflikten und Machtkämpfen deutete. Die emotionalen, enthusiastischen Formen weiblicher Religiosität interpretierte sie als eine Form der Ablehnung der sozialen Ordnung und als Herausforderung der männlichen Autorität.

Die Einsicht, daß rituelles Verhalten Aufschluß über Sinngebungsprozesse vermitteln kann, ist auch für die Analyse der Festkulturen fruchtbar gemacht worden. Besonderes Interesse hat dabei
die Gestaltung von politischen Feiertagen gefunden. Solche Feste
mit ihren Paraden, Banketten, Reden und Trinksprüchen spiegeln
nicht nur Werte und soziale Strukturen wider, sondern sie wurden
auch bewußt zur Konstruktion einer nationalen Identität genutzt.
Das frühere, weitgehend homogene Bild des Festtagsverhaltens ist
inzwischen allerdings modifiziert worden: Gerade am 4. Juli, dem
amerikanischen Unabhängigkeitstag, kam es immer wieder zu Konflikten, Spannungen und politischen Protesten.

Material culture studies

Seit den 1970er Jahren beschäftigen sich amerikanische Historiker
intensiver mit der »materiellen Kultur«, mit den physisch greifbaren
Dingen, die von Menschen geschaffen oder verändert werden. Maschinen und Werkzeuge fallen ebenso hierunter wie Häuser, Kleidungsstücke oder kunsthandwerkliche Produkte. Solche Gegenstände werden nicht mehr nur für Museen gesammelt, sondern in erster
Linie als Quellen für die Analyse von menschlichen Handlungen,
Lebensweisen, Einstellungen und Werten genutzt.

Die Architektur von Häusern, die Anzahl und Funktionen der
Räume werden auf den sozialen Status, das Verhalten und Familienleben der Bewohner hin befragt. Da viele Häuser während der
Kolonialzeit nur einen Raum hatten, blieb den Individuen keine
Privatsphäre. Auch die Untersuchung der Inneneinrichtung gibt
Aufschluß über vergangene Lebensgewohnheiten. Der Mangel selbst
an einfachen Gebrauchsgegenständen wie Tischen oder Bänken –
die in der Kolonialzeit nur in etwa einem Drittel der Haushalte vorhanden waren – sowie an Gabeln oder Tellern prägte das Alltagsleben von amerikanischen Familien, die bis zur Revolution nicht selten mit den Fingern aus einer gemeinsamen Schüssel aßen.

Von Interesse ist auch, welchen Sinn die Zeitgenossen Dingen
wie Photoalben, Putzmitteln, Tapeten, Geschirr und Heizungen
zuwiesen, und welche Gründe sie zum Kauf bewogen. Veränderungen in der Mode erlauben Rückschlüsse auf das Selbstbewußtsein
sozialer Schichten und die Konstruktion von Männlichkeit und
Weiblichkeit. So benutzten Einwanderer Kleidung als ein Mittel,
um ihre Identität in der neuen Umgebung zur Schau zu tragen. In
Making a New Deal (1990), einer detaillierten Untersuchung von
fünf Arbeitergemeinden in Chicago, fand Lizabeth Cohen heraus,
daß ältere ethnische Identitäten durch neue Konsumgewohnheiten
stark verändert wurden. Die Entwicklung des Versandhandels und

die Ablösung von Einzelhandelsgeschäften durch Warenhäuser und
Malls werden für untersuchenswert gehalten, weil sie den Alltag
breiter Bevölkerungsschichten prägten.

Unter Einbeziehung der Technologiegeschichte und der industriellen Archäologie befassen sich Historiker wie Herbert Gutman oder
David Montgomery mit den Veränderungen am Arbeitsplatz. Im
Mittelpunkt vieler Studien stehen die wirtschaftlichen und kulturellen Folgen der Erfindung und Einführung von Gegenständen wie
Dampfmaschinen und Küchengeräten. Joel Tarr verbindet in *The
Search for the Ultimate Sink: Urban Pollution in Historical Perspective*
(1996) Fragen der Technologie-, Umwelt- und Stadtgeschichte, indem er Phänomene wie Brücken, Abwassersysteme und städtische
Müllentsorgung auch auf ihre umweltgeschichtlichen Konsequenzen
hin untersucht.

Im Schnittfeld von Sozial-, Kultur- und Mentalitätsgeschichte
liegt das viel diskutierte Werk von Richard Bushman, *The Refinement of America: Persons, Houses, Cities* (1992). Laut Bushman übernahmen und modifizierten Angehörige der Mittelschichten nach der
Amerikanischen Revolution Lebensweisen, die bislang den *gentlemen*
vorbehalten geblieben waren, um auf diese Weise ihren sozialen
Aufstieg zu fördern und ihren gehobenen Status zu demonstrieren.
Motor dieser Entwicklung war das Verlangen nach *gentility*, einem
eleganten Lebensstil, der sich in Manieren, Körperhaltung, Kleidung
und dem Besitz schöner Gegenstände ebenso äußerte wie in der
»gepflegten« häuslichen Umgebung. Obgleich die auf Genuß und
Muße ausgerichtete *gentility* protestantischen und republikanischen
Werten widersprach, konnte sie sich durchsetzen und nach Bush-
mans Ansicht sogar den Aufstieg des Kapitalismus und das Wachstum der Mittelschicht begünstigen. Unter Rückgriff auf Quellen
wie Grundrisse und Anlage von Gärten hat Bushman die *gentility* als
bedeutenden Faktor der Entwicklungen von der Kolonialzeit bis zur
Mitte des 19. Jahrhunderts etabliert.

Die Verwandlung von Freizeit in Konsum

Der Konsum prägte nicht nur die häuslichen Mußestunden der
mittleren und oberen Schichten, sondern das gesamte Freizeitver-
halten wurde seit dem Bürgerkrieg immer stärker kommerzialisiert.
Obgleich sich Historiker auch mit früheren Formen der Freizeitgestaltung befassen, gilt das Interesse gegenwärtig vor allem den Auswirkungen der voranschreitenden Kommerzialisierung. Intensiv erforscht worden ist etwa die Entwicklung von Sportarten, die bis zur
Mitte des 19. Jahrhunderts oft mit selbst hergestellten Geräten und
nach regional unterschiedlichen Spielregeln betrieben wurden. So

hatte man sich auf die Regeln des ersten Football-Spiels zwischen Yale und Princeton im Herbst 1873 erst einen Monat vorher geeinigt, und spezielle Kleidung gab es noch nicht. In den 1890er Jahren aber war Football an Colleges und Universitäten schon zu einer regelrechten Manie geworden, und Baseball hatte seinen Ruf als amerikanischer Nationalsport errungen. Sportliche Ereignisse wurden von großen Sportartikelherstellern gesponsort, prägten Männlichkeitsideale und erreichten durch die ausführliche Berichterstattung in den Zeitungen eine breite Öffentlichkeit.

Die Entwicklung im Sport ist typisch für die anderer Freizeitbeschäftigungen (z. B. Reisen, den Umgang mit der Natur und das Verhalten an nationalen Feiertagen), die ebenfalls zunehmend vermarktet wurden. Diese Kommerzialisierung wurde häufig beklagt, da sie zu einem Verlust von Kreativität und Eigenverantwortung führe. Heute wird demgegenüber betont, daß kommerzielle Vergnügungsmöglichkeiten auch eine befreiende Wirkung besonders für die unteren Schichten haben konnten. So gaben billige Theater oder öffentliche Tanzlokale jungen Frauen aus der Arbeiterschicht seit der Wende zum 20. Jahrhundert die Möglichkeit, einen eigenen Lebensstil zu entwickeln. In *Cheap Amusements: Working Women and Leisure in Turn-of-the Century New York* (1986) hat Kathy Peiss gezeigt, daß sich die *new women* des späten 19. Jahrhunderts nicht von den Reformversuchen der Mittelschichten beeindrucken ließen, die sie in »anständige«, möglichst von der ganzen Familie frequentierte Vergnügungsstätten drängen wollten.

Insgesamt neigt die Forschung gegenwärtig dazu, die Kommerzialisierung des Freizeitverhaltens als einen Prozeß zu deuten, der von den Konsumenten ebenso beeinflußt wurde wie von der Industrie. Theoretische Klärungen und anschauliche Fallstudien bietet der von Richard Butsch herausgegebene Sammelband *For Fun and Profit* (1990). Mehrere Artikel machen deutlich, daß profitorientierte Unternehmen sich an den Wünschen prospektiver Konsumenten orientieren mußten. So war die Vergnügungsindustrie zu Beginn des 20. Jahrhunderts zwar darauf aus, ein möglichst einheitliches Massenpublikum zu erreichen, in der Tat aber mußten unterschiedliche Vergnügungsstätten für verschiedene Schichten und ethnische Gruppen gebaut werden.

Die culture of consumption

Die Kommerzialisierung von Freizeit und die Bedeutung der *gentility* deuten darauf hin, daß der Konsum schon lange ein Bestandteil des *American way of life* war. Die Ausprägung einer *consumer society* im 18. Jahrhundert bildet einen bedeutenden Gegenstand der Forschung im Grenzbereich von Sozial-, Wirtschafts- und Kulturgeschichte. Dennoch bestand lange Zeit eine Spannung zwischen dem Verhalten und den mentalen Einstellungen vieler Amerikaner, denn der Puritanismus, die protestantische Arbeitsethik und der Republikanismus, die vom 17. bis zum 19. Jahrhundert großen Einfluß hatten, verurteilten den Luxus und betonten statt dessen einen gottgefälligen Lebenswandel, Fleiß, Sparsamkeit und politische Werte wie Gleichheit und den Einsatz für das öffentliche Wohl. Diese vergnügungsfeindliche Haltung konnte aber nicht verhindern, daß die »Kultur des Konsums« im Zuge der Industrialisierung immer tiefer in die amerikanische Gesellschaft eindrang.

Seit welchem Zeitpunkt die *consumer culture* das amerikanische Leben wirklich beherrschte, ist in der Forschung ebenso umstritten wie eine Einteilung der Entwicklung in unterschiedliche Phasen. Vermutlich waren geänderte Produktions- und Vertriebsbedingungen ebenso wie mentale Wandlungen dafür verantwortlich, daß die moralischen Vorbehalte gegen das Konsumieren in den 1920er Jahren allmählich schwanden. Der Einstellungswandel wurde durch die Werbung gefördert, die nun verstärkt darauf abzielte, die jeweiligen Produkte – seien es Zigaretten oder Staubsauger – mit Idealen und Wünschen prospektiver Kunden zu verbinden. In dieser Zeit wurden Jugendliche zu einer besonderen Zielgruppe, die Produkte vor allem deshalb kaufen sollten, weil sie neu und modern waren.

Die neue Kulturgeschichte versucht die unterschiedlichen Gründe für die rapide Steigerung des Konsums im 20. Jahrhundert zu erfassen und zu gewichten. Die Formen und die Effizienz von Werbung werden dabei ebenso untersucht wie die Rolle des Fernsehens, das nicht zuletzt deshalb zu einem wichtigen Werbeträger wurde, weil viele Sendungen den konsumorientierten Lebensstil wohlhabender Familien darstellten. In den 1960er Jahren beurteilten marxistisch orientierte Historiker der *New Left* die »Kultur des Konsums« sehr negativ. Die Marketing-Techniken schüfen Pseudo-Bedürfnisse und leiteten zur Verschwendung an. Zudem bestärke der Massenkonsum die kapitalistischen Strukturen und die Hegemonie der oberen Schichten. Verbraucher könnten zwar einzelne Werbekampagnen ablehnen, aber der allgegenwärtigen Strategie, Konsum als dominanten Lebensstil darzubieten, könne sich niemand entziehen. Der Konsum erschien aus dieser Perspektive als eine neue, besonders raffinierte Form von Ausbeutung und Manipulation der Massen.

Mittlerweile hat sich jedoch eine andere Bewertung durchgesetzt, die mit einer Verlagerung des Forschungsinteresses einhergeht. Die Rolle der Verbraucher, denen ein aktiver Anteil an der Entwicklung der *consumer culture* zugeschrieben wird, rückte in den Mittelpunkt vieler Untersuchungen. Man betrachtet Konsum jetzt als einen in-

teraktiven Prozeß, der gerade auch Angehörigen der unteren
Schichten größere Wahlmöglichkeiten und bessere Chancen zur
Selbstbestimmung und Eigenverantwortlichkeit bot. Diese relativ
positive Einschätzung reflektiert das konservativere politische Klima
der beiden letzten Jahrzehnte, zeigt aber auch an, wie wichtig die
»Kultur des Konsums« inzwischen von der Geschichtswissenschaft
genommen wird.

8.4. Mediengeschichte

Kino, Fernsehen, Radio, Magazine und Zeitungen bilden wichtige
Bestandteile der *consumer culture*. Es wäre jedoch verfehlt, diese Medien ausschließlich unter kommerziellen Gesichtspunkten zu betrachten, denn ihre Entwicklung und ihre Wirkungen waren nicht
ausschließlich von wirtschaftlichen Gesichtspunkten bestimmt. Die
neue Kulturgeschichte wertet die populären Medien insofern auf, als
sie in ihnen nicht nur Instrumente zur Beeinflussung der Bevölkerung und Werbeträger sieht, sondern aus ihren Formen und Inhalten auf die Mentalitäten und kollektiven Erinnerungen *(collective
memories)* einer Gesellschaft zu schließen versucht. Dabei sind die
Reaktionen der Leser, Zuhörer und Zuschauer ebenso wichtig wie
die Intentionen der »Medienmacher«, denn sie geben Auskunft über
die Erwartungshaltungen sowie über die Meinungs- und Verhaltensänderungen, die durch »Medienkonsum« bewirkt werden. Will
man der Konstruktion von kollektiven Identitäten auf die Spur
kommen, dann bilden Medien in allen ihren Erscheinungsformen
eine unerläßliche Quelle der Geschichtsforschung.

Zeitungen

Zeitungen sind schon seit langem Gegenstand historischer Forschung. Die republikanische Ideologie maß ihnen eine besondere
Bedeutung zu, denn Bürger besaßen die Pflicht, sich über politische
Vorgänge zu informieren. Wie sehr Zeitungen die politische Mei-
nungsbildung seit den 1760er Jahren beeinflußten, zeigt sich in der
Veröffentlichung der *Federalist Papers* in New Yorker Zeitungen.
Besonders großen Einfluß übten Drucker während der Parteikämpfe
am Ende des 18. Jahrhunderts aus, als die Presse zu einem Instru-
ment politischer Propaganda wurde. Die soziale Herkunft, ökonomischen Motive und parteipolitischen Aktivitäten von Druckern
sind ebenso beschrieben worden wie die Entstehung und Entwicklung der Meinungs- und Pressefreiheit, die 1791 im ersten Amendment zur Verfassung verbrieft wurde.

Technische Verbesserungen und ein aggressiveres Verkaufsverhalten von Zeitschriftenhändlern, die seit den 1830er Jahren ihre Ware auf den Straßen anboten, führten zu einem signifikanten Anstieg der Zeitungsauflagen und zur Formierung eines Massenpublikums. In den 1880er Jahren entstand eine auf Massenzirkulation abgestellte »Regenbogenpresse«, die *yellow press,* die von stark gesunkenen Papierpreisen und weiteren technologischen Neuerungen profitierte. Joseph Pulitzer und William Randolph Hearst machten Zeitungslektüre zu einer Form der Unterhaltung; ihre Blätter räumten der Reklame großen Raum ein, druckten leicht lesbare, oft reißerische Beiträge und legten viel Wert auf Schlagzeilen und Illustrationen. Die sensationsorientierte Berichterstattung und Stimmungsmache dieser Zeitungen hatte so große Wirkung, daß Historiker sogar darüber diskutierten, ob sie für den Ausbruch des Kriegs der USA gegen Spanien 1898 mitverantwortlich waren.

Mediengeschichtliche Untersuchungen befassen sich mit einer Fülle von Aspekten der Entwicklung von Zeitungen und Zeitschriften: Technische Veränderungen werden ebenso analysiert wie Auflagenhöhe, Verbreitung, die Entwicklung der politischen Berichterstattung, die Herausbildung des Berufs des Reporters und der Prestigegewinn von Journalisten durch die Rolle der Presse beim Watergate-Skandal. Einwanderergruppen veröffentlichten in größeren Städten Blätter in ihrer jeweiligen Landessprache, was heute die Forschungen der *ethnic history* erleichtert. Außerdem dienen Zeitungen als Quellen für eine Vielzahl weiterer Fragestellungen wie etwa Freund- und Feindbilder oder die Geschichte von Werbestrategien. Dabei verlagert sich das Interesse seit einiger Zeit von den Formen und Inhalten der Zeitungen selbst hin zur Rezeption durch die Leserinnen und Leser. Dieser Trend ist mit gewissen Unterschieden bei allen Medien zu beobachten.

Radio

Im Hinblick auf das amerikanische Radio interessieren vor allem drei Themenbereiche: die technologischen und organisatorischen Entwicklungen der unterschiedlichen Sender, die Geschichte von Programmen und die Zusammensetzung sowie die Veränderung des Publikums. Der wachsende Einfluß der Werbung ist auf Fragen der Finanzierung zurückzuführen, denn die Sendekosten waren aus technischen Gründen sehr hoch. Da der Kampf, den sich die Sender, Werbemanager, Erzieher und Zuhörer während der 1920er und frühen 1930er Jahre um die Kontrolle des Radios lieferten, von der Werbeindustrie gewonnen wurde, erlangte diese großen Einfluß auf die Programmgestaltung: Sendezeit wurde zu einer Ware, und die Sendungen mußten sich vor allem an Hausfrauen aus der Mittelschicht wenden, die als wichtigste Konsumentengruppe eingeschätzt wurden.

Da die weiße Mittelschicht in den 1950er Jahren dem Fernsehen zunehmend den Vorzug gab, spezialisierten sich die Radiosender auf bestimmte Hörergruppen, führten demographische Umfragen zur Ermittlung der Wünsche potentieller Hörer durch und entdeckten Afro-Amerikaner und vor allem Jugendliche als eigene Zielgruppen. Dieser Trend wurde bestärkt durch das Aufkommen von Rock- und Pop-Musik und die Entwicklung des Transistor-Radios, das es Teenagern erstmals erlaubte, Sendungen ohne Aufsicht der Familie auszuwählen und zu hören.

Von geschichtlichem Interesse sind auch die Auswirkungen des Radios auf Kultur und Politik. Während der Großen Depression und des Zweiten Weltkriegs nahm die politische Bedeutung des Radios zu, worauf schon die Popularität der *fireside chats* von Präsident Roosevelt hinweist. Laut David Culbert (*News for Everyman,* 1976) beeinflußten Radiosendungen die Politik zwar nicht unmittelbar, halfen aber seit den späten 1930er Jahren mit, das Klima für die Entscheidung zum Kriegseintritt zu schaffen; viele Sendungen hatten zu dieser Zeit politische Inhalte, und besondere Programme sollten die Moral der Truppen heben. Gleichzeitig wurde das Radio, ähnlich wie in England und Deutschland, auch gezielt zur Unterminierung der gegnerischen Seite eingesetzt.

Fernsehen

Die kulturgeschichtliche Forschung zum Thema Fernsehen kreist primär um drei Themen: die Bedeutung der Werbung, den Einfluß auf andere gesellschaftliche Teilbereiche sowie die Auswirkungen auf die Freizeitgestaltung der Amerikaner. Die Konkurrenz einzelner Sender um lukrative Werbeverträge führte dazu, daß die Programme fast ausschließlich auf Unterhaltung ausgerichtet wurden. Selbst Informations- und Nachrichtensendungen konzentrierten sich auf *entertainment;* es wurde zum wichtigsten Ziel, die Zuschauer möglichst lange vor den Fernsehgeräten zu halten.

Besondere Aufmerksamkeit wird der Wirkung des Fernsehens auf unterschiedliche Lebensbereiche gewidmet. Seit den 1950er Jahren, als das 1939 in den USA eingeführte Fernsehen für eine größere Zahl von Haushalten erschwinglich wurde, übte es einen immer mächtigeren Einfluß auf die Freizeitgestaltung aus. Daß Amerikaner ihre Unterhaltung nun zu Hause suchten, hatte zunächst Umsatzeinbußen und Schließungen von Vergnügungsparks, Theatern,

Tanzlokalen und Kinos zur Folge. In den 1990er Jahren verbrachten
Amerikaner im Durchschnitt ein Viertel ihres Lebens vor dem
Fernseher, und in amerikanischen Haushalten war mindestens ein
Gerät sieben Stunden am Tag eingeschaltet. Ethnische, soziale und
altersbedingte Unterschiede fielen dabei kaum ins Gewicht. Auch
die Politik fand zunehmend auf den Bildschirmen statt. So wurde es
seit den 1960er Jahren für Politiker immer wichtiger, sich ein me-
dienwirksames Image zu geben und Thesen zu vertreten, die fern-
sehgerecht dargestellt werden können.

Film

Historische Untersuchungen zur Geschichte des Kinos befassen sich
vor allem mit der Rolle der Technologie, der Zusammensetzung
des Publikums, der wirtschaftlichen Entwicklung großer Filmgesellschaften und der Bedeutung der Zensur. Zu Beginn des
20. Jahrhunderts wurden Filme, die meist weniger als 90 Sekunden
dauerten, oft als letzte Nummer von Varieté-Aufführungen gesen-
det; die ersten Filme, die eine Geschichte erzählten, gab es dann in
einer rudimentären und billigen Form des Kinos, sogenannten Nik-
kelodeons, seit 1905 zu sehen. Diese Anfänge sind deshalb bedeut-
sam, weil Nickelodeons nach Rassen getrennt waren und vorwiegend von Angehörigen der Unterschichten frequentiert wurden; die
technischen Verbesserungen gingen deshalb einher mit einem
Image- und Publikumswandel, der auch die dargestellten Inhalte
prägte.
Sozial- und wirtschaftsgeschichtliche Untersuchungen konzentrieren sich auf große Filmgesellschaften und die Gründe für die
Etablierung von Hollywood. Die Geschichte Hollywoods als Zentrum der amerikanischen Filmindustrie steht in engem Zusammenhang mit der Herausbildung kommerzieller Filmgesellschaften. Die
Zensur spielt insofern eine wichtige Rolle, als 1915 entschieden
wurde, daß Filme nicht unter das im ersten Amendment garantierte
Recht auf Meinungsfreiheit fielen. Während die interne Zensur
durch die Filmgesellschaften in den 1920er Jahren und die Folgen
eines Gesetzes von 1934, das die Darstellung von Sexualität und
Gewalt verbot, vor allem die Inhalte von Filmen betraf, führten die
Auswirkungen des McCarthyismus in den 1950er Jahren zum Aus-
schluß und zur Emigration vieler linksgerichteter Regisseure und
Produzenten.
Seit den 1960er Jahren beschäftigen sich die an zahlreichen ame-
rikanischen Universitäten etablierten *film studies* mit der Geschichte
bestimmter Genres wie Melodrama, Western oder Horrorfilm, dem
Werk einzelner Regisseure und Produzenten sowie mit Filmtechni-

ken und Stilen. Aus historischer Sicht werden die Inhalte von Filmen unter verschiedenen Fragestellungen analysiert. In *Shared Pleasures* (1992) legt Douglas Gomery dar, welchen Einfluß ökonomische, technologische und kulturelle Faktoren auf die Produktion und Vorführung von Filmen und auf Zuschauererfahrungen hatten. Neben der Migration wohlhabender Bürger in die *suburbs* beeinflußten auch ethnische Faktoren, welche Filme gezeigt wurden und welche der Zensur unterlagen. In Washington, D. C., gab es in den 1920er Jahren nur zwölf Kinos, die Schwarzen offenstanden, und in Memphis wurden schwarze Filmcharaktere, die keine gemeinen und niederen Figuren darstellten, aus den Filmen herausgeschnitten.

Die *ethnic history* und die *gender studies* untersuchen, welches Bild von Schwarzen, Indianern und Frauen Kinofilme vermitteln, und wie Angehörige dieser Gruppen und andere Amerikaner auf die vorgestellten Stereotype reagieren. Auch die Konstruktionen von Männlichkeit und Weiblichkeit und der Einfluß des Publikums auf den Inhalt von Filmen zählen zu den Forschungsgegenständen. Wie Lester D. Friedman in dem Sammelband *Unspeakable Images* (1991) nachweist, haben die Frauenforschungen in den *film studies* rasch unterschiedliche Entwicklungsstufen durchlaufen. In den 1970er Jahren konzentrierte sich das Interesse vor allem auf Frauenbilder, danach bemühte man sich darum, eine verlorengegangene Tradition von Schauspielerinnen und Regisseurinnen zutage zu fördern, und seit den 1980er Jahren werden neue kritische Theorien und Methoden angewendet; mittlerweile hat sich die Frauenforschung im Film zu einer akzeptierten akademischen Disziplin entwickelt.

Außerdem werden seit einigen Jahren aktuelle Filme, die sich mit historischen Stoffen befassen, auf ihren didaktischen Wert hin untersucht. Besonderes Aufsehen hat Ken Burns Epos über den amerikanischen Bürgerkrieg, *The Civil War,* erregt, das eine Vielzahl von schriftlichen und bildlichen Quellen verwendete, aus denen die »einfachen« Amerikaner zu den Zuschauern sprachen. Die heftigen Debatten, die Filme über die Ermordung Präsident Kennedys oder über die Sklaverei auslösten, deuten darauf hin, daß der Filmforschung und der Mediengeschichte generell in Zukunft wachsende Bedeutung zukommen werden.

8.5. Grenzüberschreitung als Merkmal der *new cultural history*

Wie früher die *social history,* so läuft nun die *cultural history* Gefahr, übermäßig ausgeweitet zu werden und dadurch ihre Konturen zu verlieren. Die neue Kulturgeschichte muß in Zukunft sicher noch präziser definiert und gründlicher theoretisch fundiert werden. Sie zeichnet sich aber dadurch aus, daß sie das hierarchische Verhältnis zwischen sozialen Strukturen und kulturellen Ausdrucksformen überwunden hat, daß sie die Durchlässigkeit der Grenzen zwischen Elitekultur, *folk culture, popular culture* und *mass culture* anerkennt, und daß sie bereit ist, Methoden aus unterschiedlichen Disziplinen wie Soziologie, Anthropologie und Semiotik zu integrieren. So vereinigt Roy Rosenzweig in *Eight Hours for What We Will* (1983) auf exemplarische Weise unterschiedliche Interessenschwerpunkte der neuen Geschichtsschreibung: Um amerikanische Arbeiterkulturen in der Stadt Worcester, Massachusetts, zu rekonstruieren, berücksichtigt er ethnische und religiöse Unterschiede, die Rolle von Saloons, die Feiern des 4. Juli, die Strategien, mit denen Arbeiter sich Parks und Spielplätze sicherten, ihre Freizeitgestaltung sowie ihre Reaktionen auf die ersten Kinos.

Vielleicht das wichtigste Merkmal der neuen Forschungen ist die Verbindung der Kategorien *race* und *gender*. In einem Sonderheft der *Reviews in American History, The Challenge of American History* (1998), das den jüngsten Überblick über die Forschung in den verschiedenen Teilbereichen der amerikanischen Geschichte bietet, werden *gender studies* und *ethnic history* nicht mehr voneinander getrennt. Statt dessen werden beide gemeinsam in zwei Artikeln behandelt, die sich auf unterschiedliche Epochen konzentrieren. Obgleich anthropologische Konzepte einen großen Einfluß auf *gender studies* und *ethnic history* ausgeübt haben, wird die Verquickung von »Rasse« und »Geschlecht« auch unter anderen, eher im Rahmen der Geistesgeschichte einzuordnenden methodischen Vorgaben untersucht. Von Foucault inspiriert ist Gail Bedermans Studie *Manliness and Civilization: A Cultural History of Gender and Race in the United States*, 1880–1917 (1995). Sie zeigt, wie sich viktorianische Auffassungen von Männlichkeit durch die neue Bestimmung von Zivilisation veränderten und welche Rolle Rassenvorstellungen beim Wandel von Geschlechtsidentitäten spielten.

Im Zuge des Interesses an ethnischen Kulturen haben sich in jüngster Zeit die sogenannten »whiteness studies« als Forschungsgebiet etabliert. Ebenso wie in der *gender history* Männlichkeiten eine große Bedeutung zugewiesen wird, untersucht man im Rahmen der *ethnic history* nun die Herausbildung von *whiteness* als einer Kategorie, die zur Abgrenzung von Schwarzen und Indianern diente. In *The Wages of Whiteness* (1991) legt David Roediger dar, daß die kollektive Identität weißer Arbeiter vor dem Bürgerkrieg nicht nur auf ihrer Zugehörigkeit zu einer sozialen Schicht gründete, sondern maßgeblich von rassistischen Vorurteilen gegenüber Schwarzen und einem daraus erwachsenden »weißen« Selbstbewußtsein geprägt war. Obgleich Roedigers Rückgriff auf Konzepte der *psychohistory* kontrovers beurteilt wird, bilden Untersuchungen zur *Invention of the White Race* (so der Titel einer mehrbändig angelegten Studie von Theodore Allen) einen populären Forschungsbereich, der im Schnittfeld von ethnischer, Arbeiter- und Kulturgeschichte liegt.

Eine ständig wachsende Zahl von Büchern ist kulturgeschichtlichen Fragestellungen gewidmet, obwohl ihre Themen auch im Kontext der Politik oder der Sozialgeschichte behandelt werden könnten. So berücksichtigt Steven Bullock in seinem Werk *Revolutionary Brotherhood* (1996), das die Geschichte der Freimaurer im Kontext der Veränderungen der amerikanischen Gesellschaft von 1730 bis 1840 behandelt, soziale, politische und ökonomische Faktoren. Es geht ihm aber auch um den Nachweis der kulturgeschichtlichen Bedeutung der Freimaurer, die seiner Ansicht nach wesentlich zur Definition von *genteel masculinity* beitrugen, die Kultur der politischen Eliten prägten und deren Autorität stärkten.

Diese Werke sind insofern charakteristisch für neuere Entwicklungen in der amerikanischen Geschichtsschreibung, als sie kulturgeschichtliche Fragestellungen mit anderen Phänomenen – sozialen Schichten, Ethnien und Geschlechtszugehörigkeiten – verbinden. Grenzüberschreitungen zwischen ethnischer Geschichte, Arbeiter-, Geschlechter-, Sozial-, Kultur- und Politikgeschichte gehören ebenso zu den Merkmalen der Historiographie am Ende des 20. Jahrhunderts wie die Verwendung von Methoden aus unterschiedlichen Disziplinen. Kulturgeschichtliche Arbeiten finden heute nicht zuletzt deshalb so große Resonanz, weil sie Verbindungen zwischen der Vielzahl von Ansätzen herstellen und damit einer integrativen Betrachtung der amerikanischen Geschichte Vorschub leisten können.

Schlußbetrachtung: Das »amerikanische Experiment« und der Beitrag der Geschichtsschreibung

Das »amerikanische Experiment« der Selbstregierung hat sich in den letzten beiden Jahrhunderten in eine Richtung entwickelt, die von den »Gründervätern« der USA auch nicht entfernt vorausgesehen werden konnte. Die Metapher des »Experiments«, die schon sehr früh verwendet wurde, steht für einen historischen Prozeß, der in keiner Weise determiniert, sondern auch in die Zukunft hinein offen ist und der sogar die Möglichkeit des Scheiterns in sich birgt, wie sie der Bürgerkrieg schon einmal sichtbar gemacht hat. Der Mut der Amerikaner zum Experimentieren, ihre Einsicht in die prinzipielle Offenheit des Geschehens und die Bereitschaft, Herausforderungen gemeinsam anzunehmen und neue Wege zu gehen, scheinen aber die Gewähr für das Überleben und die Fortdauer der Vereinigten Staaten zu bieten, was nach den Erfahrungen der Vergangenheit auch im Interesse der übrigen Menschheit liegt.

Über die Sonderstellung der USA wird seit der Publikation von Seymour Martin Lipsets Buch *American Exceptionalism: A Double-Edged Sword* (1996) wieder intensiv nachgedacht und diskutiert.[1] Die Mehrheitsmeinung geht dahin, daß dieses Interpretationsmuster ebensowenig überzeugend und haltbar ist wie die These vom »deutschen Sonderweg«. Heute betrachtet man das »amerikanische Experiment« oder das »amerikanische Projekt« eher als einen von mehreren »Wegen in die Moderne«, denn vieles, was auf den ersten Blick exzeptionell anmutet, entpuppt sich bei näherem Hinsehen als Variante einer übergreifenden Entwicklungslinie, der alle westlichen Länder gefolgt sind. Interessanterweise resultiert die immer wieder bewunderte oder verabscheute »Modernität« der USA nicht zuletzt aus einer Resistenz gegen Strukturen, Institutionen und Normen, die in Europa im 18. und 19. Jahrhundert als »modern« und zukunftsweisend galten. So sind die USA nie ein »Leviathan«, ein bürokratisch durchorganisierter homogener Nationalstaat geworden, wie er vielen Europäern als Ideal vorschwebte; in gleicher Weise wehrten sich die Amerikaner gegen die von Max Weber prognosti-

[1] Siehe die *Review Essays* von H. V. Nelles, J. Victor Koschmann und Mary Nolan in *American Historical Review* 102 (1997), S. 749–774.

zierte »Entzauberung der Welt« und hielten allen Säkularisierungstendenzen zum Trotz an religiösen Grundüberzeugungen fest. Das trug sicher ganz wesentlich zu ihrer Resistenz gegen die totalitären Versuchungen des 20. Jahrhunderts bei. Statt eines »Leviathan« haben die USA früher als alle anderen Länder eine »Zivilgesellschaft« *(civil society)* hervorgebracht, die den Handlungsspielraum, die Rechte und die Entfaltungsmöglichkeiten der Bürger höher schätzt als die Autorität und Ordnungsmacht des Staates. Gerade in dieser Hinsicht sind die USA im 20. Jahrhundert zum Vorbild für liberale und demokratische Reformer in allen Teilen der Welt geworden.

Trotz aller sozialen, ethnischen, religiösen und regionalen Diversität existiert eine amerikanische Nation und bildet die amerikanische Geschichte eine Einheit. Von außen betrachtet, fällt dies noch stärker ins Auge als bei der Innenperspektive, ähnlich wie die Amerikaner heute bereits von »Europa« als einer Einheit sprechen. Die Integration dieser Nation aus vielen Einwanderer- und Minderheitengruppen erfolgte weniger durch staatlichen Druck als über gemeinsame Prinzipien und Werte sowie mittels nichtstaatlicher Strukturen, zu denen an erster Stelle die anonymen Kräfte des kapitalistischen Marktes gehören. Besonders wichtig war und ist aber die Konstanz politischer Grundwerte, verkörpert in den Gründungsdokumenten *Declaration of Independence, Constitution* und *Bill of Rights,* oder abstrakt ausgedrückt im amerikanischen Konstitutionalismus. Im Laufe der Zeit haben sich diese Werte zwar verändert und an gewandelte Bedingungen angepaßt, aber sie sorgten doch durchgehend für eine im Kern liberale, individualistische, demokratisch-egalitäre und anti-etatistische Ausrichtung der amerikanischen Gesellschaft. Hinzu kam die Bereitschaft des einzelnen, sich mit Nachbarn und Gleichgesinnten zusammenzutun, um gemeinsame Interessen zu verteidigen, Gefahren abzuwenden oder bestimmte Ziele zu erreichen. Dieses »voluntaristische« Element verhinderte nach den Worten Max Webers, daß die USA ein »formloser Sandhaufen von Individuen«[3] wurden, daß der Individualismus also zur totalen Atomisierung der Zivilgesellschaft führte. Die ständige Spannung, die zwischen den politischen Idealen und der politischen Realität herrscht, erzeugt viel von der Dynamik, die das »amerikanische Experiment« von Beginn an auszeichnete.

Zu dem »Kitt« oder »Zement«, der die amerikanische Nation zusammenhält, gehört immer stärker auch die amerikanische Ge-

---

[3] Zitiert nach Wolfgang J. Mommsen, »Max Weber und Amerika«, in: Jürgen Heideking/Ragnhild Fiebig-von Hase, *Zwei Wege in die Moderne.* Aspekte der deutsch-amerikanischen Beziehungen 1900–1918 (Mosaic. Studien und Texte zur amerikanischen Kultur und Geschichte, Band 2), Trier 1998 S. 91–103.

schichte selbst, der dieser Band gewidmet ist. Die europäischen Stereotypen vom »Land ohne Geschichte« und von einer »geschichts-
losen Bevölkerung« waren schon im 19. Jahrhundert falsch, und sie
treffen seither immer weniger zu. Geschichte wirkt in elementarer
Weise über Mythen und Symbole verbindend, aber auch die kritische Geschichtswissenschaft leistet einen Beitrag zur nationalen
Integration. Im Informations- und Medienzeitalter können sich die
Historiker gar nicht mehr dem Anspruch auf kollektive Sinnstiftung
entziehen, einer Sinnstiftung, die den allgemeinen Konsens nicht
voraussetzt, sondern ihn vielmehr durch Meinungsstreit und kontroverse Debatten immer wieder von neuem herzustellen sucht. Etwas pointiert kann man sagen, daß es so lange eine einheitliche
amerikanische Geschichte und eine amerikanische Nation geben
wird, wie die Historiker über sie forschen und schreiben. Sollte ir-
gendwann nur noch von »amerikanischen Geschichten« im Plural
die Rede sein, dann wäre die Gefahr der Desintegration und Auflösung der Nation nicht mehr von der Hand zu weisen.

Für die Europäer und speziell für die Deutschen ist die Geschichte der USA zu wichtig, als daß man ihre Erforschung den
amerikanischen Historikern allein überlassen dürfte. Auch wenn von
dieser Seite des Atlantiks aus manches kritikwürdig oder sogar an-
stößig erscheint – man denke nur an die Praxis der Todesstrafe oder
die weite Verbreitung von Waffen mit all ihren negativen Folgen –,
so können die Europäer gerade im Blick auf ihren eigenen Integrationsprozeß doch viel aus der amerikanischen Geschichte lernen. Sie
sollten auch die neueren Tendenzen der amerikanischen Historiographie aufmerksam verfolgen und, wenn möglich, für vergleichende Untersuchungen fruchtbar machen.[4] Endlich können sie durch
ihre »Außensicht« auf die Geschichte der USA den Amerikanern
helfen, übertriebene Nabelschau und Provinzialismus zu vermeiden,
den US-Historiker selbst hin und wieder beklagen.

---

[4] Vgl. dazu Erich Angermann, »Challenges of Ambiguity. Doing Comparative
History.« German Historical Institute Washington, Annual Lecture Series 4. New
York 1991, und ders., »Was heißt und zu welchem Ende studiert man anglo-
amerikanische Geschichte?«, in: *Historische Zeitschrift* 256 (1993), S. 637–659.

Anleitung zur Praxis

10.1. Einsatzmöglichkeiten des Internet für das Studium der amerikanischen Geschichte

Bevor auf die Hilfsmittel im einzelnen eingegangen wird, sollen die Möglichkeiten beleuchtet werden, die die Verwendung des Internet für das Studium der amerikanischen Geschichte eröffnet. Denn aufgrund der weiter fortgeschrittenen Verbreitung von Computern und Computertechnik in den USA sind praktisch alle Institutionen und Arbeitsmittel, die für Historiker von Interesse sein können, im Internet präsent. Zugangsmöglichkeiten zum Internet werden inzwischen von allen deutschen Hochschulen unentgeltlich für Studierende zur Verfügung gestellt.

Für die Arbeit des Historikers bedeutet das Internet eine wichtige Ergänzung und Vereinfachung, vor allem im Hinblick auf die Zeitersparnis. So lassen sich Literaturrecherchen im Vergleich zu den herkömmlichen gedruckten Bibliographien und Bibliothekskatalogen in *online* verfügbaren Datenbanken wesentlich schneller, effektiver und zielgenauer durchführen. Statt umständlich Fernleihscheine auszufüllen, können die Daten der gefundenen Titel direkt *online* zur Bestellung bei den entsprechenden Bibliotheken übertragen werden. Die Kontaktaufnahme mit Bibliotheken und Archiven oder der Austausch mit anderen Historikern ist durch die Verwendung von elektronischer Post (e-mail) über das Internet schnell und praktisch kostenlos möglich. Die so erreichte Verringerung von Arbeits- und Zeitaufwand gegenüber den herkömmlichen Methoden schlägt sich positiv in einer drastischen Verkürzung der Bearbeitungs- und Antwortzeiten sowie der Lieferfristen nieder.

Zunehmend werden auch ganze Quellenbestände und wissenschaftliche Literatur direkt *online* zur Verfügung gestellt, die somit schneller und umfassender zugänglich sind, als dies in gedruckter Form aus technischen und finanziellen Gründen möglich wäre. Das Internet kann also die Beschäftigung mit amerikanischer Geschichte sehr erleichtern.

Allerdings muß der Benutzer auch einige neue Anforderungen und Voraussetzungen erfüllen, ohne die er die vorhandenen Möglichkeiten des Netzes nicht richtig einschätzen und entsprechend nutzen kann. Unerläßlich sind grundlegende Kenntnisse im Umgang mit Computern und dem Arbeiten mit dem Internet, die bei den folgenden Betrachtungen vorausgesetzt werden. Weiterhin erfordern die rasanten Umwälzungen innerhalb des Netzes und das Fehlen von einheitlichen Standards bei der Gestaltung der verfügbaren Datenbanken, Suchmaschinen und Dokumentensammlungen vom Benutzer, sich flexibel auf die jeweilige Arbeitssituation einzustellen, wenn er erfolgreich sein will. Da die meisten Ressourcen naturgemäß in den USA lokalisiert sind, ergeben sich auch teilweise erhebliche Verzögerungen bei der Arbeit mit *servern* oder Datenbanken, die durch die Arbeitsbelastung der transatlantischen Verbindungen bedingt sind und den Vorteil des effektiveren Arbeitens *online* mindern können.

Zum Abschluß muß darauf hingewiesen werden, daß das Netz zwar eine unüberschaubare Fülle an Informationen zur Verfügung stellt, die in herkömmlicher Form nicht zugänglich ist, zugleich aber die kritische Bewertung dieses Materials durch Fachhistoriker außer Kraft gesetzt ist. Daher ist vor einer allzu schnellen Übernahme von Informationen, Zitaten und Literaturangaben, die auf einer Webseite gefunden werden, zu warnen. Dies trifft hauptsächlich auf einen Teil derjenigen Webseiten zu, die nicht von Fachinstitutionen, sondern von interessierten Privatleuten oder Gruppen eingerichtet worden sind. Die Entscheidung, ob solche Seiten beabsichtigt oder auch unbeabsichtigt unrichtige Darstellungen enthalten, läßt sich häufig nur nach intensiver Beschäftigung mit dem Thema bzw. der angegebenen Literatur (sofern diese einsehbar ist) treffen.

Im folgenden sollen einige Einsatzmöglichkeiten des Internet für die Arbeit des Historikers vorgestellt werden. Dabei wird der Schwerpunkt auf denjenigen Möglichkeiten liegen, die entweder gebührenfrei über das Netz zugänglich sind oder bei deren Nutzung relativ geringe Kosten entstehen.

Literaturrecherche und Literaturbeschaffung mit Hilfe des Internet

Auf der Suche nach wissenschaftlicher Literatur zur anglo-amerikanischen Geschichte ist es bis jetzt wenig sinnvoll, einfach eine Web-Suchmaschine mit den gewünschten Stichworten zu füttern. Denn weder ist die gewünschte Literatur auch nur annähernd auf den herkömmlichen Internetseiten erschlossen, noch ist mehr als ein Bruchteil davon im Volltext frei über das Netz verfügbar. Die Gründe dafür liegen einfach im notwendigen Aufwand sowie in den berechtigten Interessen von Autoren und Verlagen, die für ihre Arbeit eine angemessene Entschädigung erwarten. Es gibt zwar einige wissenschaftliche Aufsätze oder auch historische Fachzeitschriften, die nur noch in elektronischer Form publiziert werden und über das Internet frei verfügbar sind. Als Beispiel sei auf die Zeitschrift *Essays in History* der *University of Virginia* (<http://etext.lib.virginia.edu/journals/EH/>) verwiesen. Meist handelt es sich dabei aber nicht um erstklassige Veröffentlichungen, die bislang immer noch ihren Platz in den herkömmlichen gedruckten Formaten finden oder auf CD-ROM vertrieben werden und wegen der damit verbundenen Kosten nur von Bibliotheken geführt werden können. Die Möglichkeit, bei Abruf von Texten oder auch anderen Formaten über das Netz direkt vom Benutzer Gebühren zu erheben (*pay per view* bzw. *pay per click*), ist technisch noch nicht weit genug fortgeschritten.

Die wertvollste Hilfe für eine systematische Literaturrecherche stellt sicherlich der Katalog der Library of Congress (<http://lcweb. loc.gov/>) dar. Faktisch entspricht er einer Nationalbibliographie, in der sämtliche Publikationen der USA erfaßt sind, ergänzt um relevante ausländische Literatur. Dabei beinhaltet der Katalog neben Büchern und Periodika auch Film- und Tonmaterial, Bilder und elektronisch gespeicherte Medien. *Online* recherchierbar sind die Sammlungsbestände ab 1975, für die verschiedene Suchstrategien angeboten werden, z. B. nach Stichworten, Phrasen, Dewey Indices etc. (<http://lcweb.loc.gov/catalog/>). Besonders die erweiterte Version der experimentellen Suchabfrage (<http://lcweb2.loc.gov/ resdev/ess/booksquery2a.html>) bietet sich für eine gezielte Recherche an, da sie Limitierungen nach Erscheinungszeitraum und Sammlungsbestand erlaubt.

Spezifische Bibliographien zur amerikanischen Geschichte werden nur als CD-ROM-Datenbanken angeboten und sind daher nur verfügbar, wenn die betreffende Hochschule diese Datenbanken erwirbt und im Rahmen ihres lokalen Netzwerkes (ohne weitere Kosten) für ihre Angehörigen zur Verfügung stellen kann. *America: History and Life* ist ohne Zweifel die wichtigste Bibliographie dieser Art (Berichtszeitraum: 1964-). Hilfreich sind daneben auch weitere Datenbankprodukte wie *Arts and Humanities Index, Wilson Humanities Index* und *Dissertation Abstracts*.

Der zweite relevante Schritt – und für die Arbeit des Historikers häufig der entscheidendere – ist die Frage, ob die gewünschte Publikation zur amerikanischen Geschichte in Deutschland verfügbar ist. Bleibt die Suche im Bestand der jeweiligen Universitätsbibliothek erfolglos, bieten sich drei online-Ressourcen an:

a) Der Karlsruher Virtuelle Katalog (<http://www.ubka.uni-karlsruhe.de/kvk.html>). Der KVK umfaßt die Bestände aller Hochschulbibliotheken in Deutschland, soweit sie bereits für die Suche über das Internet elektronisch erschlossen worden sind. Als Ergebnis einer Publikationsrecherche werden alle beteiligten Bibliotheken, die die gesuchte Publikation in ihrem Bestand führen, sowie die Signatur angegeben.

Die Erfassungszeiträume der beteiligten Bibliotheken sind bisher allerdings völlig uneinheitlich. Besonders ältere Literatur wird nur ausschnittsweise erfaßt. Außerdem ist die gefundene Literatur in aller Regel nur über den langwierigen Weg der herkömmlichen Fernleihe verfügbar. Teilweise besteht inzwischen die Möglichkeit, zumindest die Bestellung *online* abzuwickeln.

b) Die Staats- und Universitätsbibliothek Göttingen (<http://www.sub.uni-goettingen.de/>). Als *Sondersammelgebiets-Schwerpunkt*-Bibliothek (SSG-S) der DFG für den Bereich Nordamerika umfaßt der Gesamtbestand über 100 000 Bände zu allen Bereichen und ist über das WWW zugänglich (<http://www4.sub.uni-goettingen.de: 33765/>) (ab 1977).

Darüber hinaus bietet die SUB Göttingen die kostenpflichtige Möglichkeit, Bücher sowie Zeitschriftenartikel (als Kopie) über einen Expresslieferdienst innerhalb von drei Arbeitstagen zu erhalten (<http://www.sub.uni-goettingen.de/f_doklie.htm>).

c) Handelt es sich bei der gesuchten Literatur um Zeitschriftenartikel, bietet sich die Benutzung des Nachweis- und Bestellsystems subito an (<http://www.subito-doc.de/>). Es ermöglicht die *online*-Recherche in der bundesweiten Zeitschriftendatenbank (ZDB) mit über 1 Mio. Titeln und den Bibliotheksnachweisen. Integriert ist eine wiederum kostenpflichtige *online*-Bestellmöglichkeit für Kopien der gewünschten Aufsätze.

Wird vorher noch eine Suche nach relevanten Zeitschriftenartikeln gewünscht, so erlauben die Systeme JADE (über IBIS, Universität Bielefeld, <http://www.ub.uni-bielefeld.de/netahtml/jabl1. html>) oder das DBI-Link (<http://www.dbilink.de/>) entsprechende Recherchen.

Online zugängliche historische Dokumente und Quellenbestände

Während wissenschaftliche Literatur bisher nur unzureichend über das Internet zugänglich ist, ist die Situation im Bereich historischer Quellen ermutigender. Zwar sind auch hier erwartungsgemäß nur Bruchteile des historisch interessanten Archivmaterials als Vollversion frei über das Internet erreichbar. Darunter finden sich auch viele grundlegende Dokumente zur amerikanischen Geschichte, wie z. B. die Verfassung der Vereinigten Staaten (<http://www.law.emory.edu/ FEDERAL/usconst.html>), die *Emancipation Proclamation* von 1863 (<http://www.nara.gov/exhall/featured-document/eman/eman-proc.html>) oder die Entscheidungen des *Supreme Court* zu *Civil Rights* (<http://supct.law.cornell.edu/supct/cases/historic.htm>).

Problematisch für die Recherche ist hier das Fehlen übergreifender, vollständiger und systematischer Recherchesysteme für Internetseiten, ähnlich einer Bibliographie. Einen Ansatz in diese Richtung bietet der Fachinformationsführer (SSG-FI) für Anglo-Amerikanische Geschichte an der SUB Göttingen. In dieser Datenbank werden vorbildlich neben den Internetadressen auch weitere bibliographische Metadaten verzeichnet, so z.B. Autor, eine kurze Inhaltsbeschreibung, relevante Schlagworte und die entsprechende Dewey Decimal Classification. Der einzige Nachteil dieses Fachinformationsführers liegt in seinem relativ geringen Umfang, der allerdings ständig erweitert wird. Für die konkrete Arbeit des Historikers bieten sich somit drei Ausgangsmöglichkeiten:

a) Der Fachinformationsführer für Anglo-Amerikanische Geschichte an der SUB-Göttingen <http://www.sub.uni-goettingen.de/ssgfi/aac-hist/index.html>.

b) Die Nutzung von Adressensammlungen (Indices bzw. Knoten) zur amerikanischen Geschichte. Sie bieten eine thematische Gliederung der verzeichneten Interndetdokumente, häufig auch knappe weiterführende Informationen, die aber weniger umfangreich und systematisch sind als beim SSG-FI. Ausgehend von diesen Sammlungen kann dann nach weiteren oder spezifischen Informationen gesucht werden.

Alle Fachinstitutionen zur amerikanischen Geschichte, d.h. alle *history departments* in den USA oder die weiter unten aufgeführten Hochschulen in Deutschland, führen solche Indices auf ihren Internetseiten. Als wichtigste Überblickssammlung zur anglo-amerikanischen Geschichte besonders zu empfehlen sind: Rutgers State University, N: American and British History Resources on the Internet <http://www.libraries.rutgers.edu/rulib/socsci/hist/amhist.html> University of Kansas: Indes of Resources for Historians, U. S. History Index <http://www.ukans.edu/~usa/index.html>

Internet Public Library: Arts & Humanities: History <http://www.ipl.org/ref/RR/static/hum30000.html>

c) Führen die Adressen der Linksammlungen nicht weiter, so lohnt ein Versuch unter Verwendung der allgemein verbreiteten Suchdienste. Allerdings hat diese Suchae auch schwerwiegende Nachteile: Keiner dieser Suchdienste deckt das gesamte Volumen des Internet annähernd ab, um eine Erfassung aller wichtigen Ressourcen sicherzustellen. Die Erfassung von Internetdokumenten und die Gewichtungskriterien der einzelnen Dienste sind uneinheitlich und orientieren sich nicht an wissenschaftlichen Erfordernissen. Bei der häufig immensen Anzahl irrelevanter Dokumente, die bei einer Suche als Ergebnis gemeldet werden, besteht die Gefahr, wichtige

Seiten zu übersehen. Trotz dieser Einschränkungen lassen sich häufig bei einer solchen Suche überraschende »Funde« machen.

Archive

Praktisch alle Archive der Vereinigten Staaten sind über eine Webseite im Internet erreichbar. Dort werden meist generelle Informationen über die Sammlungsbestände und die Archivinstitution bereitgestellt, während ein Zugang zu den Beständen selbst nur in Ansätzen möglich ist. So bietet die *National Archives and Records Administration* (NARA) eine Recherchemöglichkeit in einem kleinen Ausschnitt ihrer Bestände (<http://www.nara.gov/nara/nail. html>), wovon wiederum ein geringer Teil als virtuelle Kopie im Internet verfügbar ist. Als Vorteil ergibt sich die Möglichkeit, Bestände anhand der Beschreibungen zu sichten und dann Kontakt über e-mail mit den entsprechenden Institutionen aufzunehmen. Eine Projektrecherche in den Vereinigten Staaten ist in der Regel nicht durch das Netz ersetzbar.

e-mail und e-mail-Foren

Alle Institutionen, die eine Hypertextseite im Internet veröffentlichen, bieten auch eine Kontaktmöglichkeit per e-mail an. Dies erlaubt relativ schnell und praktisch ohne Kosten eine Kommunikation mit den zuständigen Fachleuten oder Instituten über große geographische Entfernungen hinweg. Ebenso erlaubt die elektronische Post über die Einrichtung von *mailing lists* und *newsgroups* ein offenes Diskussionsforum zwischen Studierenden und Fachleuten verschiedenster Richtungen, das ohne dieses Medium undenkbar wäre. Das H-Net (*Humanities and Social Sciences Online*, <http:// h-net2.msu.edu/>) stellt mit seinen über 70 wissenschaftlichen Diskussionsgruppen zu Geschichte, Politik und Sozialwissenschaften das wichtigste Beispiel dar, wobei die Diskussionsbeiträge in recherchefähigen *online*-Textarchiven weiterhin zur Verfügung stehen. Weitere e-mail-Diskussionsgruppen von Interesse für Anglo-Amerikanische Geschichte können über Suchmaschinen erschlossen werden.

10.2. Hilfsmittel

Eine auch nur annähernd vollständige Übersicht über die Handbücher, Lexika, Bibliographien, Quellensammlungen und Zeitschriften zu geben, die sich mit der amerikanischen Geschichte auseinander-

setzen, ist im Rahmen einer Einführung weder möglich noch erstre-
benswert. Die folgenden Angaben beschränken sich daher auf die
grundlegenden Standardwerke. Weitere Literaturhinweise finden sich
in den im folgenden aufgeführten Bibliographien und Handbüchern.

Handbücher, Nachschlagewerke und Bibliographien

Die bedeutendsten Handbücher zur amerikanischen Geschichte in
englischer und deutscher Sprache sind:
Paul S. Boyer et al., *The Enduring Vision: A History of the American
People*, Lexington, MA, [2]1993; James Henretta et al., *America's History*, New York [2]1993; Mary Beth Norton et al., *A People and a Nation: A History of the United States*, New York [4]1993; George B.
Tindall/David E. Shi, *America: A Narrative History.* New York
[4]1996.

Willi Paul Adams (ed.), *Die Vereinigten Staaten von Amerika*, Fischer Weltgeschichte, Frankfurt/M. [15]1994; Erich Angermann, *Die
Vereinigten Staaten von Amerika seit 1917*, dtv Weltgeschichte des
20. Jahrhunderts, München [9]1995; Hans R. Guggisberg, *Geschichte
der USA*, Stuttgart [3]1993; Udo Sautter, *Geschichte der Vereinigten
Staaten von Amerika*, Stuttgart [5]1994; Jürgen Heideking, *Geschichte der
USA*, Tübingen 1996; Horst Dippel, *Geschichte der USA*, München
1996.

Einen historischen Überblick vermitteln auch Willi Paul Adams
et al. (eds.), *Länderbericht USA*, Bundeszentrale für politische Bildung, Bonn [2]1992. Vgl. auch Günter Shomakers, *Daten zur Geschichte der USA*, München 1983.

Als allgemeine Nachschlagewerke können empfohlen werden:
Encyclopedia Americana; Harold W. Chase (ed.), *Dictionary of American History*, 8 vols., New York 1976–78; Richard B. Morris (ed.),
Encyclopedia of American History, New York [6]1982, Charles Van Do-
ren et al. (eds.), *Webster's Guide to American History*, Springfield, MA,
1971; Rüdiger Wersich (ed.), *USA Lexikon. Schlüsselbegriffe zu Politik, Wirtschaft, Gesellschaft, Kultur, Geschichte und zu den deutsch-
amerikanischen Beziehungen*, Berlin 1995; Udo Sautter, *Lexikon der
amerikanischen Geschichte*, München 1997; Günter Moltmann, *USA-
Ploetz. Geschichte der Vereinigten Staaten zum Nachschlagen*, Freiburg
[3]1993.

Mittlerweile existieren – meist mehrbändige – Nachschlagewerke
zu fast allen wichtigen Bereichen der amerikanischen Geschichts-
wissenschaft:
Jack P. Greene (ed.), *Encyclopedia of American Political History*,
New York 1984; Andrew C. McLaughlin et al. (eds.), *Encyclopedia of
American Government*, 3 vols., New York 1914; Jack P. Greene/J. R.

Pole (eds.), *The Blackwell Encyclopedia of the American Revolution*, New York 1991; Alexander DeConde (ed.), *Encyclopedia of American Foreign Relations*, 3 vols., New York 1978; Bruce W. Jentleson/ Thomas G. Paterson (eds.), *The Encyclopedia of U. S. Foreign Relations*, 4 vols., Oxford 1997; George J. A. O'Toole (eds.), *The Encyclopedia of American Intelligence and Espionage: From Revolutionary War to the Present*, New York 1988; Stanley I. Kutler (ed.), *Encyclopedia of the Vietnam War*, New York 1996; Glenn Porter (ed.) *Encyclopedia of American Economic History: Studies of the Principal Movements and Ideas*, New York 1980; Elliott J. Gorn/Peter W. Williams (eds.), *Encyclopedia of American Social History*, New York 1993; Mari Jo Buhle/Paul Buhle (eds.), *Encyclopedia of the American Left*, Urbana, IL 1992; Leonard Levy (ed.), *Encyclopedia of the American Constitution*, 4 vols., New York 1986; J. Gordon Melton (ed.), *Encyclopedia of American Religions: A Comprehensive Study of the Major Religious Groups in the United States*, New York 1991; Charles Lippy/Peter Williams (eds.), *Encyclopedia of American Religious Experience*, 3 vols., New York 1988; Edward L. Schapsmeier et al. (eds.), *Encyclopedia of American Agricultural History*, Westport, CT 1975; Stephen Thernstrom et al. (eds.), *Harvard Encyclopedia of American Ethnic Groups*, Cambridge, MA, 1980; W. Augustus Low (ed.), *Encyclopedia of Black America*, New York 1981; Darlene C. Hine et al. (eds.), *Black Women in America: An Historical Encyclopedia*, New York 1993; Randall M. Miller/John David Smith (eds.), *Dictionary of Afro-American Slavery*, New York 1988; Charles Reagan Wilson/William Ferris (eds.), *Encyclopedia of Southern Culture*, New York 1991.

Allen Johnson/Dumas Malone (eds.), *Dictionary of American Biography*, 23 vols., New York, 1943–73 (eine neue Auflage wird gegenwärtig unter der Leitung von Stanley Kutler erarbeitet); Joseph G. E. Hopkins (ed.), *Concise Dictionary of American Biography*, New York 1964; John A. Garraty/Jerome L. Sternstein (eds.), *Encyclopedia of American Biography*, New York 1974; *Who Was Who in America*, Chicago 1943–76; Edward T. James (ed.), *Notable American Women, 1607–1950. A Biographical Dictionary*, Cambridge, MA, 1971; Barbara Sicherman et al. (eds.), *Notable American Women: The Modern Period. A Biographical Dictionary*, Cambridge, MA, 1980; Jürgen Heideking (ed.), *Die amerikanischen Präsidenten. 41 historische Portraits von George Washington bis Bill Clinton*, München ²1995.

Die umfassendsten Bibliographien zur amerikanischen Geschichte sind *America: History and Life*, Santa Barbara, CA 1964 ff., und der Hauptkatalog der *Library of Congress* in Washington (veröffentlicht online unter <lc.web.loc.gov/catalog/> und in Form des *National Union Catalogue*). Rezensionen, Dissertationen, Zeitschriftenliteratur, Filme und Mikrofilm- sowie Microfichesammlungen verzeichnet *America: History and Life.* Ein Verzeichnis der Hochschulschriften liefert *Dissertation Abstracts International,* Ann Arbor, MI 1938 ff.

Quellensammlungen

Statistisches Quellenmaterial findet sich in den regelmäßig vom U. S. Bureau of the Census herausgegebenen *Statistical Abstracts of the United States.* Zu einer knappen Sammlung vgl. U. S. Bureau of the Census (Dept. of Commerce), *Historical Statistics of the United States, From Colonial Times to* 1970, Washington, DC 1975. Aktuelles Material findet sich auch unter <http://www.census.gov/>. Historisches Material der Erhebungen zwischen 1850 und 1990 ist über die *Integrated Public Use Microdata Series* der University of Minnesota zugänglich (<http://ipums.umn.edu/>).

Ebenfalls historisches Material, diesmal der Jahre 1790 bis 1970, findet sich auf dem *United States Historical Census Data Browser* der Harvard University <http://icg.fas.harvard.edu/~census/>

Zur politischen Geschichte existieren eine Fülle von Quellensammlungen; besonders hingewiesen sei auf die

Public Papers of the Presidents of the United States. Containing the Public Messages, Speeches, and Statements of the Presidents, Washington, DC, die es von jedem Präsidenten gibt. (Zu den genauen Angaben vgl. Heideking (ed.), *Die amerikanischen Präsidenten* ([2]1995).) James D. Richardson (ed.), *A Compilation of the Messages and Papers of the Presidents,* 1789–1905, 10 vols., Washington, DC 1899–1906.

Jährlich erscheinen das *Journal of the House of Representatives of the United States,* Philadelphia, PA/Washington, DC 1789-; *Journal of the Senate of the United States,* Philadelphia, PA/Washington, DC 1789-.

Papers Relating to the Foreign Relations of the United States, Washington, DC 1861-, Nachdruck 1965-; Thomas C. Cochran (ed.), *The New American State Papers* 1789–1860. 205 vols., Wilmington, DE, 1972–81; *United States Treaties and Other International Acts of the United States of America,* Washington, DC 1952-. Zu einer deutschen Sammlung vgl. Reiner Pommerin und Michael Fröhlich (ed.), *Quellen zu den deutsch-amerikanischen Beziehungen* 1776–1917, Darmstadt 1996.

Einige wichtige Editionen von Quellen aus einzelnen Teilbereichen bilden etwa:

Francis P. Prucha (ed.), *Documents of United States Indian Policy,* Lincoln, NE [2]1990.

Ira Berlin et al. (eds.), *Freedom. A Documentary History of Emancipation,* 3 vols., New York 1982.

Wolfgang Helbich et al. (eds.), *Briefe aus Amerika. Deutsche Aus-wanderer schreiben aus der Neuen Welt*, 1830–1930, München 1988.
Kenneth L. Holmes (ed.), *Covered Wagon Women. Diaries and Let-ters from the Western Trails* 1840–90, Glendale, CA ²1995.
Ruth B. Moynihan et al. (eds.), *Second to None. A Documentary History of American Women*, 2 vols., Lincoln, NE 1993.

Eine gelungene Mischung aus Ausschnitten von Quellen und Fachliteratur zu vielen Themen der amerikanischen Geschichte liefern die Bände der von Thomas G. Paterson herausgegebenen Reihe *Major Problems in American Environmental History*.

Historisches Kartenmaterial stellt der *Historical Atlas of the United States*. Centennial Edition, ed. by the National Geographic Society, Washington 1988, bereit.

Beispiele für vorbildliche *online* zugängliche Quellensammlungen: Library of Congress: *U. S. Congressional Documents and De-bates*, 1774–1873 (<http://lcweb2.loc.gov/ammem/amlaw/law-home.html>), wie auch insgesamt die Sektion des „American Memory".

University of Michigan: *The Making of America* (<http://www.umdl.umich.edu/moa/>).

University of North Carolina at Chapel Hill: *Documenting the American South* (<http://sunsite.unc.edu/docsouth/>).

Michigan State University: *The American Revolution* (<http://re-volution.h-net.msu.edu/>).

Cornell University, NY: *Historic Supreme Court Decisions* (<http://supct.law.cornell.edu/supct/cases/historic.htm>).

10.3. Zeitschriften

Eine thematisch geordnete Übersicht über 420 historische Zeit-schriften findet sich unter <http://www.crispinius.com/nfh2/zei-schriften/main_01.htm>.

Mit Themen aus der gesamten amerikanischen Geschichte befas-sen sich:

American Historical Review; Journal of American History; Journal of American Studies; Amerikastudien/American Studies; American Quarterly sowie die Rezensionszeitschrift *Reviews in American History*.

Eine regionale Differenzierung haben zur Grundlage: *Appalachian Journal; California History; New York History; Virginia Magazine of History and Biography; Journal of Southern History*. Besonders wichtig für die Kolonialgeschichte und die frühe Republik sind *Journal of the Early Republic; William and Mary Quarterly*.

Mit einzelnen Ansätzen und Gegenständen beschäftigen sich: *Diplomatic History; Foreign Policy; Foreign Affairs; Agricultural History; Journal of Economic History; Business History; Journal of Social History; Labor History; Journal of Urban History; Journal of Sport History; Journal of the American Association for Environmental History; Journal of Ethnic Studies; American Indian Quarterly; Journal of Negro History; Journal of American Ethnic History; Journal of Women's History; Gender and History; Signs: Journal of Women in Culture and Society; California History; Illinois Historical Journal; Wisconsin Magazine of History* und *Louisiana History.* Forschungsbeiträge zur Geschichte einzelner amerikanischer Regionen findet man in Zeitschriften wie dem *Journal of Southern History,* der *Pacific Historical Review,* dem *New England Quarterly* und dem *Western Historical Quarterly.*

10.4. Archive und Bibliotheken

Einen ersten Zugang zu amerikanischen Archiven bieten die Archivführer:

Philip M. Hamer, *A Guide to the Archives and Manuscripts in the United States.* New Haven, CT 1961.

U. S. Library of Congress, *The National Union Catalogue of Manuscript Collections.* Hamden, CT 1962– (erscheint jährlich).

Manfred F. Boemeke/Roger Chickering (eds.), *Guide to Archives and Historical Collections in the Washington Metropolitan Area.* Reference Guides of the German Historical Institute, No 7, Washington, DC, 1995. Die Bestände der *National Archives and Records Administration* (NARA) sind bereits teilweise für *online*-Recherche erschlossen (<http://www.nara.gov/>).

Die wichtigste Bibliothek ist zweifellos die **Library of Congress** in Washington (<http://lcweb.loc.gov/>). Von großer Bedeutung sind auch die *Presidential Libraries,* die über die Webseite der *National Archives and Records Administration* erschlossen sind: **<http://www.nara.gov/nara/president/address.html>**

Franklin D. Roosevelt Library
511 Albany Post Rd.
Hyde Park, NY 12538–1999

Dwight D. Eisenhower Library
200 SE 4th St.
Abilene, KS 67410–2900

Lyndon Baines Johnson Library
2313 Red River St.
Austin, TX 78705–5702

Gerald R. Ford Library
1000 Beal Ave.
Ann Arbor, MI 48109–2114

Gerald R. Ford Museum
303 Pearl St. NW
Grand Rapids, MI 49504–5353

Ronald Reagan Library
40 Presidential Dr.
Simi Valley, CA 93065–0666

Herbert Hoover Library
211 Parkside Dr.
P. O. Box 488
West Branch, IA 52358–0488

Harry S. Truman Library
500 West U. S. Highway 24
Independence, MO 64050–1798

John Fitzgerald Kennedy Library
Columbia Point
Boston, MA 02125–3398

Nixon Presidential Materials Staff
National Archives at College Park
8601 Adelphi Road
College Park, MD 20740–6001

Jimmy Carter Library
441 Freedom Parkway
Atlanta, GA 30307–1406

George Bush Library
1000 George Bush Drive West
College Station, TX 77843

Office of Presidential Libraries
National Archives at College Park
8601 Adelphi Rd.
College Park, MD 20740–6001

Informationen zu Biographien, Reden, »First Ladies« etc. lassen sich finden auf <http://sunsite.unc.edu/lia/president>

10.5. Stipendien

Die wichtigsten Institutionen, die Stipendien für einen historischen Forschungsaufenthalt in den USA verleihen, bilden das Deutsche Akademische Auslandsamt, die *Fulbright*-Stiftung, der *German Marshall Fund,* die Deutsche Forschungsgemeinschaft, die Fritz-Thyssen Stiftung und die Gottlieb Daimler- und Carl Benz-Stiftung.

Stipendien des Deutschen Akademischen Auslandsamtes:

Der DAAD empfiehlt, sich bereits vor dem Zeitpunkt der Stipendienbewerbung mit der gewünschten Hochschule in den USA in Verbindung zu setzen.

Alle Bewerber, die sich bei der Gasthochschule in ein Programm einschreiben möchten, müssen den Test of English as a Foreign Language (TOEFL) ablegen. Das Ergebnis des TOEFL-Tests (nicht älter als 2 Jahre) sollte möglichst dem Stipendienantrag beigefügt werden; ersatzweise eine Kopie der Anmeldebestätigung mit Testtermin. Das Ergebnis muß dem zuständigen Referat im DAAD spätestens drei Monate nach Bewerbungsschluß im jeweiligen Programm vorliegen. Bewerber aus Europa können sich zum Test bei folgender Stelle anmelden:

TOEFL/Cito,
P. O.Box 1203,
6801 BE Arnhem,
Niederlande.

Daten zu Terminen und Orten der Tests lassen sich über TOEFL/Cito erfragen. Vorsicht, die Anmeldetermine liegen bis zu sieben Wochen vor den eigentlichen Testterminen!

DAAD-Jahresstipendien richten sich an Amerikanisten, Anglisten, Kanadisten und Studierende anderer geistes- und sozialwissenschaftlicher Fächer. Bewerben können sich Studierende, die im Wintersemester vor Stipendienbeginn zwischen dem zweiten und sechsten Fachsemester sind. Wünsche hinsichtlich einer Zielhochschule können angegeben werden, die endgültige Entscheidung fällt aber der DAAD.

Bei Detailfragen steht das Akademische Auslandsamt für Informationen bereit. Informationen finden sich zudem in der jährlich erscheinenden Publikation des DAAD, *Studium, Forschung, Lehre im Ausland. Förderungsmöglichkeiten für Deutsche.*

Fulbright-Stipendien:

Deutsche Studenten können sich außerdem für Voll- oder Teilzeit-
stipendien bei der Fulbright-Stiftung bewerben. Informationen und
Unterlagen sind erhältlich bei der Fulbright-Kommission (Kommis-
son für den Studenten- und Dozentenaustausch zwischen der Bundesrepublik Deutschland und den Vereinigten Staaten von Amerika), Theaterplatz 1 a, 53 -77 Bonn.

Studierende sollten sich über das Akademische Auslandsamt ihrer
Hochschule bewerben, Graduierte hingegen können die Bewer-
bungsunterlagen und -richtlinien direkt bei der Kommission in
Bonn anfordern.

Stipendien des German Marshall Fund:

Um Stipendien für Forschungsreisen in die USA bis zur Dauer von
sechs Monaten können sich jüngere deutsche Wissenschaftler beim
German Marshall Fund bewerben. Anschrift: The German Marshall
Fund of the United States, Friedrichstr. 113 a (Eingang Oranienbur-
ger Straße), 10117 Berlin, Tel: (030) 28 34 -9 02, Fax: (030) 28 34–3
53.

Außerdem lobt die FU Berlin Stipendien aus, die es europäischen
Doktoranden ermöglichen, für die Dauer von ein bis drei Monaten
in Berlin zu arbeiten und dort die Quellen- und Literaturbestände
des John F. Kennedy-Instituts zu sichten. Interessenten sollten sich
wenden an:

John F. Kennedy-Institut für Nordamerikastudien
Freie Universität Berlin
Lansstr. 5–9
14195 Berlin

Darüber hinaus haben einige deutsche Universitäten Partneruni-
versitäten in den Vereinigten Staaten, an denen deutsche Studenten
im Rahmen spezieller Austauschprogramme studieren können. Genauere Informationen können die jeweiligen Institute oder Semi-
nare bzw. das Akademische Auslandsamt geben. Einen ersten Überblick über Stipendien bieten der vom DAAD herausgegebene
Studienführer USA, der bei den Akademischen Auslandsämtern bzw.
Sekretariaten der Hochschulen erhältlich ist, und Manfred Berg and
Janine S. Micunek; *German-American Scholarship Guide. Exchange
Opportunities für Historians and Social Scientists 1994/95.* German Historical Institute, Washington, DC 1994.

10.6. Studienorte

Mittlerweile gibt es an einer Reihe deutscher Universitäten die Möglichkeit, amerikanische Geschichte zu studieren. Schwerpunkte existieren in Berlin und Köln, in denen es eigene Institute bzw. Abteilungen zur amerikanischen Geschichte gibt. Einen Überblick über Studienbedingungen und Lehrangebot bieten die Webseiten der einzelnen Institute. Weitere Informationen können über die folgenden Adressen per Post oder e-mail angefordert werden.

Über gleich zwei Professuren zur amerikanischen Geschichte verfügt das John F. Kennedy-Institut in Berlin:
Freie Universität Berlin
John F. Kennedy Institut für Nordamerikastudien
Lansstr. 5–9
14195 Berlin
Tel: (030) 838 2703/4
Fax: (030) 383 2882
Abteilung für Geschichte Nordamerikas
Tel: (030) 838 2474
Fax: 838 2873
<http://userpage.fu-berlin.de/jfki/Depts/am_history.html>

Die Möglichkeit, amerikanische Geschichte als Magisterfach zu studieren, besteht an der Anglo-Amerikanischen Abteilung des Historischen Seminars der Universität zu Köln:
Universität zu Köln
Anglo-Amerikanische Abteilung des Historischen Seminars
Albertus-Magnus-Platz
50931 Köln
Tel: (0221) 470 2307
Fax: (0221) 470 4996
<http://www.uni-koeln.de/phil-fak/histsem/anglo/>

In Tübingen existiert eine Professur für Nordamerikanische Geschichte im Rahmen des Seminars für Zeitgeschichte an der Geschichtswissenschaftlichen Fakultät:
Eberhard-Karls-Universität Tübingen
Seminar für Zeitgeschichte
Wilhelmstr. 36, 3. OG
72074 Tübingen
Fax: 07071–295793
<http://www.uni-tuebingen.de/dekanat-geschichte/usa.htm>

Auch an anderen deutschen Universitäten gibt es Professuren für amerikanische Geschichte, die entweder in historischen Seminaren oder *American Studies*-Instituten oder in Wirtschafts- und Sozialwissenschaftlichen Instituten verankert sind.

Universität Aachen
Historisches Institut
Kopernikusstr. 16
52074 Aachen
Tel: (0241) 8060 -35/36
Fax: (0241) 8060 -27
<http://www.histinst.rwth-aachen.de/>

Ruhr-Universität Bochum
Fakultät für Geschichtswissenschaft, Geschichte Nordamerikas
Postfach: 10 21 48
44780 Bochum
Tel: (0234) 700–4666/7
Fax: (0234) 7094 240
<http://www.ruhr-uni-bochum.de/geschichte/sektion/sk-gna.htm>

Friedrich-Alexander-Universität Erlangen-Nürnberg
Wirtschafts- und Sozialwissenschaftliche Fakultät
Lehrstuhl für Auslandswissenschaft (Englischsprachige Kulturen)
Findelgasse 9
90402 Nürnberg
Tel: (0911) 5302 296
Fax: (0911) 5302 696
<http://www.wiso.uni-erlangen.de/WiSo/Sozw/awengl/>

Albert-Ludwigs-Universität Freiburg
Historisches Seminar
Werthmannplatz
79085 Freiburg i. Br.
Tel: (0761) 203 4246
<http://www.ruf.uni-freiburg.de/histsem/>

Martin-Luther-Universität Halle-Wittenberg
Institut für Anglistik und Amerikanistik
06099 Halle
Tel: (0345) 200 2631
Fax: (0345) 21 259
<http://www.uni-halle.de/MLU/sprachlit.html>

Universität Hamburg
Historisches Seminar
Von-Melle-Park 6, IX
20146 Hamburg
Tel.: (040) 41 23 48 38
<http://www.uni-hamburg.de/>

Ruprecht-Karls-Universität Heidelberg
Historisches Seminar
Neue Universität
Südflügel
69117 Heidelberg
Tel: (06221) 542276/80
Fax: (06221) 542267
<http://www.uni-heidelberg.de/institute/fak7/hist/>

Friedrich-Schiller-Universität Jena
Historisches Institut
Humboldt-Str. 11
07743 Jena
Tel: (03641) 636525
Fax: (03641) 635234
<http://www.uni-jena.de/fsu/anglistik/index.html>

Universität/Gesamthochschule Kassel
Fachbereich 8: Anglistik/Romanistik
Georg-Forster-Str. 3
34109 Kassel

Universität Leipzig
Institut für Amerikanistik
Augustusplatz 9
04109 Leipzig
Tel: (0341) 7192927
Fax: (0341) 7192929
<http://www.uni-leipzig.de/~amerika/index.htm>

Im Rahmen des Nordamerikaprogramms in Bonn (NAP) und der Nordamerikastudien in München werden ebenfalls Lehrveranstaltungen zur amerikanischen Geschichte angeboten. Allerdings verfügen diese Institute nicht über eigene Professuren für nordamerikanische Geschichte. Das Nordamerikaprogramm in Bonn arbeitet eng mit der Abteilung für Anglo-Amerikanische Geschichte in Köln zusammen, dessen Mitarbeiter auch an Lehrveranstaltungen in Bonn mitwirken. Das Zentrum für Nordamerika-Forschung in Frankfurt (ZENAF), dessen Schwerpunkt auf Politikwissenschaft liegt, bietet zahlreiche amerikabezcgene Vorträge, *workshops* und andere Aktivitäten an. Einige Mitarbeiter des ZENAF lehren auch im Rahmen des Instituts für England- und Amerikastudien der Universität Frankfurt.

Rheinische-Friedrich-Wilhelms-Universität Bonn
Englisches Seminar/Nordamerikaprogramm (NAP)
Regina-Pacis-Weg 5
53113 Bonn
Tel: (0228) 737664
Fax: (0228) 735579
<http://www.uni-bonn.de/~upp216/>

Johann Wolfgang Goethe-Universität Frankfurt am Main
Zentrum für Nordamerika-Forschung (ZENAF)
Robert Mayer-Str. 1
60054 Frankfurt/M.
Tel. (069) 79825821
Fax: 79828527
<http://www.rz.uni-frankfurt.de/zenaf/>

Ludwig-Maximilians-Universität München
Amerika-Institut
Schellingstr. 3/VG
80799 München
Kulturabteilung
Tel. (089) 21802739
Fax: (089) 2805288
<http://www.lrz-muenchen.de/~amerika-institut/index.html

Anhang

1. Zeittafel

30 000–12 000 v. Chr.	Besiedlung Nordamerikas
1000–1300 n. Chr.	Mississippi-Kultur
1565	Spanier gründen St. Augustine, Florida
1607	Jamestown, Virginia, als erste dauerhafte englische Kolonie auf dem nordamerikanischen Festland gegründet
1619	die ersten Afrikaner werden nach Virginia gebracht
1620	Pilgrims gründen Plymouth-Kolonie
1629	Puritaner gründen Massachusetts Bay-Kolonie
1634	Gründung von Maryland
1636	Roger Williams gründet Rhode Island
1637	Pequot-Wars gegen Indianer in Neuengland
1639	Siedler im Connecticut-Gebiet schließen sich zusammen
1663	Gründung der Carolina-Kolonie
1664	Briten übernehmen Neu-Amsterdam (New York) von den Niederländern
1681	William Penn gründet die Quäker-Kolonie Pennsylvania
1692	Hexenprozesse in Salem, Massachusetts
1732	Gründung von Georgia
ab 1734	religiöse Erweckungsbewegung *(Great Awakening)* in Neuengland
1754	Beginn des *French and Indian War;* Benjamin Franklins Einigungsplan von Albany scheitert
1759	Eroberung von Quebec
1763	Friede von Paris: Kanada fällt an Großbritannien
1765	*Stamp Act* löst Protestwelle in den Kolonien aus
1770	Boston-Massaker fordert fünf Tote
1772	Kolonien richten Korrespondenzkomitees ein
1773	*Boston Tea Party* als Protest gegen Teesteuer
1774	britische Strafmaßnahmen gegen Massachusetts (*Coercive Acts*); erster Kontinentalkongreß tagt in Philadelphia
1775	mit Gefechten bei Lexington und Concord, Massachusetts, beginnt der Unabhängigkeitskrieg; zweiter Kontinentalkongreß tritt in Philadelphia zusammen
1776	Sieg bei Saratoga; Annahme einer Konföderationsverfassung *(Articles of Confederation)* durch den Kongreß; sie wird bis 1781 von den Staaten ratifiziert
1778	Bündnis mit Frankreich
1781	britische Kapitulation in Yorktown
1783	Friedensvertrag von Paris bestätigt die Unabhängigkeit der Vereinigten Staaten

1787	Northwest Ordinance des Kongresses regelt Besiedlung und Organisation des Ohio-Gebiets
Mai–Sept. 1787	Verfassungskonvent in Philadelphia
1787/88	Alexander Hamilton, James Madison und John Jay verteidigen den Verfassungsentwurf in den Federalist Papers
1788	neue Bundesverfassung tritt in Kraft
1789	George Washington erster Präsident der USA
1790	Alexander Hamiltons Finanzprogramm vom Kongreß angenommen
1791	Bill of Rights als Ergänzung zur Verfassung
1795	Jay Treaty mit Großbritannien
1796	Washingtons Farewell Address verurteilt Parteiengeist und warnt vor permanenten Bündnissen
1798	unerklärter Krieg gegen Frankreich
1801	Thomas Jefferson dritter Präsident der USA
1803	Kauf des Louisiana-Gebiets von Napoleon
	Marbury v. Madison bestätigt die Kompetenz des Supreme Court, Kongreßgesetze für verfassungswidrig zu erklären
1804–05	Lewis und Clark-Expedition von St. Louis zum Pazifik
1812–14	Krieg gegen Briten und Indianer
1815	Friedensvertrag von Gent
ab 1817	American Colonization Society fördert Rücksiedlung von Schwarzen nach Afrika
1820	Missouri-Kompromiß in der Sklavereifrage
1823	Monroe-Doktrin
1825	Eröffnung des Erie-Kanals
4. 7. 1826	Thomas Jefferson und John Adams sterben am 50. Jahrestag der Unabhängigkeitserklärung
1828	Baltimore and Ohio Railroad
1830	Indian Removal Act erlaubt Vertreibung der Indianer aus dem Gebiet östlich des Mississippi
ab 1831	William Lloyd Garrison kritisiert die Sklaverei in der Zeitung The Liberator
1832	Antisklaverei-Gesellschaft in Neuengland gegründet
1832/33	Zollstreit zwischen der Bundesregierung und South Carolina (Nullification Crisis)
1835	Alexis de Tocqueville: De la démocratie en Amérique
1836	Siedler in Texas erklären ihre Unabhängigkeit von Mexiko
1838	Vertreibung der »fünf zivilisierten Stämme« (Trail of Tears)
1842	Überland-Treck von Siedlern nach Oregon beginnt
1845	Texas als Sklavenstaat in die Union aufgenommen
1846–48	Krieg gegen Mexiko
1846	Teilung des Oregon-Territoriums mit Großbritannien; Mormonen ziehen zum Großen Salzsee (Utah)
ab 1847	starke Einwanderungswelle aus Irland und Deutschland
1848	»Goldrausch« in Kalifornien
	Gründung der Free Soil Party
	Treffen von Frauenrechtlerinnen in Seneca Falls, New York

	Friedensvertrag von Guadalupe Hidalgo mit Mexiko
1850	Aufnahme von Kalifornien als sklavenfreier Staat
	Sklavereikompromiß im Kongreß
1851	Gründung der fremdenfeindlichen *American Party*
1852	Harriet Beecher Stowe: *Uncle Tom's Cabin*
1854	Kansas-Nebraska Act; Gründung der *Republican Party*
1857	Beginn einer Wirtschaftskrise
1858	sklavereifreundliches Urteil des Supreme Court im Fall *Dred Scott v. Sanford*
1858	Lincoln-Douglas-Debatten
1859	John Browns Überfall auf Harpers Ferry
1860	Wahl Abraham Lincolns zum Präsidenten; South Carolina sagt sich als erster Staat von der Union los
1861	die Sezessionsstaaten bilden die Confederate States of America
12. 4. 1861	mit der Beschießung von Fort Sumter vor Charleston, South Carolina, beginnt der amerikanische Bürgerkrieg
22. 9. 1862	Vorläufige Emanzipationserklärung (tritt am 1. 1. 1863 in Kraft)
1.–3. 7. 1863	Sieg des Nordens in der Schlacht von Gettysburg, Pennsylvania
4. 7. 1863	Kongreß richtet *Freedmen's Bureau* für befreite Sklaven ein; Beginn der *Reconstruction*
1864	Eroberung von Atlanta, Georgia, General William T. Shermans »March to the Sea«; Wiederwahl Lincolns
9. 4. 1865	Kapitulation von General Robert E. Lee bei Appomattox Court House
14. 4. 1865	Ermordung Lincolns in Washington
1866	13. Amendment hebt die Sklaverei auf
1867	Alaska von Rußland gekauft
1868	Amtsenthebungsverfahren gegen Präsident Andrew Johnson scheitert knapp; 14. Amendment sichert Afro-Amerikanern Bürgerrechte zu
1869	erste transkontinentale Eisenbahnverbindung
1870	15. Amendment gewährt männlichen Afro-Amerikanern das Wahlrecht
1871	Großbrand verwüstet Chicago
1872	Andrew Carnegie errichtet Stahlwerk in Pittsburgh
1873	Finanzpanik löst mehrjährige Wirtschaftskrise aus
1874	*Women's Christian Temperance Union* beginnt Kampf gegen den Alkoholkonsum
1876	US-Kavallerieeinheit wird am Little Bighorn River, Montana, von Indianern aufgerieben
1877	mit der Wahl von Rutherford B. Hayes zum Präsidenten endet die *Reconstruction*
1878	Gustavus Swift setzt Kühlwagen in der Fleischindustrie ein
1879	Thomas A. Edison erfindet die Glühbirne
1881	Ermordung von Präsident James A. Garfield
	Kongreß schließt Chinesen von der Einwanderung aus
1883	*Civil Service Act* reformiert die Verwaltung

1885	erstes modernes Hochhaus in Chicago errichtet
1886	Bombenanschlag auf dem Haymarket in Chicago
	Gründung der *American Federation of Labor* (AFL)
1887	*Dawes Severalty Act* stellt Indianerpolitik auf neue Grundlage; *Interstate Commerce Commission* reguliert das Eisenbahnwesen
1889	Oklahoma wird für weiße Siedler geöffnet
	Beginn des Schlachtflottenbaus
1890	Massaker an Indianern bei Wounded Knee, South Dakota
	Alfred Thayer Mahan: *The Influence of Seapower on History*
1892	Gründung der populistischen *People's Party*
1893	Beginn einer mehrjährigen Wirtschaftskrise
	Frederick Jackson Turner: *The Significance of the Frontier in American History*
	Weltausstellung in Chicago
	Interstate Commerce Commission; Sherman Anti-Trust Act
1895	Konflikt mit Großbritannien über Grenzziehung in Venezuela
1896	*Supreme Court* erklärt in *Plessy v. Ferguson* die Rassentrennung für verfassungskonform
1898	Krieg gegen Spanien; die USA erobern Kuba, Puerto Rico und die Philippinen; Hawaii und Guam werden annektiert
1900	Henry Ford beginnt in Dearborn, Michigan, mit der Fließbandproduktion von Automobilen
1901	Ermordung von Präsident William McKinley; Nachfolger Theodore Roosevelt
	Gründung der *Socialist Party*
1903	Panama-Kanal-Vertrag
1904	Ergänzung der Monroe-Doktrin *(Roosevelt Corollary)*
1905	Präsident Roosevelt vermittelt im russisch-japanischen Krieg
1906	Erdbeben zerstört San Francisco
1909	Gründung der *National Association for the Advancement of Colored People* (NAACP)
1912	Gründung der *Progressive Party;* Wahl Woodrow Wilsons zum Präsidenten
1913	*Federal Reserve Act* führt Zentralbanksystem ein
1914	*Clayton Antitrust Act*
1915	deutsches U-Boot versenkt amerikanisches Passagierschiff »Lusitania«
6. 4. 1917	Kriegserklärung an das Deutsche Reich
1918	Präsident Wilson schlägt Gründung eines Völkerbunds vor (Vierzehn-Punkte-Programm)
1919	US-Senat lehnt Versailler Vertrag und Völkerbund ab
	Unterdrückung und Deportation von Radikalen *(Red Scare)*
	18. Amendment führt bundesweites Alkoholverbot *(Prohibition)* ein (1933 durch 21. Amendment wieder aufgehoben)
1920	19. Amendment gewährt Frauenwahlrecht
1921	Washingtoner Flottenkonferenz der Großmächte
1924	*National Origins Act* begrenzt die Einwanderung durch ein Quotensystem

	Indianer werden US-Staatsbürger
	Dawes-Plan zur Stabilisierung der europäischen Wirtschaft
1927	Charles Lindbergh überquert im Alleinflug den Atlantik
1928	Kellogg-Briand-Pakt zur Kriegsächtung
1929	Kurssturz an der Wall Street löst Weltwirtschaftskrise aus
	Young-Plan regelt deutsche Reparationsverpflichtungen
1933	Präsident Franklin D. Roosevelt leitet das Reformprogramm des *New Deal* ein
1935–37	Kongreß verabschiedet Neutralitätsgesetze
1935	Gründung des *Congress of Industrial Organizations* (CIO)
1940	Wiedereinführung der Wehrpflicht
März 1941	*Lend-Lease Act* zur Unterstützung der Alliierten
Aug. 1941	Verkündung der Atlantic Charter
7. 12. 1941	japanischer Überraschungsangriff auf Pearl Harbor
11. 12. 1941	deutsche Kriegserklärung an die USA
1942	Internierung der Japaner an der Westküste
1943	Präsident Roosevelt fordert »unconditional surrender«
1944	Landung der Alliierten in der Normandie
	Wirtschaftskonferenz von Bretton Woods, New Hampshire
1945	Jalta-Konferenz
12. 4. 1945	Tod Roosevelts in Warm Springs, Georgia; Nachfolger Harry S. Truman
25. 4. 1945	Beginn der San Francisco-Konferenz; Gründung der Vereinten Nationen
8. 5. 1945	Kapitulation des Deutschen Reiches
Juli-Aug. 1945	Konferenz von Potsdam
Aug. 1945	Abwurf von Atombomben auf Hiroshima (6. 8.) und Nagasaki (9. 8.)
2. 9. 1945	Kapitulation Japans
1947	Truman-Doktrin und Beginn des Kalten Krieges
	Gründung des *National Security Council* (NSC) und der *Central Intelligence Agency* (CIA)
1948	Marshall-Plan vom Kongreß verabschiedet; Luftbrücke für Berlin eingerichtet
1949	USA treten der NATO bei
1950–53	USA führen UNO-Koalition im Korea-Krieg
1951	22. Amendment begrenzt die Amtszeit des Präsidenten auf acht Jahre
1953	US-Interventionen im Iran und in Guatemala
1954	Höhepunkt der Kommunistenfurcht (McCarthyism)
	Supreme Court erklärt in *Brown v. Board of Education* die Rassentrennung im Bildungswesen für verfassungswidrig
1955	USA beteiligen sich an der Genfer Indochinakonferenz
	Vereinigung von AFL/CIO
1955/56	Martin L. King organisiert Busboykott in Montgomery, Alabama; Beginn der Bürgerrechtsbewegung
1957	Rassenunruhen in Little Rock, Arkansas
	Höhepunkt des »Baby Boom«

1958	US-Intervention in Libanon
Nov. 1960	John F. Kennedy schlägt Richard Nixon im Präsidentschafts-wahlkampf
1961	Invasion in der Schweinebucht auf Kuba scheitert
Aug. 1961	Berlinkrise nach Mauerbau
Okt. 1962	Kubakrise
28. 8. 1963	»Marsch auf Washington«; Martin Luther Kings »I have a Dream«-Rede
22. 11. 1963	Ermordung John F. Kennedys in Dallas, Texas; Nachfolger Lyndon B. Johnson
1964	*Civil Rights Act* Eskalation des Vietnamkrieges nach Zwischenfall im Golf von Tongking
1965	*Voting Rights Act* *Immigration Act* löst das nationale Quotensystem ab
1966	Gründung der *National Organization for Women* (NOW)
Jan. 1968	Tet-Offensive des Vietcong
4. 4. 1968	Ermordung von Martin Luther King in Memphis, Tennessee
5. 6. 1968	Ermordung von Robert Kennedy in Los Angeles
Nov. 1968	Wahlsieg Richard M. Nixons
1969	*American Indian Movement* (AIM) besetzt Alcatraz Stonewall-Zwischenfall stößt *Gay Liberation Movement* an
21. 7. 1969	Apollo 11-Mission landet auf dem Mond
1970	Invasion von Kambodscha löst neue Antikriegsproteste aus Einrichtung der *Environmental Protection Agency* (EPR)
1971	Veröffentlichung der *Pentagon Papers*
1972	Präsident Nixon besucht die Volksrepublik China Abschluß des SALT I-Abrüstungsvertrags in Moskau
1973	arabischer Ölboykott nach Yom-Kippur-Krieg Vietnam-Friedensschluß in Paris *Supreme Court* legalisiert in *Roe v. Wade* den Schwangerschafts-abbruch in den ersten drei Monaten Kongreß verabschiedet den *War Powers Act*
1974	Watergate-Skandal führt zum Rücktritt Präsident Nixons; Nachfolger Gerald R. Ford
1975	Fall von Saigon beendet den Vietnamkrieg
1978	Präsident Jimmy Carter vermittelt Camp David-Friedensab-kommen zwischen Ägypten und Israel
1979	Aufnahme diplomatischer Beziehungen mit der Volksrepubik China Revolution im Iran und Geiselnahme in der Teheraner US-Botschaft sowjetische Invasion in Afghanistan; SALT II–Vertrag schei-tert im Senat
Nov. 1980	Ronald W. Reagan besiegt Präsident Carter
1981	Freilassung der Geiseln in Teheran US-Intervention in Nicaragua
1983	US-Intervention in Grenada, Karibik

1984	mit Geraldine Ferraro tritt erstmals eine Frau als Vizepräsidentschaftskandidatin an
1986	Iran-Contra-Affäre
1989	US-Intervention in Panama
1991	USA führen Koalition im Golfkrieg gegen Irak
	Auflösung der Sowjetunion beendet Kalten Krieg
1992	Rassenunruhen in Los Angeles
	Bill Clinton schlägt Präsident George Bush
	Beginn eines Wirtschaftsbooms
1993	US-Intervention in Somalia scheitert
	USA vermitteln Friedensabkommen zwischen Israel und den Palästinensern
1994	US-Intervention in Haiti
	Sieg der Republikaner bei den Kongreßwahlen
1995	US-Intervention beendet Bosnien-Krieg
1996	Wiederwahl Clintons; die zweite Amtszeit ist von Affären überschattet

2. Literatur

1. Einleitung

Bancroft, George, *History of the United States from the Discovery of the American Continent*. Ed. Russel B. Nye, Chicago, IL, 1966.

Beard, Charles A., *An Economic Interpretation of the Constitution of the United States*. New York 1913. (dt. Frankfurt a. M. 1974)

Bender, Thomas, »Wholes and Parts: The Need for Synthesis in American History«, in: *Journal of American History* 73 (1986), S. 120–136.

Boorstin, Daniel, *The Genius of American Politics*. Chicago 1953.

Grob, Gerald N./Billias, George Athan (eds.), *Interpretations of American History – Patterns and Perspectives*. New York [6]1992.

Hartz, Louis, *The Liberal Tradition in America: An Interpretation of American Political Thought since the Revolution*. New York 1955.

Heideking, Jürgen, *Geschichte der USA*. Tübingen/Basel 1996.

Hofstadter, Richard, *The American Political Tradition and the Men Who Made it*. New York 1956.

Kennedy, Paul, *The Rise and Fall of the Great Powers*. New York 1987. (dt. Frankfurt a. M. 1991)

Kolko, Gabriel, *The Roots of American Foreign Policy: An Analysis of Power and Purpose*. Boston 1969.

Lemisch, Jesse, »The American Revolution Seen from the Bottom up«, in: Bernstein, Barton J. (ed.), *Towards a New Past: Dissenting Essays in American History*. New York 1968.

Parrington, Vernon L., *Main Currents in American Thought*. 3 Vols. New York 1927–1930.

Ross, Dorothy, »Grand Narrative in American Historical Writing«, in: *American Historical Review* 100 (1995), S. 651–77.

Turner, Frederick Jackson, *The Significance of the Frontier in American History*. Chicago 1893.

Waechter, Matthias, *Die Erfindung des amerikanischen Westens: Die Geschichte der Frontier-Debatte*. Freiburg 1996.

Williams, William A., *The Tragedy of American Diplomacy*. New York 1959. (dt. Frankfurt a. M. 1973)

2. Grundlinien der amerikanischen Geschichte

Adams, Angela/Adams, Willi Paul (eds.), *Hamilton/Madison/Jay: Die Federalist-Artikel*. Paderborn 1994.

Cooke, Jacob E. (ed.), *The Federalist*. Middletown, CT, 1961

Crèvecoeur, Hector St. John de, *Letters from an American Farmer*. New York 1986 (Originalausgabe 1782).

Henretta, James A./Brownlee, W. Elliot/Brody, David/Ware, Susan, *America's History*. New York [3]1997.

Jenkins, Philip, *A History of the United States*. Basingstoke 1997.

Mahan, Alfred Thayer, *The Influence of Sea Power upon History, 1660–1783*. Boston [12]1947.

Myrdal, Gunnar, *An American Dilemma: The Negro Problem and Modern Democracy*. New York 1944.

Nolte, Paul, »Der Markt und seine Kultur – ein neues Paradigma der amerikanischen Geschichte?«, in: *Historische Zeitschrift* 264 (1997), S. 329–360.

Schlesinger, Jr., Arthur M., *The Disuniting of America: Reflections on a Multicultural Society*. New York 1993.

Tocqueville, Alexis de, *Über die Demokratie in Amerika*. München 1976.

Weber, Max, *Die Protestantische Ethik und der Geist des Kapitalismus*. Bodenheim 1993.

Zehnpfennig, Barbara (ed.), *Die Federalist papers: Alexander Hamilton, James Madison und John Jay*. Darmstadt 1993.

3. Grundlegende Tendenzen der neueren amerikanischen Geschichtswissenschaft

Berkhofer, Robert F., Jr., *Beyond the Great Story: History as Text and Discourse*. Cambridge, MA, 1995.

Burke, Peter, »Overture: The New History, its Past and its Future«, in: *New Perspectives on Historical Writing*. Ed. Peter Burke. University Park, PA, [4]1995, S. 1–23.

Dirks, Nicholas B./Eley, Geoff/Ortner, Sherry B.(eds.), *Culture/Power/History: A Reader in Contemporary Social Theory*. Princeton, NJ, 1994.

Fink-Eitel, Hinrich, *Foucault zur Einführung*. Hamburg 1989.

Foner, Eric (ed.), *The New American History*. Rev.& Exp. Ed. Philadelphia, PA, [2]1997.

»Forum: The Old History and the New«, in: *American Historical Review* 94, 3 (1989), S. 654–698.

Foucault, Michel, *Überwachen und Strafen. Die Geburt des Gefängnisses*. Frankfurt a. M. 1975.

Gay, Peter, *Style in History*. New York 1974.

Geertz, Clifford, *Interpretation of Cultures: Selected Essays*. London [2]1993.

Grathwol, Robert P./Moorhus, Donita M./Wilson, Douglas J., *Oral History and Postwar German-American Relations: Resources in the United States*. Washington 1997.

Grob, Gerald W./Billias, George A., *Interpretations of American History: Patterns and Perspectives*. 2 Vols. New York [6]1992.

Kammen, Michael (ed.), *The Past before us: Contemporary Historical Writing in the United States*. Ithaca, IL, 1980.

Kimmerle, Heinz, *Derrida zur Einführung*. Hamburg [4]1997.

Novick, Peter, *That Noble Dream: The »Objectivity Question« and the American Historical Profession*. Cambridge 1988.

The Challenge of American History. Special Issue of *Reviews in American History* 26 (1998).

White, Hayden, *Metahistory: Die historische Einbildungskraft im* 19. *Jahrhundert in Europa.* Frankfurt am Main 1994.

4. Politische Geschichte

4.1. Innenpolitik

Baker, Paula, »The Domestication of Politics: Women and American Political Society«, in: *American Historical Journal* 89 (1984), S. 620–47.

Benson, Lee, *The Concept of Jacksonian Democracy: New York as a Test Case.* Princeton, NJ, 1961.

Blum, John Morton, *Years of Discord: American Politics and Society,* 1961–1974. New York 1991.

Boyer, Paul, *By the Bomb's Early Light: American Thought and Culture at the Dawn of the Atomic Age.* Chapel Hill, NC, [2]1994.

Brinkley, Alan, *The End of Reform: New Deal Liberalism in Recession and War.* New York 1995.

Chafe, William H., *The Unfinished Journey: America since World War II.* New York [3]1995.

Dippel, Horst, *Die Amerikanische Revolution,* 1763–1787. Frankfurt/M. 1985.

Evans, Peter B./Rueschemeyer, Dietrich/Skocpol, Theda (eds.), *Bringing the State Back in.* Cambridge 1985.

Formisano, Ronald P., »The Invention of the Ethnocultural Interpretation«, in: *American Historical Review* 99 (1994), S. 453–477.

Heideking, Jürgen (ed.), *Die amerikanischen Präsidenten.* München 1995.

Hofstadter, Richard, *The Idea of a Party System: The Rise of Legitimate Opposition in the United States,* 1780–1840. Berkeley, CA, 1969.

Karl, Barry D., *The Uneasy State: The United States from* 1915 *to* 1945. Chicago 1983.

Koven, Seth/Michel, Sonya (eds.), *Mothers of a New World: Maternalistic Politics and the Origin of Welfare States.* New York 1993.

McCormick, Richard L., *The Party Period and Public Policy: American Politics from the Age of Jackson to the Progressive Era.* New York 1986.

McPherson, James M., *Battle Cry of Freedom: The Civil War Era.* New York 1988. (dt. München 1995)

Middlekauff, Robert, *The Glorious Cause: The American Revolution,* 1763–1789. New York 1982.

Leff, Mark H., »Revisioning U.S. Political History«, in: *American Historical Review* 100 (1995), S. 829–53.

Schröder, Hans-Christoph, *Die Amerikanische Revolution. Eine Einführung.* München 1982.

Sellers, Charles, *The Market Revolution: Jacksonian America,* 1815–1846. New York 1991.

Skowronek, Stephen, *Building a New American State: The Expansion of National Administrative Capacities,* 1877–1920. Cambridge 1982.

Vorländer, Hans, *Hegemonialer Liberalismus: Politisches Denken und politische Kultur in den USA* 1776–1920. Frankfurt/M. 1997.

Wiebe, Robert H., *The Opening of American Society: From the Adoption of the Constitution to the Eve of Disunion.* New York 1984.

ders., *The Search for Order*, 1877–1920. New York 1967.
ders., *Self-Rule: A Cultural History of American Democracy*. Chicago 1995.
Wood, Gordon S., *The Creation of the American Republic*, 1776–1787. Chapel Hill, NC, 1969.

4.2. Verfassungsgeschichte

Adams, Willi Paul, *Republikanische Verfassung und bürgerliche Freiheit: Die Verfassungen und politischen Ideen der amerikanischen Revolution*. Darmstadt 1973. (engl. Chapel Hill 1980)
Brugger, Winfried, *Grundrechte und Verfassungsgerichtsbarkeit in den Vereinigten Staaten von Amerika*. Tübingen 1987.
Currie, David P., *The Constitution in the Supreme Court: The First Hundred Years*. Chicago 1985.
ders., *Die Verfassung der Vereinigten Staaten von Amerika*. Frankfurt/M. 1988.
Curry, Thomas J., *The First Freedoms: Church and State in America to the Passage of the First Amendment*. New York 1986.
Heideking, Jürgen, *Die Verfassung vor dem Richterstuhl: Vorgeschichte und Ratifizierung der amerikanischen Verfassung, 1787–1791*. Berlin 1988.
Horwitz, Morton J., *The Transformation of American Law, 1780–1860*. Cambridge, MA, 1977.
Huntington, Samuel, *American Politics: The Promise of Disharmony*. Cambridge 1981.
Kammen, Michael, *A Machine that Would Go of itself: The Constitution in American Culture*. New York 1986.
Levy, Leonard W., *Emergence of a Free Press*. New York 1985.
ders., *The Establishment Clause: Religion and the First Amendement*. New York 1986.
Levy, Leonard W., *Original Intent and the Framers' Constitution*. New York 1988.
Murphy, Paul L., *The Constitution in Crisis Times 1918–1969*. New York 1972.
Rakove, Jack N., *Original Meanings: Politics and Ideas in the Making of the Constitution*. New York 1996.
Schwartz, Bernard, *The Great Rights of Mankind: A History of the American Bill of Rights*. Madison, WI, 1992.

4.3. Außenpolitik

Ambrose, Stephen Rise to Globalism. *American Foreign Policy Since 1938*. New York [7]1886.
Ambrosius, Lloyd E., *Woodrow Wilson and the American Diplomatic Tradition: The Treaty Fight in Perspective*. Cambridge 1987.
Ameringer, Charles D., *U. S. Foreign Intelligence: The Secret Side of American History*. Lexington, MA, 1990.
Costigliola, Frank, *Awkward Dominion: American Political, Economic, and Cultural Relations with Europe, 1919–1933*. Ithaca, NY, 1984.
Dallek, Robert, *Franklin D. Roosevelt and American Foreign Policy, 1932–1945*. New York 1979
Frey, Marc, *Geschichte des Vietnamkriegs*. München 1998.

Healy, David, *Drive to Hegemony: The United States in the Caribbean*, 1898–1917. Madison, WI, 1988.

Hogan, Michael J., *The Marshall Plan: America, Britain, and the Reconstruction of Western Europe*, 1947–1952. Cambridge 1987.

Hogan, Michael J./Paterson, Thomas G. (eds.), *Explaining the History of American Foreign Relations*. New York 1991.

Horsman, Reginald, *Race and Manifest Destiny: The Origins of American Racial Anglo-Saxonism*. Cambridge, MA, 1981.

Huntington, Samuel, *Clash of Civilizations and the Remaking of World Order*. New York 1996.

Iriye, Akira, *Power and Culture: The Japanese-American War*, 1941–1945. Cambridge, MA, 1981.

Kennan, George, *American Diplomacy*, 1900 to 1950. Chicago 1951.

LaFeber, Walter, »Liberty and Power: U.S. Diplomatic History, 1750–1945«, in: *The New American History*. Ed. by Eric Foner. Philadelphia ²1997 S. 375–394.

LaFeber, Walter, *The American Age, US Foreign Policy at Home and Abroad, 1750 to the Present*. New York ²1994.

Leffler, Melvyn P., *A Preponderance of Power: National Security, the Truman Administration, and the Cold War*. Stanford, CA, 1992.

Lundestad, Geir, *The American Empire and other Studies of US Foreign Policy in a Comparative Perspective*. Oxford 1990.

McCormick, James, *America's Half-Century: United States Foreign Policy in the Cold War and After*. Baltimore ²1995.

Ninkovich, Frank, *Diplomacy of Ideas: United States Foreign Policy and Cultural Relations, 1938–1950*. New York 1981.

Perkins, Bradford, *The Creation of a Republican Empire*, 1776–1865. New York 1993.

Wehler, Hans-Ulrich, *Der Aufstieg des amerikanischen Imperialismus: Studien zur Entwicklung des Imperium Americanum 1865–1900*. Göttingen 1974.

Williams, William Appleman, *The Roots of the Modern American Empire*. London 1969.

Wilson, Joan Hoff, *American Business and Foreign Policy, 1920–1933*. Lexington, KY 1971.

5. Sozial- und Wirtschaftsgeschichte

5.1. Wirtschaftsgeschichte

Atack, Jeremy,/Passell, Peter, *A New Economic View of American History from Colonial Times to 1940*. New York, rev. ed., 1994.

Chandler, Alfred D., *The Visible Hand: The Managerial Revolution in American Business*. Cambridge, MA, 1977.

Cipolla, Carlo M., *Between two Cultures: An Introduction to Economic History*. New York 1991.

Curtin, Philip, *The Atlantic Slave Trade: A Census*. Madison, WI, 1969.

David, Paul A./Gutman, Herbert G./Sutch, Richard/Temin, Peter/Wright, Gavin, *Reckoning with Slavery: A Critical Study in Quantitative History of American Negro Slavery*. New York 1976.

Engerman, Stanley L./Gallman, Robert E.(eds.), *Cambridge Economic History of the United States, Vol. I.* Cambridge 1996.

Fogel, Robert W., *Railroads and American Economic Growth: Essays in Econometric History.* Baltimore, MD, 1964.

Fogel, Robert W./Engerman, Stanley L.(eds.), *The Reinterpretation of American Economic History.* New York 1971.

Fogel, Robert W./Engerman, Stanley L., *Time on the Cross: The Economics of American Negro Slavery.* Boston, MA, 1974.

Goldin, Claudia Dale, *Understanding the Gender Gap: An Economic History of American Women.* New York 1990.

Haskell, Thomas L./Teichgraeber, Richard F. (eds.), *The Culture of the Market: Historical Essays.* Cambridge, MA, 1993.

Henretta, James, »Families and Farms: Mentalité in Pre-Industrial America«, in: *William and Mary Quarterly* 35 (1978), S. 3–32.

Holtfrerich, Carl Ludwig (ed.), *Wirtschaft USA: Strukturen, Institutionen und Prozesse.* Wien 1991.

Josephson, Matthew, *The Robber Barons: The Great American Capitalists 1861–1901.* New York 1934.

Kulikoff, Allan, *The Agrarian Origins of American Capitalism.* Charlottesville, VA, 1992.

Nevins, Allan, *John D. Rockefeller: The Heroic Age of American Enterprise.* 2 Vols. New York 1940.

Nolte, Paul, »Der Markt und seine Kultur – ein neues Paradigma der amerikanischen Geschichte?«, in: *Historische Zeitschrift* 264 (1997), S. 329–360.

North, Douglass C., »Institutional Change and Economic History«, in: *Zeitschrift für die gesamte Staatswissenschaft (Journal of Theoretical and Institutional Economics)* 145 (1989), S. 238–245.

North, Douglass C., *Die Theorie des institutionellen Wandels: Eine neue Sicht der Wirtschaftsgeschichte.* Tübingen 1988.

North, Douglass C., *Growth and Welfare in the American Past: A New Economic History.* Englewood Cliffs, NJ, [3]1983.

Rothenberg, Winifred B., *From Market-Places to a Market Economy: The Transformation of Rural Massachusetts, 1750–1850.* Chicago, IL., 1992.

Shammas, Carole, *The Pre-Industrial Consumer in England and America.* Oxford 1990.

Strasser, Susan, *Satisfaction Guaranteed: The Making of the American Mass Market.* New York 1989.

Tedlow, Richard S., *New and Improved: The Story of Mass Marketing in Amerika.* Boston 1996.

Whaples, Robert, »Where I There Consensus Among American Economic Historians? The Results of a Survey on Forty Propositions«, in: *Journal of Economic History* 55 (1995), S. 137–154.

Zunz, Olivier, *Making America Corporate, 1870–1920.* Chicago, IL, 1990.

5.2. Sozialgeschichte

Abbott, Carl, *The Metropolitan Frontier: Cities in the Modern American West.* Tucson, AZ, 1993.

Ayers, Edward L./Limerick, Patricia Nelson/Nissenbaum, Stephen et al. *A!
Over the Map: Rethinking American Regions.* Baltimore 1996.
Bodnar, John, *Immigration and Industrialization: Ethnicity in an American Mill
Town,* 1870–1940. Pittsburgh, PA, 1977.
Bodnar, John, *The Transplanted: A History of Immigrants in Urban America.*
Bloomington, IN, 1985.
Boyle, Kevin, *The USA and the Heyday of American Liberalism* 1945–1968. I:-
haca, N.Y., 1995.
Bradshaw, Michael, *Regions and Regionalism in the United States.* Jackson, M:,
1988.
Clark-Lewis, Elizabeth, *Living In, Living Out: African-American Domestics and t'e
Great Migration.* Washington. DC, 1994.
Cowdrey, Albert E., *This Land, this South: An Environmental History.* Lexin:-
ton, KY, 1996.
Cronon, William, *Changes in the Land: Indians, Colonists, and the Ecology of N:w
England.* New York 1983.
Cronon, William, *Nature's Metropolis: Chicago and the Great West.* New Ycrk
1991.
Cronon, William/Miles, George/Gitlin, Jay (eds.), *Rethinking America's West:rn
Past.* New York 1991.
Crosby, Alfred, *Ecological Imperialism: The Biological Expansion of Europe 900–
1900.* Cambridge, MA. 1994.
Dawley, Alan, *Class and Community: The Industrial Revolution in Lynn.* Cam-
bridge, MA, 1976.
Dulles, Foster Rhea/Dubofsky, Melvyn, *Labor in America: A History.* Wheel-
ing, IL, [5]1993.
Fairbairns, Robert B./Underwood, Kathleen (eds.), *Essays on Sunbelt Cities :nd
Recent Urban America.* College Station, Tex., 1990.
Fischer, David Hackett, *Albion's Seed: Four British Folkways in America.* N:w
York 1989.
Fishman, Robert, *Bourgeois Utopias: The Rise and Fall of Suburbia.* New York
1987.
Friedman, Lawrence, *Crime and Punishment in American History.* New York
1993.
Genovese, Eugene D., *The Southern Tradition: The Achievement and Limita: ons
of an American Conservatism.* Cambridge, MA, 1994.
Gordon, Linda, *Heroes of Their Own Lives: The Politics and History of Family
Violence, Boston* 1880–1960. New York 1988.
Gutman, Herbert G., *Power & Culture: Essays on the American Working C ass.*
Ed. Ira Berlin. New York 1987.
Gutman, Herbert G., *Work, Culture, and Society in Industrializing America: Essays
in American Working-Class History.* New York 1976.
Hammack, David C., *Power and Society: Greater New York at the Turn cj the
Twentieth Century.* New York 1982.
Hareven, Tamara K., *Family Time and Industrial Time: The Relationship Betwee: Fa-
mily and Work in a New England Industrial Community.* Cambridge, MA, 1982.
Hirsch, Arnold, *Making the Second Ghetto: Race and Housing in Chicago,* 1:40–
1960. New York 1983.

Jackson, Kenneth T., *Crabgrass Frontier: The Suburbanization of the United States.* New York 1985.

Kulikoff, Allan, *Tobacco and Slaves: The Development of Southern Cultures in the Chesapeake,* 1680–1800. Chapel Hill, NC, 1986.

Kusmer, Kenneth L., *A Ghetto Takes Shape: Black Cleveland,* 1870–1930. Urbana, IL, 1976.

Lane, Roger, *Roots of Violence in Black Philadelphia,* 1860–1900. Cambridge, MA, 1986.

Levine, Bruce C. et al. (eds.), *Who Built America? Working People and the Nation's Economy, Politics, Culture, and Society.* Vol. I: *From Conquest and Colonization through Reconstruction and the Great Uprising in* 1877. New York 1989. Vol. II: *From the Gilded Age to the Present.* New York 1992.

Limerick, Patricia Nelson, *The Legacy of Conquest: The Unbroken Past of the American West.* New York 1987.

Markusen, Ann, *Regions: The Economics and Politics of Territory.* Totowa, NJ, 1987.

Masur, Louis P., *Rites of Execution: Capital Punishment and the Transformation of American Culture,* 1776–1865. New York 1989.

Merchant, Carolyn (ed.), *Major Problems in American Environmental History.* Lexington, MA., 1993.

Merchant, Carolyn, *Ecological Revolutions: Nature, Gender, and Science in New England.* Chapel Hill, NC, 1989.

Miller, Zane, *The Urbanization of Modern America: A Brief History.* New York ²1987.

Milner, Clyde/O'Connor, Carol/Sandweiss, Martha (eds.), *The Oxford History of the American West.* New York 1994.

Monkkonen, Eric H. (ed.), *Crime and Justice in American History: Historical Articles on the Origins and Evolution of American Criminal Justice.* 16 Vols. Westport, CT, 1990.

Monkkonen, Eric H., *America Becomes Urban: The Development of U. S. Cities and Towns,* 1780–1980. Berkeley, CA, 1988.

Montgomery, David, *Citizen Worker: The Experience of Workers in the United States with Democracy and the Free Market during the Nineteenth Century.* Cambridge 1995.

Montgomery, David, *The Fall of the House of Labor: The Workplace, the State, and American Labor Activism,* 1865–1925. Cambridge 1987.

Montgomery, David, *Workers' Control in America: Studies in the History of Work, Technology, and Labor Struggles.* Cambridge 1979.

Moody, J. Carroll/Kessler-Harris, Alice (eds.), *Perspectives on American Labor History: The Problem of Synthesis.* DeKalb, IL, 1989.

Nolte, Paul, »Amerikanische Sozialgeschichte in der Erweiterung. Tendenzen, Kontroversen und Ergebnisse seit Mitte der 1980er Jahre«, in: *Archiv für Sozialgeschichte* 36 (1996), S. 363–394.

Rodgers, Daniel T., *The Work Ethic in Industrial America* 1850–1920. Chicago 1978.

»Round Table: Environmental History«, in: *Journal of American History* 76 (1990), S. 1087–1147.

Ryan, Mary P., *Cradle of the Middle Class: The Family in Oneida County, New York,* 1790–1865. Cambridge, MA., 1981.

Sale, Kirkpatrick, *The Green Revolution: The American Environmental Movement 1962–1992*, New York 1993.

Skocpol, Theda, *Protecting Soldiers and Mothers: The Political Origins of Social Policy in the United States*. Cambridge, MA, 1992.

Slotkin, Richard, *Gunfighter Nation: The Myth of the Frontier in Twentieth-Century America*. New York 1992.

Sombart, Werner, *Warum gibt es in den Vereinigten Staaten keinen Sozialismus?* Tübingen 1906.

Strasser, Susan, *Never Done: A History of American Housework*. New York 1982.

Tarr, Joel A., *The Search for the Ultimate Sink: Urban Pollution in Historical Perspective*. Akron, OH, 1996.

Teaford, Jon, *Post-Suburbia: Government and Politics in the Edge Cities*. Baltimore 1996.

Thernstrom, Stephan, *Poverty and Progress: Social Mobility in a Nineteenth-Century City*. New York 1969.

Thernstrom, Stephan, *The Other Bostonians: Poverty and Progress in the American Metropolis, 1880–1970*. Cambridge, MA, 1973.

Thompson, Edward Palmer, *The Making of the English Working Class*. Harmondsworth 1968.

Worster, Donald, *Dust Bowl: The Southern Plains in the 1930s*. New York 1979.

Worster, Donald, *Rivers of Empire: Water, Aridity, and the Growth of the American West*. New York 1985.

Worster, Donald, »Transformations of the Earth: Toward an Agroecological Perspective in History«, in: *Journal of American History* 76 (1990), S. 1087–1106.

Worster, Donald, *Under Western Skies: Nature and History in the American West*. New York 1992.

Zieger, Robert H. *American Workers, American Unions*. Baltimore, MD, [2]1994.

Zunz, Olivier (ed.), *Reliving the Past: The Worlds of Social History*. Chapel Hill, NC, 1985.

6. Ethnische Geschichte und Einwanderungsgeschichte

6.1. Indianergeschichte

Axtell, James, *Beyond 1492: Encounters in Colonial North America*. New York 1992.

Axtell, James, *The European and the Indian: Essays in the Ethnohistory of Colonial North America*. New York 1981.

Berkhofer, Robert F., Jr., *The White Man's Indian: Images of the American Indian from Columbus to the Present*. New York 1978.

Bode-Pfaffenholz, Heidelis, *Indianische Frauen Nordamerikas*. Pfaffenweiler 1997.

Cornell, Stephen E., *The Return of the Native: American Indian Political Resurgence*. New York 1988.

Debo, Angie, *The Rise and Fall of the Choctaw Republic*. Norman, OK, [2]1983.

Deloria, Vine, Jr./Lytle, Clifford, *The Nations Within: The Past and Future of American Indian Sovereignty*. New York 1984.

Edmunds, R. David, »Native Americans, New Voices: American Indian History, 1895–1995«, in: *American Historical Review* 100, 3 (1995), S. 717–740.

Edmunds, R. David, *Tecumseh and the Quest for Indian Leadership*. Boston 1984.

Ewers, John C., *Indian Life on the Upper Missouri*. Norman, OK, 1968.

Fagan, Brian M., *The Great Journey: The Peopling of Ancient America*. New York 1987.

Gutiérrez, Ramón, *When Jesus Came, the Corn Mothers Went Away: Marriage, Sexuality and Power in New Mexico, 1500–1846*. Stanford, CA, 1991.

Hagan, William T., *American Indians*. Chicago rev. ed. 1979.

Hoxie, Frederick E., *A Final Promise: The Campaign to Assimilate the Indians, 1880–1920*. Lincoln, NE, 1984.

Hoxie, Frederick E./Iverson, Peter (eds.), *Indians in American History: An Introduction*. Wheeling, IL, ²1998.

Iverson, Peter, *When Indians Became Cowboys: Native People and Cattle Ranching in the American West*. Norman, OK, 1994.

Jennings, Francis, *The Founders of America: How Indians Discovered the Land ...* New York 1993.

Jennings, Francis, *The Invasion of America: Indians, Colonialism, and the Cant of Conquest*. Chapel Hill, NC, 1975.

Josephy, Alvin M.(ed.), *Red Power: The American Indians' Fight for Freedom*. New York 1971.

Lewis, David Rich, *Neither Wolf nor Dog: American Indians, Environment, and Agrarian Change*. New York 1994.

Martin, Calvin, »Ethnohistory: A Better Way to Write Indian History«, in: *Western Historical Quarterly* 9 (1978), S. 41–56.

McDonnell, Janet A., *The Dispossession of the American Indian, 1887–1934*. Bloomington, IN, 1991.

Merell, James Hart, *The Indians' New World: Catawbas and Their Neighbors from European Contact through the Era of Removal*. Chapel Hill, NC, 1989.

Moses, Lester George/Wilson, Raymond (eds.), *American Indian Lives: Essays on 19th and 20th Century Native American Leaders*. Albuquerque, NM, 1993.

Nash, Gary B., *Red, White, and Black: The Peoples of Early North America*. Englewood Cliffs, NJ, ³1992.

Nichols, Roger L., *Indians in the United States and Canada: A Comparative History*. Lincoln, NE, 1998.

Nichols, Roger L., *The American Indian: Past and Present*. New York ⁴1992.

Pagden, Anthony, *The Fall of Natural Man: The American Indian and the Origins of Comparative Ethnology*. Cambridge, MA, 1989.

Parman, Donald L., *Indians and the American West in the Twentieth Century*. Bloomington, IN, 1994.

Prucha, Francis Paul, *The Great Father: The United States Government and the American Indians*. Lincoln, NE, 1984.

Shoemaker, Nancy (ed.), *Negotiators of Change: Historical Perspectives on Native American Women*. New York 1995.

Stedman, Raymond W., *Shadows of the Indian: Stereotypes in American Culture*. Norman, OK, 1982.

Stuart, Paul, *Nations Within a Nation: Historical Statistics of American Indians*. New York 1987.

Sturtevant, William C. (ed.), *Handbook of North American Indians*. 21 Vols. Washington 1978–1996.

Unrau, William E., *The Kansas Indians: A History of the Wind People*, 1673–1873. Norman, OK, 1986.

Utley, Robert M., *The Indian Frontier of the American West*, 1846–1890. Albuquerque, NM, [8]1993.

Washburn, Wilcomb, *The Indian in America*. New York 1975.

White, Richard, *The Middle Ground: Indians, Empires, and Republics in the Great Lakes Region*, 1650–1815. Cambridge, MA, 1991.

6.2. Afro-amerikanische Geschichte

Branch, Taylor, *Parting the Waters: America in the King Years*, 1954–1963. New York 1988.

Elkins, Stanley M., *Slavery: A Problem in American Institutional and Intellectual Life*. Chicago 1959.

Fogel, Robert W./Engerman, Stanley L., *Time on the Cross: The Economics of American Negro Slavery*. Boston 1974.

Foner, Eric, *Reconstruction: America's Unfinished Revolution*, 1863–1877. New York 1988.

Fox-Genovese, Elizabeth, *Within the Plantation Household: Black and White Women in the Old South*. Chapel Hill, NC, 1988.

Franklin, John Hope: *From Slavery to Freedom. A History of New Americans*. New York [5]1980.

Garrow, David J., *Bearing the Cross: Martin Luther King, Jr., and the Southern Christian Leadership Conference*, 1955–1968. New York 1986.

Genovese, Eugene D., *Roll, Jordan, Roll: The World the Slaves Made*. New York 1974.

Gutman, Herbert G., *The Black Family in Slavery and Freedom*, 1750–1925. New York 1976.

Jones, Jacqueline, *Labor of Love, Labor of Sorrow: Black Women, Work, and the Family from Slavery to the Present*. New York 1985.

Kolchin, Peter, *American Slavery* 1619–1877. New York 1993.

Mullin, Michael, *Africa in America: Slave Acculturation and Resistance in the American South and the British Caribbean*, 1736–1831. Urbana, IL, 1992.

Myrdal, Gunnar, *An American Dilemma: The Negro Problem and American Democracy*. New York 1944.

Parish, Peter J., *Slavery, History, and Historians*. New York 1989.

Phillips, Ulrich Bonnell, *American Negro Slavery: A Survey of the Supply, Employment, and Control of Negro Labor as Determined by the Plantation Regime*. New York 1918.

Sitkoff, Harvard, *The Struggle for Black Equality*, 1954–1980. New York [2]1992.

Stampp, Kenneth M., *The Peculiar Institution: Slavery in the Ante-Bellum South*. New York 1956.

Weisbrod, Robert, *Freedom Bound: A History of America's Civil Rights Movement*. New York 1990.

Woodward, C. Vann, *The Strange Career of Jim Crow*. New York [3]1974.

6.3. Einwanderungsgeschichte

Archdeacon, Thomas J., *Becoming American: An Ethnic History*. New York 1983.

Bailyn, Bernard, *The Peopling of British North America*. New York 1986.

Barkai, Avraham, *Branching Out: German-Jewish Immigration to the United States, 1820–1914*. New York 1994.

Bass, Michael, *Das »Goldene Tor«: Die Entwicklung des Einwanderungsrechts der USA*. Berlin 1990.

Bennett, David H., *The Party of Fear: From Nativist Movements to the New Right in American History*. Chapel Hill, NC, 1988.

Conzen, Kathleen N., *Immigrant Milwaukee: Accommodation and Community in a Frontier City*. Cambridge, MA, 1976.

Daniels, Roger, *Coming to America: A History of Immigration and Ethnicity in American Life*. New York 1990.

Doerries, Reinhard R., *Iren und Deutsche in der Neuen Welt: Akkulturationsprozesse in der amerikanischen Gesellschaft im späten 19. Jahrhundert*. Stuttgart 1986.

Fischer, David Hackett, *Albion's Seed: Four British Folkways in America*. New York 1989.

Fuchs, Lawrence H., *The American Kaleidoscope: Race, Ethnicity, and the Civic Culture*. Hanover, NH, 1990.

Gabaccia, Donna R., *From the Other Side: Women, Gender, and Immigrant Life in the United States, 1820–1990*. Bloomington, IN, 1994.

Gutiérrez, Ramón, *When Jesus Came, the Corn Mothers Went Away: Marriage, Sexuality, and Power in New Mexico, 1500–1846*. Stanford, CA, 1991.

Handlin, Oscar, *Boston's Immigrants: A Study in Acculturation*. Cambridge, MA, 1941.

Handlin, Oscar, *The Uprooted: The Epic Story of the Great Migration that made the American People*. Boston 1951.

Hansen, Marcus Lee, *The Immigrant in American History*. Cambridge, MA, 1940.

Hansen, Marcus Lee, »The History of American Immigration as a Field for Research«, in: *American Historical Review* 32 (1927), S. 500–518.

Hansen, Marcus Lee, *The Atlantic Migration 1607–1860: A History of the Continuing Settlement of the United States*. New York 1961.

Higham, John, *Strangers in the Land: Patterns of American Nativism, 1860–1925*. New York 1977.

Joselit, Jenna W., *The Wonders of America: Reinventing Jewish Culture 1880–1950*. New York 1996.

Luebke, Frederick C., *Germans in the New World: Essays in the History of Immigration*. Urbana, IL, 1990.

Mangione, Jerry/Morreale, Ben, *La Storia. Five Centuries of the Italian American Experience*. New York 1993.

Nadel, Stanley, *Little Germany: Ethnicity, Religion, and Class in New York City, 1845–1880*. Urbana, IL, 1990.

Takaki, Ronald, *Strangers from a Different Shore: A History of Asian Americans*. Boston, MA, 1989.

Trommler, Frank/McVeigh, Joseph (eds.), *America and the Germans: An Assessment of a Three-Hundred-Year History*. 2 vols. Philadelphia 1985.

7. Frauengeschichte und gender studies

Anderson, Karen, *Changing Woman: A History of Racial Ethnic Women in Modern America*. New York 1996.

Baxandall, Rosalyn/Gordon, Linda (eds.), *America's Working Women: A Documentary History*. New York ²1990.

Blee, Kathleen M., *Women of the Klan: Racism and Gender in the 1920s*. Berkeley, CA, 1991.

Brown, Kathleen M., *Good Wives, Nasty Wenches, and Anxious Patriarchs*. Chapel Hill, NC, 1996.

Chauncey, George, Jr., *Gay New York: Gender, Urban Culture, and the Making of the Gay Male World, 1890–1940*. New York 1994.

Clinton, Catherine/Silber, Nina (eds.), *Divided House: Gender and the Civil War*. New York 1992.

Cott, Nancy F. (ed.), *History of Women in the United States: Historical Articles on Women's Lives and Activities*. 20 Vols., München 1992-.

Cott, Nancy, *The Bonds of Womanhood: »Woman's Sphere« in New England, 1780–1835*. New Haven, CT, 1977.

Cott, Nancy, *The Grounding of Modern Feminism*. New Haven, CT, 1987.

D'Emilio, John, *Sexual Politics, Sexual Communities: The Making of a Homosexual Minority in the United States, 1940–1970*. Chicago 1983.

D'Emilio, John/Freedman, Estelle B., *Intimate Matters: A History of Sexuality in America*. New York, 1988.

Degler, Carl N., *At Odds: Women and the Family in America from the Revolution to the Present*. New York 1980.

Dublin, Thomas, *Women at Work: The Transformation of Work and Community in Lowell, Massachusetts, 1826–1860*. New York 1979.

Epstein, Barbara Leslie, *The Politics of Domesticity: Women, Evangelism, and Temperance in Nineteenth-Century America*. Middletown, CT, 1981.

Evans, Sara, *Born for Liberty: A History of Women in America*. New York 1989.

Filene, Peter G., *Him/her/self: Sex-Roles in Modern America*. Baltimore, MD ²1986.

Flexner, Eleanor, *Century of Struggle. The Woman's Rights Movement in the United States*. Cambridge, MA, ²1996.

Fox-Genovese, Elizabeth, *Within the Plantation Household: Black and White Women of the Old South*. Chapel Hill, NC, 1988.

Gordon, Linda, *Woman's Body, Woman s Right: A Social History of Birth Control in America*. New York 1976.

Higonnet, Margaret Randolph et al. (eds.), *Behind the Lines: Gender and the Two World Wars*. New Haven, CT, 1987.

Jones, Jacqueline, *Labor of Love, Labor of Sorrow: Black Women, Work and the Family, from Slavery to the Present*. New York 1985.

Karlsen, Carol F., *The Devil in the Shape of a Woman: Witchcraft in Colonial New England*. New York 1987.

Katz, Jonathan Ned, *The Invention of Heterosexuality*. New York 1995.

Kerber, Linda K./DeHart Mathews, Jane S. (eds.), *Women's America: Refocusing the Past*. New York ⁴1995.

Kerber, Linda, »Separate Spheres, Female Worlds, Woman's Place: The Rhetoric of Women's History« in: *Journal of American History* 75, 1 (1988), S. 9–39.

Kerber, Linda, *Women of the Republic: Intellect and Ideology in Revolutionary America.* New York ²1986.

Kessler-Harris, Alice, *Out to Work: A History of Wage-Earning Women in the United States.* New York 1982.

Kessler-Harris, Alice, »Where Are the Organized Women Workers?«, in: *Feminist Studies* 3 (1975), S. 92–110.

Lerner, Gerda, *The Majority Finds its Past: Placing Women in History.* New York 1981.

Meyerowitz, Joanne J. (ed.), *Not June Cleaver: Woman and Gender in Postwar America,* 1945–1960. Philadelphia, PA, 1994.

Milkman, Ruth (ed.), *Women, Work, and Protest: A Century of U. S. Women's Labor History.* London 1987.

Norton, Mary Beth, *Founding Mothers and Fathers: Gendered Power and the Forming of American Society.* New York 1996.

Norton, Mary Beth, »The Myth of the Golden Age«, in: *Women of America: A History.* Ed. by Carol R. Berkin/Mary B. Norton. Boston, MA, 1979, S. 37–46.

Riley, Glenda, *A Place to Grow: Women in the American West.* Arlington Heights, IL, 1992.

Rotundo, Anthony, *American Manhood: Transformation in Masculinity from the Revolution to the Modern Era.* New York 1993.

Rubin, Gayle, »The Traffic in Women: Notes on the ›Political Economy‹ of Sex«, in: *Toward an Anthropology of Women.* Ed. Rayna R. Rayter. New York 1975, S. 157–210.

Rupp, Leila J./Taylor, Verta, *Survival in the Doldrums: The American Women's Rights Movement,* 1945 to the 1960s. New York 1987.

Scott, Anne F., *Natural Allies: Women's Associations in American History.* Urbana, IL, 1992.

Scott, Anne F., *The Southern Lady: From Pedestal to Politics,* 1830–1930. Chicago 1979.

Scott, Joan W., *Gender and the Politics of History.* New York 1989.

Smith-Rosenberg, Caroll, »The Female World of Love and Ritual: Relations between Women in Nineteenth-Century America«, in: *Signs* 1 (1975), S. 1–29.

Stansell, Christine, *City of Women: Sex and Class in New York,* 1789–1860. Urbana, IL, 1987.

Ulrich, Laurel, *A Midwife's Tale: The Life of Martha Ballard, Based on her Diary,* 1785–1812. New York 1991.

Ulrich, Laurel, *Good Wives: Image and Reality in the Lives of Women in Northern New England,* 1650–1750. New York 1982.

Weiner Lynn Y., *From Working Girl to Working Mother: The Female Labor Force in the United States,* 1820–1980. Chapel Hill, NC, 1986.

Welter, Barbara, »The Cult of True Womanhood: 1820–1860«, in: *American Quarterly* 18 (1966), S. 151–175.

Wheeler, Marjorie S. (ed.), *One Woman, One Vote: Rediscovering the Woman Suffrage Movement.* Troutdale, OR, 1995.

White, Deborah G., *Ar'n't I a Woman: Female Slaves in the Plantation South.* New York 1985.

Woloch, Nancy, *Women and the American Experience.* New York 1984.

8. Kulturgeschichte

8.1. Religionsgeschichte

Ahlstrom, Sydney E., *A Religious History of the American People.* New Haven CT, 1972.

Albanese, Catherine L., *Sons of the Fathers: The Civil Religion of the American Revolution.* Philadelphia 1976.

Albanese, Catherine L., *Nature Religion in America: From the Algonkian Indians to the New Age.* Chicago 1990.

Bellah, Robert N., »Civil Religion in America«, in: *Daedalus* 96 (1967), S. 1–21.

Foster, Lawrence, *Women, Family, and Utopia: Communal Experiments of the Shakers, the Oneida Community, and the Mormons.* Syracuse, NY, 1991.

Gaustad, Edwin S., *A Religious History of America.* New York 1966.

Heimert, Alan, *Religion and the American Mind: From the Great Awakening to the Revolution.* Cambridge, MA, 1966.

Hutchison, William R., *Between the Times: The Travail of the Protestant Establishment in America, 1900–1960.* Cambridge, MA, 1989.

Joselit, Jenna Weissmann, *The Wonders of America: Reinventing Jewish Culture 1880–1950.* New York 1996.

Lawrence, Bruce B., *Defenders of God: The Fundamentalist Revolt Against Modern Age.* San Francisco 1989.

Lehmann, Hartmut/Hutchison, William R. (eds.), *Divine Election and Western Nationalism.* Minneapolis, MN, 1994.

Lippy, Charles/Williams, Peter (eds.), *Encyclopedia of American Religious Experience.* 3 Vols. New York 1988.

Marty, Martin E., *Pilgrims in Their Own Land: 500 Years of Religion in America.* New York 1986.

May, Henry F., »The Recovery of American Religious History«, in: *American Historical Review* 70 (1964), S. 79–92.

Mead, Sidney W., »The Nation With the Soul of A Church«, in: *Church History* 36 (1967), S. 275–283.

Weber, Max, *Die Protestantische Ethik und der Geist des Kapitalismus.* Bodenheim 1993. (Textausgabe auf Grundlage der ersten Fassung von 1904/05 mit einem Verzeichnis der wichtigsten Zusätze und Veränderungen aus der zweiten Fassung von 1920. Zit. nach Weber, Gesammelte Werke.)

8.2. Geistesgeschichte

Appleby, Joyce, *Liberalism and Republicanism in the Historical Imagination.* Cambridge, MA, 1992.

Bailyn, Bernard, *The Ideological Origins of the American Revolution.* Cambridge, MA, 1967.

Banning, Lance, »Jeffersonian Ideology Revisited: Liberal and Classical Ideas in the New American Republic«, in: *William and Mary Quarterly* 43 (1986), S. 3–19.

Becker, Carl L., *The Heavenly City of the Eighteenth Century Philosophers.* New Haven, CT, 1959.

Bender, Thomas, »Intellectual and Cultural History«, in: *The New American History.* Ed. Eric Foner. Rev. & Exp. Ed. Philadelphia, PA, [2]1997, S. 181–202.

Bender, Thomas, *New York Intellect: A History of Intellectual Life in New York City, from 1750 to the Beginnings of Our Own Time.* New York 1987.

Bouwsma, William J., »From History of the Ideas to History of Meaning«, in: *Journal of Interdisciplinary History* 12 (1981), S. 279–291.

Breen, T. H., *Tobacco Culture: The Mentality of the Great Tidewater Planters on the Eve of the Revolution.* Princeton, NJ, 1985.

Bremer, Francis J. (ed.), *Puritanism: Transatlantic Perspectives on a Seventeenth-Century Anglo-American Faith.* Boston 1993.

Cassedy, James H., *Medicine in America: A Short History.* Baltimore, MD, 1991.

Cravens, Hamilton/Marcus, Alan I./Katzman, David M., *Technical Knowledge in American Culture: Science, Technology, and Medicine since the early 1800s.* Tuscaloosa, AL, 1996.

Curti, Merle E., *The Growth of American Thought.* New York 1943.

Gabriel, Ralph Henry, *The Course of American Democratic Thought: An Intellectual History since 1815.* New York 1940.

Hartz, Louis, *The Liberal Tradition in America: An Interpretation of American Political Thought since the Revolution.* New York 1955.

Haskell, Thomas L., *The Emergence of Professional Social Science: The American Social Science Association and the Nineteenth-Century Crisis of Authority.* Urbana, IL, 1977.

Higham, John/Conkin, Paul K. (eds.), *New Directions in American Intellectual History.* Baltimore, MD, 1979.

Hofstadter, Richard, *Anti-Intellectualism in American Life.* New York 1963.

Hofstadter, Richard, *The Age of Reform: From Bryan to F. D. R.* New York 1955.

Kasson, John F., *Civilizing the Machine: Technology and Republican Values in America, 1776–1900.* New York 1976.

Kramnick, Isaac, *Republicanism and Bourgeois Radicalism. Political Ideology in Late Eighteenth-Century England and America.* Ithaca, NY, 1990.

Kuklick, Bruce, *The Rise of American Philosophy: Cambridge, Massachusetts, 1860–1930.* New Haven, CT, 1977.

Lovejoy, Arthur Oncken, *The Great Chain of Being. A Study of the History of an Idea.* Cambridge, MA., 1936 (dt. Frankfurt a. M. 1994)

Miller, Perry, *The New England Mind.* Vol. I: *The Seventeenth Century* (1939), Vol. II: *From Colony to Province* (1953). Repr. Cambridge, MA, 1982.

Morgan, Edmund Sears, *The Puritan Dilemma: The Story of John Winthrop.* Boston 1958.

Parrington, Vernon L., *Main Currents in American History.* 3 vols. New York 1927–1930.

Pocock, John G. A., *The Machiavellian Moment: Florentine Political Thought and the Atlantic Republican Tradition.* Princeton, NJ, 1975.

Ross, Dorothy, *The Origins of American Social Science.* New York 1991.

Sklar, Kathryn Kish, *Florence Kelley and the Nation's Work: The Rise of Women'; Political Culture,* 1830–1900. New Haven, CT, 1995.

Smith, Henry Nash, *Virgin Land: The American West as Symbol and Myth.* Cam̲-bridge, MA, 1950.

Wood, Gordon S., *The Creation of the American Republic,* 1776–1787. Chap̲l Hill, NC, 1969.

Wood, Gordon S., *The Radicalism of the American Revolution.* New York 1992̲.

8.3. New cultural history

Allen, Theodore W., *The Invention of the White Race,* vol. 1: *Racial Oppressi̲n and Social Control.* New York 1994.

Barnouw, Erik, *A Tower in Babel: A History of Broadcasting in the United States.* 2 Vols. New York 1966.

Barnouw, Erik, *Tube of Plenty: The Evolution of American Television.* Rev. Ed. New York ²1990.

Bederman, Gail, *Manliness and Civilization: A Cultural History of Gender a̲d Race in the United States,* 1880–1917. Chicago 1995.

Bordwell, David/Staiger, Janet/Thompson, Kristin, *The Classical Hollywc̲d Cinema: Film Style and Mode of Production to 1960.* New York 1985.

Bronner, Simon J.(ed.*),* *American Material Culture and Folklife: A Prologue an̲ a Dialogue.* Logan, UT, 1992

Bullock, Steven, *Revolutionary Brotherhood: Freemasonry and the Transformatio̲ of the American Social Order,* 1730–1840. Chapel Hill, NC, 1996.

Bushman, Richard, *The Refinement of America: Persons, Houses, Cities.* N̲w York 1992.

Butsch, Richard (ed.), *For Fun and Profit: The Transformati̲n of Leisure ̲̲to Consumption.* Philadelphia, PA, 1990.

Cassata, Mary B./Skill, Thomas, *Television: A Guide to the Literature.* Phoen̲x, AZ, 1985.

Ceplair, Larry/Englund, Stev̲n, *The Inquisition in Hollywood: Politics in the F̲lm Community,* 1930–1960. Berkeley, CA, 1983.

Clark, Clifford E., Jr., *The American Family Home,* 1860–1960. Chapel H̲ll, NC, 1986.

Cohen, Lizabeth, *Making a New Deal: Industrial Workers in Chicago,* 1919–1939. New York 1990.

Confino, Alon, »Collective Memory and Cultural History: Problems of Method«, in: *American Historical Review* 102 (1997), S. 1387–1403.

Cohen, Lizabeth, »Encountering Mass Culture at the Grassroots: The Experie̲ce of Chicago Workers in the 1920's«, in: *American Quarterly* 41 (1989), S. 6–3̲3.

Cowan, Ruth Schwartz, *Mo̲e Work for Mother: The Ironies of Household Tec̲-nology from the Open Hearth to the Microwave.* London 1989.

Culbert, David Holbrook, *News for Everyman: Radio and Foreign Affairs in ̲hir-ties America.* Westport, CT, 1976.

Cullen, Jim, *The Art of Democracy: A Concise History of Popular Culture i̲ the United States.* New York 1996.

Denning, Michael, *Mechanic Accents: Dime Novels and Working-Class Cultu̲e in America.* New York 1987

Ewen, Stuart, *Captains of Consciousness: Advertising and the Social Roots ̲f the Consumer Culture.* New York 1991.

»Forum: Popular Culture«, in: *American Historical Review* 97, 5 (1992), S. 1369–1430.

Friedman, Lester D. (ed.), *Unspeakable Images: Ethnicity and the American Cinema*. Urbana, IL., 1991.

Gaspar, David B., and Hine Clark D. (eds.), *More than Chattel: Black Women and Slavery in the Americas*. Bloomington, IN, 1996.

Gomery, Douglas, *Shared Pleasures: A History of Movie Presentation in the United States*. Madison, WI, 1992.

Grossberg, Lawrence/Nelson, Cary/Treichler, Paula A. (eds.), *Cultural Studies*. New York 1992.

Grover, Kathryn (ed.), *Fitness in American Culture: Images of Health, Sport, and the Body*, 1830–1940. Amherst, MA, 1989.

Guttman, Allen, *A Whole New Ball Game: An Interpretation of American Sports*. Chapel Hill, NC, 1988.

Heideking, Jürgen, »Die Verfassungsfeiern von 1788: Das Ende der Amerikanischen Revolution und die Anfänge einer Nationalen Festkultur in den Vereinigten Staaten«, in: *Der Staat* 34 (1995), S. 391–413.

Hunt, Lynn (ed.), *The New Cultural History*. Berkeley, CA, 1989.

Kammen, Michael, »Extending the Reach of American Cultural History: A Retrospective Glance and a Prospectus«, in: *American Studies* 29, 1 (1984), S. 19–42.

Kasson, John, *Amusing the Million: Coney Island at the Turn of the Century*. New York 1978.

Kidwell, Claudia Brush/Steele, Valerie, *Men and Women: Dressing the Part*. Washington 1989.

Lears, T.J. Jackson, *Fables of Abundance: A Cultural History of Advertising in America*. New York 1994.

Levine, Lawrence W., *Highbrow – Lowbrow: The Emergence of Cultural Hierarchy in America*. Cambridge, MA, 1988.

Levine, Lawrence W., *Black Culture and Black Consciousness: Afro-American Folk Thought from Slavery to Freedom*. New York 1977.

Lipsitz, George, *Time Passages: Collective Memory and American Popular Culture*. Minneapolis, MN, [3]1994.

Marc, David, *Demographic Vistas: Television in American Culture*. Rev. Ed. Philadelphia 1996.

Mast, Gerald, *A Short History of the Movies*. Indianapolis, IN, [3]1981.

McDannel, Colleen, *Material Christianity: Religion and Popular Culture in America*. New Haven, CT, 1995.

Miller, Daniel, *Material Culture and Mass Consumption*. Oxford 1991.

Peiss, Kathy, *Cheap Amusements: Working Women and Leisure in Turn-of-the Century New York*, Philadelphia 1986.

Rader, Benjamin G., *In Its Own Image: How Television Has Transformed Sports*. New York 1984.

Roeder, George H., Jr., *The Censored War: American Visual Experience During World War II*. New Haven, CT, 1993.

Roediger, David R., *The Wages of Whiteness: Race and the Making of American Working Class*, 1776–1865. London 1991.

Rosenstone, Robert A. (ed.), *Revisioning History: Film and the Construction of a New Past.* Princeton, NJ, 1995.

Rosenzweig, Roy, *Eight Hours for What We Will: Workers and Leisure in an Industrial City,* 1870–1920. Cambridge 1983.

Ryan, Mary, »The American Parade: Representations of the Nineteenth-Century Social Order«, in: *The New Cultural History.* Ed. Lynn Hunt, Berkeley, CA, 1989. S. 131–153.

Schlereth, Thomas J. (ed.), *Material Culture: A Research Guide.* Lawrence, KS, 1985.

Schmidt, Leigh Eric, *Consumer Rites: The Buying and Selling of American Holidays.* Princeton, NJ, 1995.

Slar, Robert, *Movie-Made America: A Cultural History of American Movies.* Rev ed. New York 1994.

Sloan, William David (comp.), *American Journalism History: An Annotated Bibliography.* New York 1989.

Smith-Rosenberg, Caroll, *Disorderly Conduct: Visions of Gender in Victorian America.* New York 1985.

Susman, Warren I., *Culture as History: The Transformation of American Society in the Twentieth Century.* New York 1984.

Young, Alfred F. (ed.), *The American Revolution: Explorations in the History of the American Radicalism* DeKalb, IL, [2]1976.

Zelinsky, Wilbur, *The Cultural Geography of the United States.* Rev. ed. Englewood Cliffs, NJ, 1992.

3. Karten und Abbildung

Die indianische Bevölkerung Nord- und Mittelamerikas
vor der europäischen Besiedelung

Gebiet der 13 vereinigten Staaten
Grenze der Vereinigten Staaten 1783
Grenze der 13 Staaten
Britischer Besitz
Spanischer Besitz
Grenze der Ansprüche

Ansprüche strittig zwischen:
1 Großbritannien u. Vereinigten Staaten
2 New Hampshire, New York und
  Massachusetts

4 Massachusetts u. Virginia, 1787 an die V. St.
5 Connecticut u. Virginia, 1787 an die V. St.
11 Georgia u. Süd-Carolina, 1787 an Georgia,
   1802 an die V. St.
13 Georgia u. Spanien (1783-1795), 1802 an die V. St.

Anspruch von:
3 Massachusetts, 1786 zu New York
6 Connecticut, 1800 Westl. Landreserve
7 Militärdistrikt Virginia 1784-1803
8 Virginia, 1784 an die V. St.
9 Virginia, 1787 an Virginia
10 Nord-Carolina, 1796 Staat Tennessee
12 Georgia, 1802 an die V. St.

Die Daten in den Staaten beziehen sich auf die Ratifizierung der Verfassung

Die territoriale Situation in Nordamerika
am Ende des 18. Jahrhunderts
(© Perthes-Transparent-Atlas)

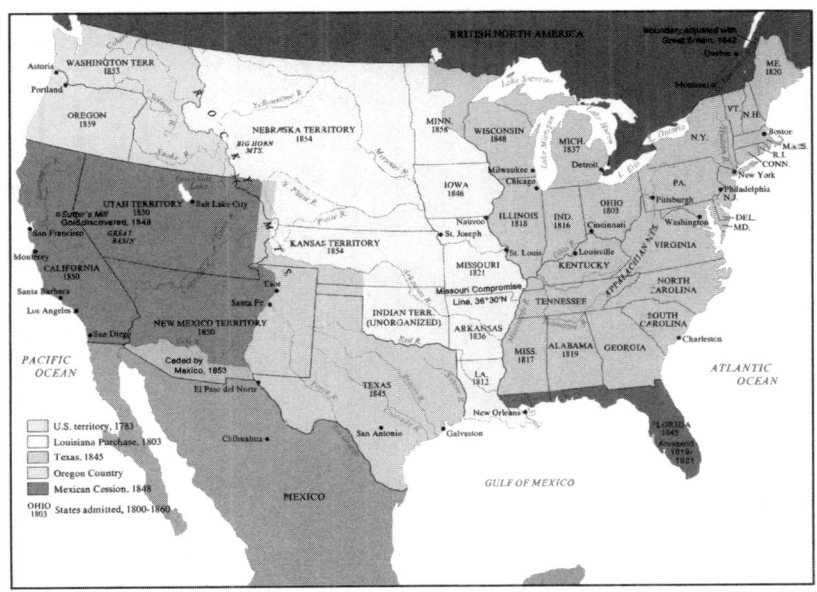

Die Westexpansion der USA im 19. Jahrhundert

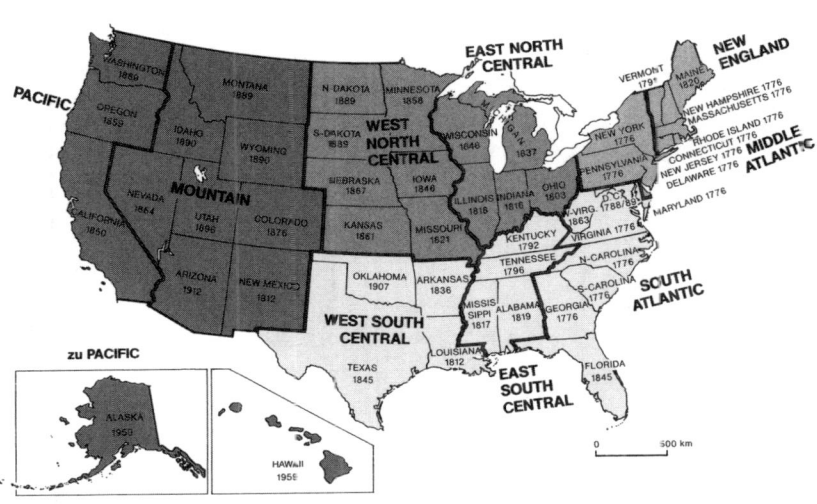

Zensusregionen der USA
(mit Beitrittsdaten der Staaten zur Union)

Anhang

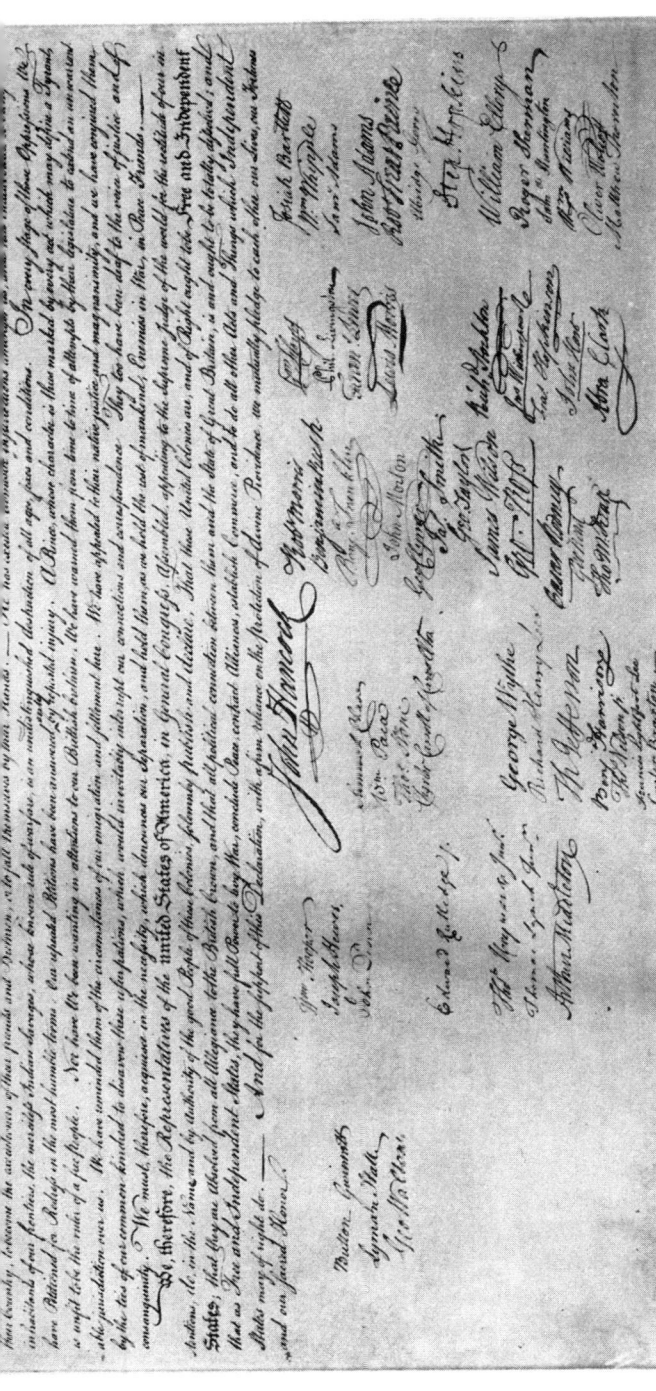

Declaration of Independence

Personenregister

C.H.Beck Studium

Hans-Joachim Torke
Einführung in die Geschichte Rußlands
1997. 330 Seiten mit 3 Karten.
Broschiert

Christoph Buchheim
Einführung in die Wirtschaftsgeschichte
1997. 173 Seiten mit 12 Abbildungen und Tabellen.
Broschiert

Gerhard Endreß
Der Islam
Eine Einführung in seine Geschichte
3., überarbeitete Auflage. 1997.
323 Seiten mit 6 Karten und einer
genealogischen Tafel.
Broschiert

Dirk Berg-Schlosser/Theo Stammen
Einführung in die Politikwissenschaft
6., durchgesehene Auflage. 1995. IX, 366 Seiten.
Broschiert

Manfred Clauss
Einführung in die Alte Geschichte
1993. 217 Seiten mit 18 Abbildungen.
Broschiert

Klaus Hofmann/Rainer Ommerborn
Studium trotz Behinderung
Ein Ratgeber
1997. 106 Seiten mit 4 Graphiken.
Broschiert

Verlag C.H.Beck München

Amerikanische Geschichte bei C.H.Beck

Jürgen Heideking (Hrsg.)
Die amerikanischen Präsidenten
41 historische Porträts von George Washington bis Bill Clinton
2., durchgesehene und aktualisierte Auflage. 1997.
468 Seiten mit 41 Abbildungen. Leinen

Horst Dippel
Geschichte der USA
2., durchgesehene Auflage. 1997. 144 Seiten. Paperback
Beck'sche Reihe Band 2051. C.H.Beck Wissen

Udo Sautter
Lexikon der amerikanischen Geschichte
1997. 441 Seiten mit 2 Karten und 14 Tabellen. Paperback
Beck'sche Reihe Band 1194

Udo Sautter
Geschichte Kanadas
Von der europäischen Entdeckung bis zur Gegenwart
2., überarbeitete und erweiterte Auflage. 1997.
295 Seiten mit 2 Karten. Broschiert

Urs Bitterli
Die Entdeckung Amerikas
Von Kolumbus bis Alexander von Humboldt
4., durchgesehene Auflage. 1992.
544 Seiten mit 48 Karten. Leinen

Edward S. Curtis
Die Indianer, meine Freunde
Erinnerungen an ein verlorenes Volk
Aus dem Amerikanischen von Eva und Thomas Pampuch
Herausgegeben von Gerald Hausmann und Bob Kapoun
1997. 271 Seiten mit 248 Abbildungen. Gebunden

Verlag C.H.Beck München